U0928843

齐鲁诸子名家志

总顾问　安作璋

总　主　编　王兆成　刘秋增

副总主编　金明善　刘　娟

齐鲁诸子名家志·孔尚任志

总纂人员

总　纂　刘秋增　马福震

副总纂　刘　娟　夏照林

编　纂　李天程（执行）　刘广先　李　军
　　　　李　坤　林秀玲　蒋庆立

齐鲁诸子名家志

孔尚任志

张玉芹 著

山东人民出版社

孔尚任像

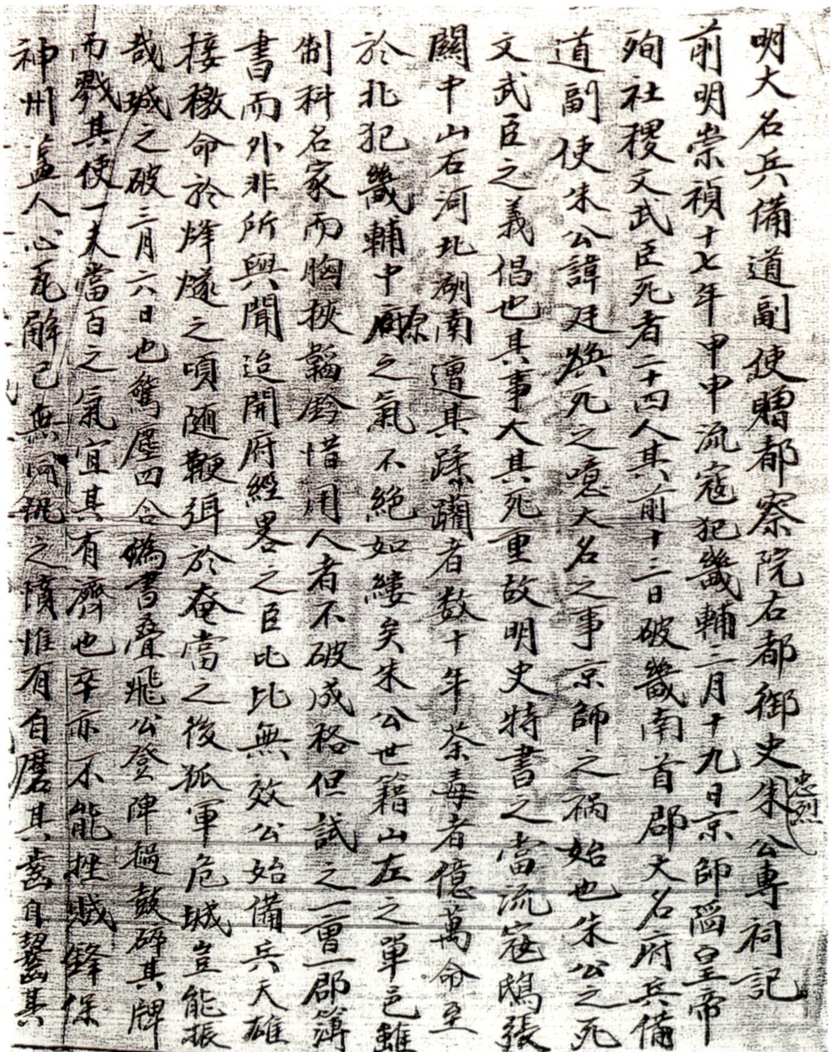

明大名兵備道副使贈都察院右都御史朱忠烈公專祠記

前明崇禎十七年甲申流寇犯畿輔三月十九日京師陷皇帝
殉社稷文武臣死者二十四人其前十二日破畿南首郡大名府兵備
道副使朱公諱廷煥死之噫大名之事京師之禍始也朱公之死
文武臣之義倡也其事大其死重故明史特書之當流寇鴟張
關中山右河北湖南遭其蹂躪者數十年荼毒者億萬命至
於北犯畿輔中原之氣不絕如縷矣朱公世籍山左之單邑雖
制科名家而胸挾韜鈐惜用人者不破成格但試之一曹一郡簿
書而外非所與聞迨開府經畧之臣比比無效公始備兵天雄
接檄命於烽燧之頃隨鞭弭於奄奄之後孤軍危城豈能振
哉城之破三月六日也騖壓四合嫚書疊飛公登陴擂鼓碎其牌
而戮其使一夫當百之氣宜其有濟也卒亦不能挫賊鋒保
神州蓋人心瓦解已無可挽之隤雖有自屠其家自誓其

孔尚任墨迹（济宁市文物局藏）

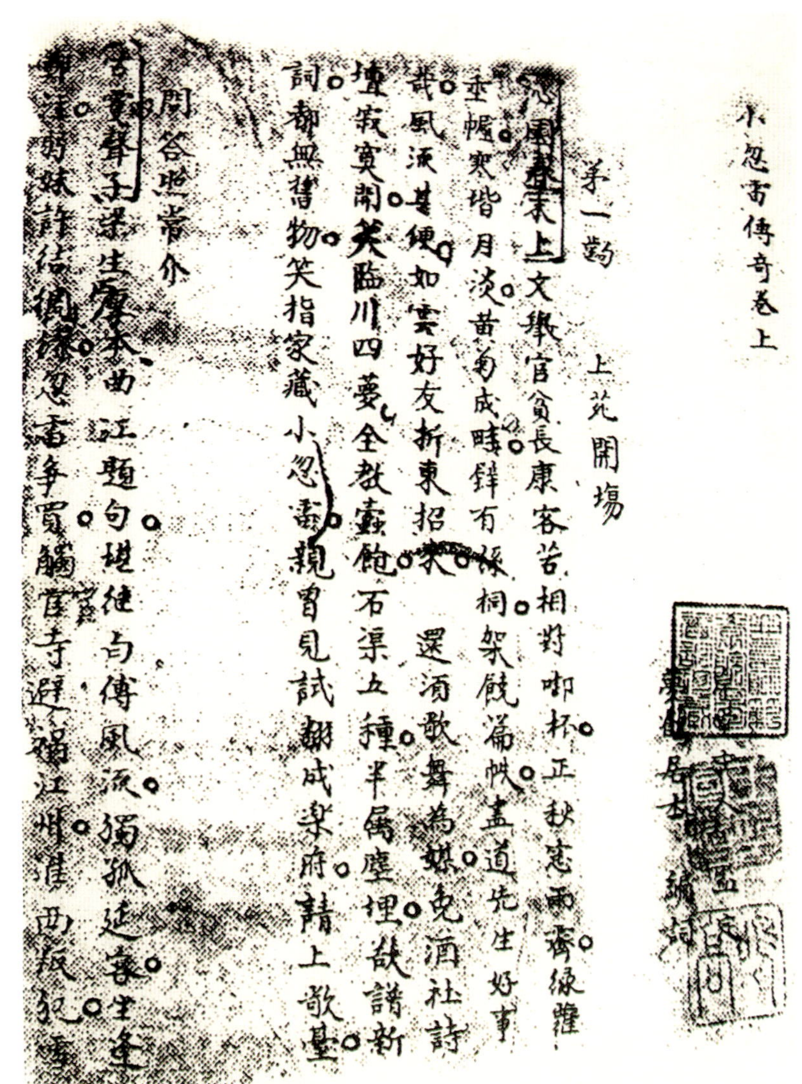

《小忽雷传奇》康熙抄本（曲阜师范大学图书馆藏）

孔尚任手书《会心录》（曲阜市文管会藏）

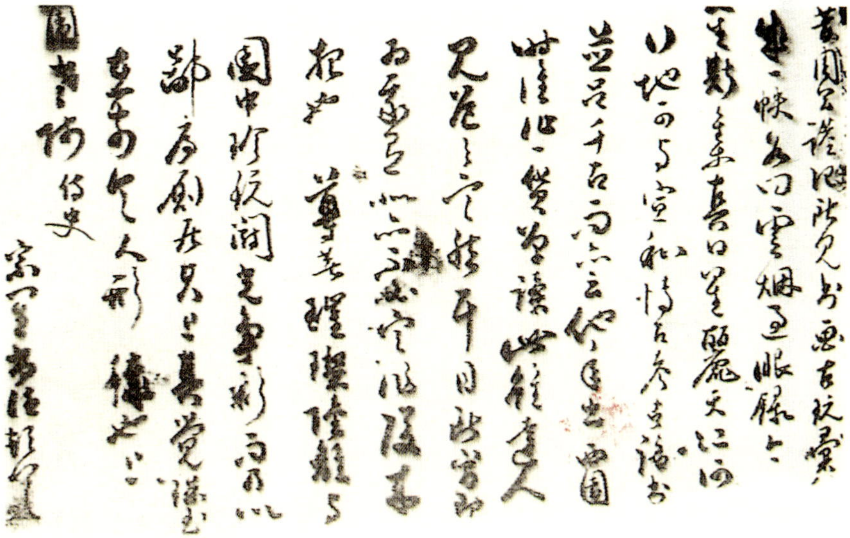

孔尚任墨迹

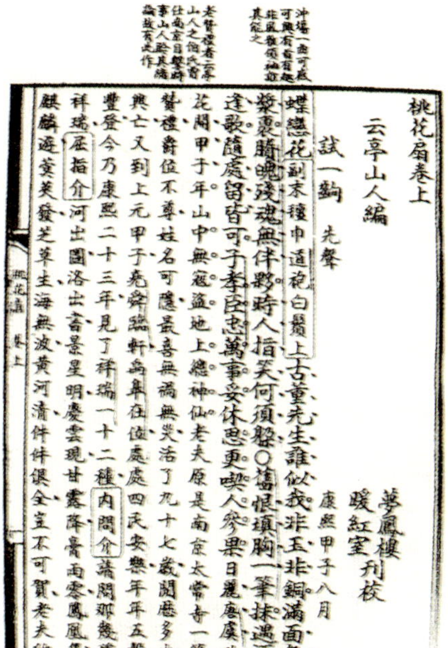

桃花扇卷上

云亭山人編

試一齣 先聲 康熙甲子八月

夢鳳樓 暖紅室 刊校

蝶戀花 副末氈巾道袍白鬚上 古董先生誰似我，非玉非銅，滿面包漿裹。賸魄殘魂無伴夥，時人指笑何須躲。〇舊恨填胸一筆抹，遇酒逢歌，隨處留皆可。子孝臣忠萬事妥，休思更吺人參果。日麗唐虞世，花開甲子年。山中無寇盜，地上總神仙。老夫原是南京太常寺一個贊禮，爵位不尊，姓名可隱。最喜無禍無災，活了九十七歲，閱歷多少興亡，又到上元甲子。堯舜臨軒，禹皋在位，處處四民安樂，年年五穀豐登。今乃康熙二十三年，見了祥瑞一十二種。內問介 請問那幾種？ 祥瑞 屈指介 河出圖，洛出書，景星明，慶雲現，甘露降，膏雨零，鳳凰集，麒麟遊，蓂莢發，芝草生，海無波，黃河清。件件俱全，豈不可賀。老夫欣

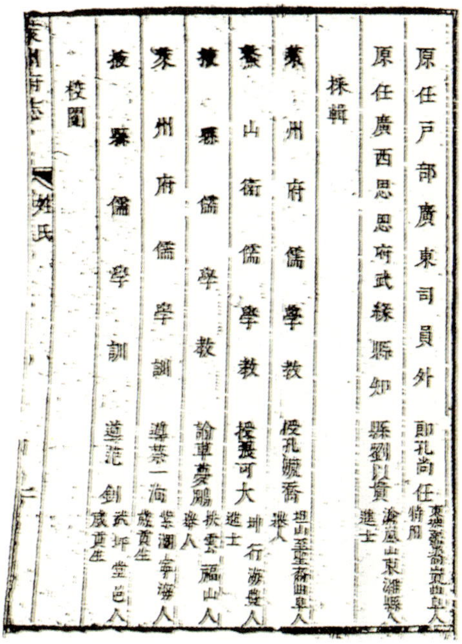

原任戶部廣東司員外 即孔尚任 特用

原任廣西思恩府武緣縣知縣劉以貴 進士 山東濰縣人

採輯

萊州府儒學教授孔毓香 曲阜人

鰲山衛儒學教授張可大 進士 海豐人

掖縣儒學教諭韋夔鵬 福山人

萊州府儒學訓導蔡一海 歲貢生 寧海人

掖縣儒學訓導范劍 歲貢生 堂邑人

校閱

《莱州府志》康熙刊本
（中共中央党校图书馆藏）

《桃花扇》暖红室刊本
（曲阜师范大学图书馆藏）

齐鲁诸子名家志

总 序

齐鲁,山东古国名,世称山东为齐鲁文明礼仪之邦,历史悠久,文化灿烂,名人名家辈出,他们在政治、经济、军事、思想、文化等多个领域都作出了重大贡献,其思想、言行和业绩对中国乃至世界都产生了广泛而深远的影响,已成为全人类共同的精神财富。

山东人民出版社出版的《齐鲁诸子名家志》丛书,共20卷,收集了山东历史上28位最杰出的代表人物的生平、业绩、影响和后人的研究状况。这套丛书的出版,将进一步推动对齐鲁文化的研究,更加全面地继承和弘扬中国优秀传统文化,为社会主义和谐社会建设服务。同时,也有利于人们更加全面地了解和深入认识山东的历史和文化,激励人们热爱山东,建设山东,进一步扩大山东在国内及海外的影响。

《齐鲁诸子名家志》所收录的人物均为中国历史上著名的思想家、政治家、军事家、科学家、发明家、文学家和艺术家。他们是:姜尚、管仲、晏婴、司马穰苴、孔子、曾参、孙武、吴起、墨子、孟子、孙膑、扁鹊、徐福、淳于意(仓公)、郑玄、诸葛亮、王叔和、王羲之、王献之、刘勰、贾思勰、颜真卿、李清照、辛弃疾、戚继光、王士

禛、蒲松龄、孔尚任。

姜尚，字子牙，世称姜太公，曾辅佐周武王灭商，因大功封于齐，为齐国开创者。他在齐国除继承周的"重农"传统外，又"通商工之业，便渔盐之利"，"尊贤而尚功"，于是"人民多归齐，齐为大国"，奠定了日后齐国东方霸主的地位。

管仲，春秋时期著名政治家，齐国相。他在齐国执政40余年，审时度势、因地制宜，改革政治、经济、军事制度，收到富国强兵的效果。在他辅佐下，齐桓公首建霸业。

晏婴，春秋时期著名政治家、思想家。他在齐国参政50余年，以节俭力行名重于齐。他能礼贤下士，改良政治，省刑薄敛；并且能言善辩，巧于辞令，出使楚国不辱使命。他提出重人事而远鬼神、和而不同的对立统一思想，继承发展了古代朴素的唯物辩证法。

司马穰苴，春秋时期著名军事家，齐国大夫。他的《司马穰苴兵法》以"仁、义、礼、让"为本，论述了军事制度和作战指挥的经验，是我国早期著名兵法之一。

孔子，春秋时期伟大的思想家、教育家，儒家学派的创始人，后世尊为"至圣"。他继承了中国古代优秀的思想文化传统，建立了一个"以仁为中心内容、以礼为表现形式、以中庸为思想方法、以大同为远大理想"的思想体系。他的思想不仅支配了封建时代的中国，而且也给予东亚乃至全世界以重大影响，其中某些思想在今天仍有其积极的现实意义。《论语》一书是现存的研究孔子思想学说的主要依据。

曾参，孔子弟子。他倡导"忠恕"、"孝道"，注重自身修养，一生不懈地实践孔子学说，著有《孝经》和《大学》，是孔子思想的重要继承者之一，被后人尊为“宗圣”。

孙武，春秋时期伟大的军事家，后人尊为“兵圣”。所著《孙子兵法》是我国最早最杰出的兵书，后人称为“兵学圣典”。书中对战略战术、军队指挥与作战、战争规律和战争观都提出了精辟见解，闪耀着哲理和智慧的光辉。不仅在世界军事史上享有崇高的地位，而且在其他领域也受到重视并得到推广与应用。

吴起，战国时期著名军事家。他曾在楚国实行变法，“明法审令”、“废公族疏远者”、“捐不急之官”，堵塞私门请托，加强军队建设，使楚国富强。著有《吴子》兵法，是战国时期兵家学派代表作之一。

墨子，战国时期著名思想家、科学家，墨家学派创始人。他以“兴天下之利，除天下之害”为已任，主张兼相爱、交相利，强调非攻，反对战争；强调节俭，反对奢侈；主张尚贤、尚同，反对贵族世袭制，要求提高劳动者地位。其学说在当时思想界影响很大，与儒家并称“显学”。此外，他在自然科学如数学、力学、几何学、光学以及工艺学等方面，也都有很高的成就，后人称为“科圣”。

孟子，战国时期著名思想家、教育家，儒家学派代表人物之一。他将孔子的“仁”发展为仁政，强调“民为贵，社稷次之，君为轻”。他从性善论出发，为仁政学说提供论证。他将儒学理论发展为一个完整的体系，是孔子学说的继承人，对后世有很大影响，被尊为“亚圣”。

孙膑，战国时期杰出的军事家，兵家代表人物之一。他在齐魏战争中指挥齐军取得著名的桂陵之战与马陵之战的胜利。他

的《孙膑兵法》继承发展了孙武的军事思想，重视战争客观规律，主张“内得民心，外知敌情”，强调战法创新，出奇制胜，赏罚分明，是古代军事学说的重要著作。

扁鹊，战国时期著名医学家。他精通各种医学，反对以巫术治病，采用望、闻、问、切四诊方法诊断疾病，并用针灸、汤药、按摩等方法治病，2000多年来一直为中医传统的治疗方法。所著有《扁鹊内经》、《扁鹊外经》，是中国早期医学名篇。

徐福，秦代齐方士，是中日韩早期友好交流的先驱者。他率领数千童男女、百工等以为秦始皇求仙名义东渡海外，足迹遍及朝鲜半岛与日本列岛，把先进的中国传统文化和生产技术传入东邻，为朝鲜半岛和日本列岛社会进步作出了重要贡献。

淳于意，西汉著名医学家，曾任齐太仓令，故又称仓公。他能辨证审脉，治病灵验。《史记》载其25例治病医案，称为“诊籍”，是我国现存最早的病史记录。

郑玄，东汉著名经学家。他数十年潜心研究经学，成为古文经学派集大成者。他遍注群经，杂糅今古文经学，自成一家，号称“郑学”，对后世经学影响极大。

诸葛亮，三国时期杰出的政治家、军事家。他协助刘备，建立了蜀汉政权，与曹操、孙权形成三国鼎立局面。他在执政期间，实行法治，赏罚分明，抑制豪强，任人唯贤。对西南各族安抚和好，促进边疆开发。他善计谋、通兵法、多巧思，被后人推崇为智慧与谋略的化身。

王叔和，魏晋时期著名医学家，所著《脉经》是我国历史上第一部系统的脉学著作，从理论上分析了生理、病理变化和疾病的关系，便利了临床治疗，其“寸关尺三部切脉法”，至今仍被中医广泛使用。

王羲之，东晋著名书法家，他的书法博采众长，自成一体，草、隶、正、行皆精，尤擅长正书、行书，其书法“飘若浮云，矫若惊龙”，“为古今之冠”，有“书圣”之称，其代表作有《兰亭序》、《丧乱帖》等。

王献之，东晋著名书法家，王羲之之子。他的书法汇集各派之长，尤擅行草，与其父共称“二王”。其代表作有《洛神赋十三行》、《鸭头丸帖》等。

刘勰，南朝齐梁时著名文艺理论批评家。他撰写的《文心雕龙》是我国历史上第一部文学评论巨著，对有史以来各种体裁文章与作家进行了分析研究，阐述了文学创作的规律和文学批评的标准，对后来的文学评论有重大影响。

贾思勰，北魏著名农业科学家。他的农学名著《齐民要术》系统总结前人农业生产和农学成就，如栽培耕作、畜牧兽医、食品加工等，是我国现存最早的一部完整农书，对后世农学有很大影响。

颜真卿，唐代书法家。他在平定安史之乱中立有大功，被封为鲁郡公。他的书法端庄雄伟，气势恢宏，开创了我国古代书法新风格，人称“颜体”，有多种墨迹、碑文流传，对后世有很大影响。

李清照，南宋著名文学家、词人。她的词作语言清丽，重视音律典雅，前期多写闲情逸致，风光景物，后期感叹身世，怀念故国，为婉约派代表，有《漱玉集》。

辛弃疾，南宋著名爱国词人。一生以抗金收复失地为志，并积极投入抗金斗争。他的词豪情奔放、壮怀激烈，为豪放派代表，著有《稼轩长短句》。

戚继光，明代著名军事家，抗倭民族英雄。他率领戚家军与倭寇数百战，为彻底平定倭乱、保卫人民群众生命财产安全，作出了巨大贡献。其后防守蓟门，使北部边疆安然无事。他的军事著作《纪效新书》、《练兵实纪》是中国古代军事理论史上的重要文献。

王士禛，清代著名文学家、诗人，官至刑部尚书。他为官清正廉洁，多有政绩，以诗文蜚声文坛。他的诗清新蕴藉，刻画工整，首创神韵诗派。又善古文、工词。门生众多，著作宏富，多达500余种，近人编有《王士禛全集》。

蒲松龄，清代著名文学家。他一生怀才不遇，经历坎坷，对政治腐败、社会黑暗有深刻认识，为文学创作提供了有利条件。他一生著述丰富。其代表作《聊斋志异》，为文言文短篇小说集，借写鬼狐花妖，奇人异事，广泛而深刻地影射并抨击现实社会，成为中国历史上有代表性的文学名著，现已有20多种外文译本，流传世界各地。

孔尚任，清代著名戏剧家。他为官多年，对当时官场黑暗和民众疾苦有清醒认识，对南明灭亡有切身感受。他历经10余年，完成揭示南明灭亡的历史悲剧《桃花扇》。上演后，轰动京城，誉满文坛。另有多部诗文集问世。

本丛书所收录的28位齐鲁历史名人，都是他们那个时代的顶尖人物，代表了他们生活的那个时代最先进的思想文化、科学技术和文学艺术。他们为丰富、发展和创造光辉灿烂的齐鲁文化与中华文明都作出了突出的贡献。“见贤思齐”,齐鲁先贤们的思想和精神至今仍有其超时空的普世价值。这里我只想说明几点:

一是这些齐鲁先贤都是爱国主义的杰出代表人物。他们热爱自己的祖国,“忧患不忘国”,“苟利国家,不求富贵”,用毕生的智慧和能力报效祖国。有的为了国家富强而锐意改革,甚至不惜献出自己的生命;有的尽忠报国,“鞠躬尽瘁,死而后已”;有的为了保卫祖国,终生奋战沙场,“封侯非吾意,但愿海波平”。这些都表达了齐鲁先贤的爱国情怀,是永远值得后人学习和纪念的。

二是他们都十分关注民生,关注民间疾苦;反对战乱,反对苛政;主张社会公平,追求社会和谐。如“仁者爱人”,“己欲立而立人,己欲达而达人”,“摩顶放踵,利于天下”的博爱思想;“乐民之乐者,民亦乐其乐;忧民之忧者,民亦忧其忧”的民本思想;以和为贵,和而不同的辩证思想;“天下为公”与“大同”、“小康”的社会理想等等。这些思想影响深远,对于我们今天建设社会主义和谐社会仍有着现实意义。

三是他们对自己所从事的事业都有执著的追求和创新精神,“苟日新,日日新,又日新”。如上述的一些科学家、文学家和艺术家,他们大都历经人生几十年的坎坷,上下求索,排除困难,不断创新,在各自研究的领域,终于登上了一个又一个高峰,在思想文化史上留下了光辉的篇章。这种精神是永远值得后人学习与发扬光大的。

四是他们都重视自身的思想修养,追求道德的最高境界。如“富贵不能淫,贫贱不能移,威武不能屈”的高尚气节,惩恶扬善、

见利思义、恪守诚信的社会美德，“海纳百川、有容乃大”的兼容并包的开放意识和博大胸怀等等。这种品格也是永远值得后人崇敬和学习的。

古人云：“金无足赤，人无完人。”上述齐鲁先贤虽然各自成家，彪炳史册，但却并不一定都是完人。他们如同一方方光华夺目的美玉，由于历史的局限，也不免有其微瑕。这和从整体上看待中国传统文化是一样的。还是那句老话：“取其精华，去其糟粕”，我们对待齐鲁先贤也应取这样的态度。

盛世修史，继往开来。上世纪末，我们省、地、市、县都先后编辑出版了一批大型地方史志，对于存史、资政、育人都起到很重要的作用。但由于时间上限截自1840年鸦片战争以后，这样山东古代的先贤圣哲、名家名人以及优秀的传统文化基本上付之阙如。《齐鲁诸子名家志》的编辑出版，弥补了这一重大空白，其学术价值和现实意义是不言而喻的。

最后，请允许我代表广大读者，感谢各位主编、作者和编辑同志为此丛书付出的辛勤劳动，感谢山东人民出版社和山东省地方史志办公室为我们编辑出版了一套高质量、高品位的好书。祝愿这套丛书在社会主义政治文明、物质文明、精神文明、社会文明的建设中能起到应有的作用。同时，也希望总结经验，再接再厉，编撰出版更好更多的名人名家志书。

是为序。

安作璋

2009年3月于山东师范大学

编纂说明

一、本志编纂力求以辩证唯物主义和历史唯物主义为指导思想,对孔尚任的生平活动、著作、思想观点、文学艺术成就、重要影响,予以全面、简要、客观、科学的记述。

二、本志所用资料,既包括历史文献、建国后公开出版的学术论著,也有编纂者实地考察、采访所得资料,并且汲取了中外学者的最新研究成果。引文均注明出处。

三、本志对于孔尚任研究中有争议的问题,或采取学界一般认同的观点,或并存诸说。

目录

第二篇　著　述

第三篇　《桃花扇》

第四篇　遗迹　遗存

附录　《桃花扇》

概　述

孔尚任(1648—1718),清初著名历史剧作家,文学家,曲阜人,孔子六十四代孙。自幼聪敏颖慧,曾在孔孟颜曾四氏学堂接受儒家教育,成为秀才后,为衍圣公府编志修谱,受到称赏。当清朝皇帝康熙在曲阜祭孔祀圣时,被保举为康熙讲说经义,导游“三孔”(孔府、孔庙、孔林)。他适应了清统治者尊孔崇儒的政治需要,因而被破格擢拔,进入仕途,曾先后任职国子监博士、淮阳治河使臣、宝泉局监铸、户部广东司员外郎等职。其间,孔尚任恪尽职守,清廉正直,同情民生疾苦,关心江山社稷、国家兴亡。尤可道者,是他在明清交

石门山孔尚任纪念馆

替、改朝换代时期，曾经“借离合之情，写兴亡之感”，创作了不朽剧作《桃花扇》传奇。该剧很快就蜚声剧坛，朝野盛演不衰。《桃花扇》是描写南明王朝兴亡的历史剧，内容宏富，蕴涵深刻，既是哀悼有明之亡的一曲挽歌，又是包含强烈民族情绪、抒发爱国思想的一曲颂歌，也是他假借优孟衣冠总结历史经验教训、探索人生理想的沉痛反思。艺术上，作者塑造了独具特色的人物形象，积累了塑造历史人物形象的实践经验。在情节结构、语言运用等诸多方面取得了杰出的艺术成就，成为清代历史剧的代表作，也是中国古代戏曲的瑰宝。孔尚任的《桃花扇》和洪昇的《长生殿》被称为“南洪北孔”，是康熙时期照耀文坛的双星，代表了中国古代历史剧作的最高成就，也是世界文化宝库中的瑰宝奇葩。同时，孔尚任又是著述等身的文学家，其诗文，同情民生疾苦，抒发兴亡之感，表现仕途坎坷的抑郁愤懑，刻画名胜古迹、山川风光，在文学史上也有一定地位。而且，其哲学伦理思想在特定历史背景中亦非恪守不变，他对士大夫文人空谈误国的批判，在客观上对清代提倡实学的进步思潮也起到了积极作用。

第一篇　生平活动

孔尚任一生中，有两点不同寻常。一是因为康熙要打“尊孔祀圣”的旗帜，他才由于偶然的机遇而步入仕途；二是在16年的仕宦中，数易其稿，写成了《桃花扇》传奇。剧作的盛演为他带来了殊荣，也是导致其罢官的根本原因。

第一章 入仕之前

孔尚任本是笃志于学的儒生，自然要“学而优则仕”。虽然科场失意使其暂时隐居，但其才华一旦在修谱撰志、“御前讲经”中有所显露，便为其登堂入仕铺平了道路。

第一节 有志于学

顺治五年（1648 年）九月十七日，孔尚任生于曲阜湖上村（今属曲阜市南辛镇），字聘之，又字季重，号东塘，别号岸堂，自称云亭山人，为孔子六十四代孙。其曾祖孔宏颉“天性淳谨，厌绝佻巧。以文章名世。初任商河县训导，擢咸阳教谕，再迁太平府教授”（孔继汾：《阙里文献考》卷九十四《孔宏颉传》）。其祖父孔闻讷“笃志好学，闭门著书。年六十，足不入城市”（孔继汾：《阙里文献考》卷九十四《孔宏颉传》，附录）。其父孔贞璠，“崇祯六年举人。以养亲不仕。博学多才”（《阙里文献考》卷九十三）。孔尚任从 8 岁开始入孔孟颜曾四氏学堂读书，校址在曲阜孔庙之西观德门外，只有四亩七分九厘地大小。穿过头门、二门，有北房“明伦堂”两间，为教授、学录训话之所。东厢“启蒙斋”五间，为童生读书室。西厢“养正斋”五间，为廪生读书室。后堂五间，中间为“公子号房”，为衍圣公之子读书室，廪

生、童生均不得进入；其东两间为教授室，其西两间为学录室。教授是七品，专管对学生“考论道德，申明伦纪，讲究经史，训课文艺，表坊士类，化导风俗”；学录是八品，专管对学生“绳衍科谬，察功补过，劝勤惩惰，托事司籍”。四氏学的培养目标，镌刻在一进校门的一方卧碑上，即所谓“明体适用，以须仕进”，“生员立志学为忠臣清官”，“养成贤才，以供朝廷之用”。教学内容，主要是“四书五经”。校纪校规极为苛严，大小便出入课堂，须有“出恭入敬牌”，“若无牌，擅离本班，及敢藏匿牌面者痛决”，亦即打板子。教学方法是会讲、背书、复讲。“三日一次背书，每次须读《大诰》一百字，《本经》一百字。不但熟记文词，务要通晓义理”，“每月务要作课六道，本经义二道，不许不及道”（孔尚任：《阙里新志》卷二十《学校志》）。孔尚任勤奋用功，成绩优异，每次考试都是第二名（第一名照例是衍圣公之子）。他“幼颖慧，五六龄试以联对，辄应声得，远近惊为神童云”（倪匡世：《诗最·序》）。其父辈友人贾凫西曾将他让于宾客席上，因其“慧异凡儿”，“享以鱼肉”（孔尚任：《木皮散客传》）。中秀才前，他已能“工诗赋，博典籍”（倪匡世：《诗最·序》）。中秀才后，在家温习经史，揣摩应制诗文，准备乡试。而且“留意礼、乐、兵、农诸学”（《大学辩业题辞》）。他爱好书法，因而“下笔有由”，“秀润近赵棻

孔尚任像

董”(黄立振辑:《孔尚任信札墨迹》)。孔尚任也喜好考古，搜集古董,“喜的是残书卷，爱的是古鼎彝”(孔尚任:《博古闲情·梧叶儿》)。他重视民风民俗,搜辑过民间谚语。为编辑《鲁谚》,他曾“采风于臧获仆役之人”(《与颜修来》)。

然而,孔尚任特别爱好而且下大力气学习的还是礼乐,尤其是乐。世交好友颜光敏雅善鼓琴,敏弟颜光敩尤精琴理,孔尚任曾与他们商讨音律。南方琴师隐臣被誉为“今之伯牙”,孔尚任曾与之会晤,说:“隐臣先生,今之襄旷也。于诸君宫商之间,久习其性情,思之十年,遇之一旦,何快如之!”(《孔尚任信札墨迹》)因为孔府一向“以诗书礼乐传家”,对“乐”颇为重视。府内设有司乐厅,禄秩视同国子监司乐,为正七品,负责保管乐舞器具,管理训练乐舞生,节令或平时戏曲演出。孔府有家庭戏班,顺治十七年(1660年)有小戏一班,翌年发展为成年班和童伶班两个,戏箱行头齐全。府内有固定排练用的“戏房”和演出剧场,舞台木制构件,拆装方便。从《孔府档案资料选编》中的一份《孔府大小戏房开支账目单 》可知,戏班优伶待遇优厚。其死后无祖茔可归者,孔府为之安葬于特建的“戏子林”内,有的名优还由衍圣公亲写悼词,为之刻碑。平时,孔府还聘请名优加入其家班,聘请善于制曲写戏的文人为西宾,“有异才,尤工词曲。客曲阜,制乐府百余种”的无锡人顾彩,就是孔府座上嘉宾(《无锡金贵县志》卷二十二《文苑传》)。所以,孔尚任“好考历代之乐,凡古三百篇、汉魏乐府、唐诗、宋词、元曲,莫不细读其文”(《蘅皋词序》)。其兄孔尚悊任职孔府礼乐执事,其父是举人,他自己是秀才,可以在孔府看戏,这就为他后来能够成为著名历史剧作家奠定了坚实的基础。

第二节　石门隐居

清朝取代明朝之后，承袭了明代科举制度，还增设了特科和捐纳。康熙十七年（1678 年），康熙帝玄烨命令吏部为开博学鸿词科而荐举贤才，“朕将亲试录用”（王先谦：《东华录》卷五）。是年八月，依照惯例，山东乡试在济南举行。其时孔尚任正在济南，且写有《历下杂咏》七首短诗，中有“湖上独行湖上眠，蒹葭满目乱寒烟”等句，显系乡试名落孙山后所作，因而不无孤寂冷落之感。回乡之后，想隐居深山，闭门著书。

清初 80 年间，统治者对被征服者特别是汉族人民实行了血腥镇压和残酷掠夺。孔尚任出生前 10 年之内，清兵两次劫掠山东，家破人亡者，数以万计。其世交好友颜光敏家就有数人被杀。孔尚任出生后，各地反清斗争仍然是持续不断。自顺治至康熙初年，山东的抗清运动仅正史记载，就有二十余次。而孔尚任的祖先大都是明代官吏。父亲孔贞璠“当明季，兵荒荐至，解纷御侮，一邑赖之”（《阙里文献考》卷九十三）。父之友人贾凫西认为清廷入主中原，乃是以臣篡君。曾于其《木皮鼓词》中抒发爱国激情，且结交反清拥明的阎古古。这些都促使孔尚任的民族情绪潜滋暗长。孔尚任的族兄孔尚则，崇祯年间曾任洛阳县知县，对福王朱由崧的穷奢极欲深为不满。入清之后，隐居曲阜老家，与同邑贾凫西等遗老不时聚会，“此心忧太苦，把酒且狂歌”（贾凫西：《饮孔方训郎中同望如刘显思征君诗》）。孔尚任的“舅翁”秦光仪曾在孔尚则府中滞留三年，熟悉南明小朝廷弘光的遗事逸闻，曾对孔尚任多次谈起南明弘光小朝廷如何荒淫昏庸，马士英、阮大铖一班权奸怎样祸国殃民，复社文人侯方域如何反对权奸，歌妓李香君如何因拒婚权奸而面血溅扇等，激发了孔尚任的民族情绪。因而孔尚任决定选胜结庐，将此遗事编成剧作。而石门山恰是他理想的隐居胜地。

石门山在曲阜城东北50里处，景色秀丽。孔子晚年曾在山上结庐读书，研习《周易》，手不释卷，以至于“韦编三绝”，订系竹简的皮绳换过数次。石门山是古之晨门吏和唐儒张叔明的隐居之地，也是李白、杜甫游览留诗之处。康熙十七年（1678年）九月十二日，孔尚任与族弟孔萼垣、孔敬思同游石门山，决定于此结庐隐居。到康熙二十一年（1682年）秋季出山。在四年之中，他在山里闭门读书，因为“有清科取士，承明制用八股文。取《四子书》及《易》、《书》、《诗》、《春秋》、《礼记》五经命题”（《清史稿》卷一〇八《选举》三），其阅读研习范围亦即此类书籍。同时“乐道著书”，先后写有《石门山集》三卷，《节序同风录》十二卷，《会心录》四卷。还准备将听来的弘光遗事写成一部传奇剧《桃花扇》，并且构思了剧本的故事梗概，写出了剧本初稿，即所谓“予未仕时，每拟作此传奇，恐闻见未广，有乖信史，寤歌之余，仅画其轮廓，实未饰其藻采也”（《桃花扇本

石门仙界

末》),目的是要“借离合之情,写兴亡之感”(《桃花扇》试一出《先声》)。

康熙十八年(1679年)三月,清廷举行博学鸿词科考试。全国各地143位名士进京应试,结果录取了50名,分别授予翰林院侍读、侍讲、编修、检讨等职。孔尚任也于康熙二十年(1681年)夏天,捐纳一国子监生。他写信给友人说:“弟近况支离可笑,尽典负郭田,纳一国子监生。倒行逆施,不足为外人道,然亦无可告语者。”(《与颜修来》)

第三节　修谱撰志

孔尚任游石门山时,曾经担心于此隐居,“地僻,贤豪不至,则赏识难”(《游石门山记》)。其实,还是有赏识他的才能的,那就是衍圣公孔毓圻。“康熙壬戌秋,予家六十七代大宗衍圣公毓圻,束书加币,敦予出山,治其夫人张氏丧。”(《出山异数记》)孔毓圻是孔子的六十七代嫡孙,袭封衍圣公,诰授光禄大夫,晋太子少师。他与孔尚任同为四氏学录孔贞灿的门生,深知孔尚任精通乐律,谙练礼仪,故而请他出山治丧。孔尚任笃信孔孟之道,夙承家学,自幼对礼仪颇为留意,认为孔氏礼仪为人“仰止最深”,可为楷模,也愿意将平日所习礼仪试之阙里。而且,孔毓圻的夫人乃是总督直隶、山东、河南军务兵部尚书督察院右副都御史铉锡长女,为孔毓圻嫡配正室,逝前生有二子,其一日后定会袭封衍圣公。这位诰命夫人停柩三年之后的殡葬之礼定然是隆重异常,主持如此丧事,正好一试身手。果然,他在治丧中恪守孔氏家仪,“轻重之间,无毫发爽”,备受称赏(孔继汾:《孔氏家仪》)。治丧一结束,孔尚任便被请到孔府,修撰家谱和《阙里志》。

孔氏家族一向重视编修家谱，认为“礼莫大于尊祖，典莫大于修谱”(孔尚任：《康熙癸亥重修孔子世家谱》)。“苟不为之正本清源，修辑谱系，则尊卑失序，昭穆易紊。”(《孔子世家谱序》)特别是唐末“孔末孔乱”的惨痛教训更使其深刻认识到“家之有谱，犹国之有编也”(《康熙癸亥重修孔子世家谱》)，故自宋代元丰年间，孔府就建立了孔氏家谱，尔后不断修订。自孔子四十六代孙孔宗翰修谱之后，30年一小修，60年一大修，代代相沿，已成定例。起初，所修新谱，仅抄录成册。至六十五代衍圣公孔衍植重修，始制版刻印。顺治十一年(1654年)，六十六代衍圣公孔兴燮重修家谱为二十三卷。孔毓圻要孔尚任重修者，就是此谱。

孔尚任颇能领会孔毓圻“谋虑深远，踵循旧典”之意，把撰修家谱视为“砥柱宗门”的“伟勋”。因而在修订中，虽然孔氏嫡庶支繁，“其间名字之舛谬，支派之错讹，事迹之纷纭，官爵里居生卒之变迁，册籍互有参差，人数每多增减”，每每处于“书算丛杂辩论喧聒之中”，但他“穷日讨订，思维待旦”(《康熙癸亥重修孔子世家谱》)。经过两年努力，终于完工。共二十四卷，一函十册。卷首：序文、榜示、条例、凡例、日号、字数、捐输、支销、宗派图、嫡裔考、嫡庶图、伪孔辨、真伪图。卷一：姓源。卷二至卷四：记述第一代至五十二代孔氏族属。卷五至卷二十四：叙孔氏二十派六十户族属名号及简历。卷末：流寓及孔尚任跋。总计841页，265321字，载籍10987人。此谱“考核精确，编次详明，较前谱尤称美备”(《康熙癸亥重修孔子世家谱》)。除谱内正文重新修订之外，又在谱后附有孔氏二十派图和六十户图。同时，为区分孔氏后裔嫡庶真伪，还绘有《嫡裔相承之图》和《南宗相承之图》。体例较为周严。孔毓圻颇为满意，孔尚任也

甚感“幸不辱命”，故切切叮嘱孔氏后人，对此谱要“世世守而勿替”（《康熙癸亥重修孔子世家谱》）。

孔尚任修谱之后是撰志，亦即重修《阙里志》。此志原是明朝弘治年间学使陈镐纂述历代“追崇圣贤之典”及曲阜林庙古迹与旧事遗文的一部志书，也就是《曲阜志》。其后，孔氏子孙对此书屡有续辑，增至二十四卷，即旧《阙里志》。在此基础上，孔尚任加以修订而成，世称新《阙里志》，或称《阙里新志》。康熙二十三年刊刻，共二十四卷，每卷首页款属“太子少师、袭封衍圣公孔毓圻鉴定，世袭翰林院五经博士孔毓埏参订，曲阜县世职知县孔兴认监修，林庙举事孔贞枚督刊，太学生孔尚任编次”。“编次”，亦即“编修”的谦词。曲阜文物局现存该书残卷，仅有十册二十一卷，即圣贤志、陵墓志、祠庙志、古迹志、名胜志、祀典志、封爵志、宗族志、学校志、礼仪志、乐舞志、土田志、户役志、人材志、著述志、风俗志、物产志、典谟志、艺文志、史传志等。《阙里新志》同《康熙癸亥重修孔子世家谱》一样，这也是研究孔氏家族及曲阜政治、经济、文化、典章文物、人事变迁、风俗人情、林庙古迹等历史情况的重要典籍。

康熙二十二年（1683 年），孔尚任修谱撰志竣工之后，又根据衍圣公孔毓圻之意，“选邹鲁弟子秀者七百人，教以礼乐。更采访工师，造礼乐祭器”（孔尚任：《出山异数记》）。就是为孔府训练礼生、乐舞生，使其在祀圣祭孔时赞礼奏乐。经过一年努力，孔尚任终于将七百人训练得彬彬有礼，能歌且舞，“坐卧起伏，随所歌之字以像之”。孔尚任还聘选工匠，监制成功十种五十八件乐器，两种舞器以及多种祭器。至康熙二十三年（1684 年）秋，修谱撰志、训练礼乐舞生等全部结束，礼乐祭器焕然一新。于是，衍圣公孔毓圻集合孔氏宗族万人，在孔庙举行了隆重的“释菜”大典，祭祀祖先孔子。“礼成

乐备，人和神悦”（《曲阜乾隆重修县志》），孔尚任再次受到孔毓圻赞赏。他正待重回石门山隐居，却传来康熙皇帝玄烨要亲自来曲阜祭孔的消息。正是这一偶然的机遇，改变了孔尚任的人生道路。

第四节　御前讲经

从汉高祖刘邦首开祭孔先例之后，不少皇帝加以仿效，往往亲到曲阜孔庙、孔林祭拜孔子。自汉至清，先后到曲阜祭孔的皇帝有12人19次之多，而且大都封赠孔子谥号，诸如尼父、褒成宣尼公、褒尊侯、邹国公、先师尼父、文宣王、至圣文宣王等。为巩固其封建统治，康熙帝玄烨也举起了尊孔之旗。

康熙二十三年（1684年）十一月，清圣祖玄烨南巡北返，准备到曲阜祭孔朝圣，并特派两位翰林学士会同衍圣公孔毓圻在孔氏弟子中挑选两名儒生，在祭孔时为其“讲明经义”，以“阐扬文教，鼓舞儒学”（孔毓圻：《幸鲁盛典》）。孔毓圻便保举了监生孔尚任和举人孔尚铉。

十一月十六日，听说“圣驾”已到费县，孔尚任便“骏奔”孔庙，令乐舞生加紧演习。深夜回到住舍，尚未就寝，就闻敲门之声，原来玄烨使臣已到，传呼他去。他直奔孔府东书堂，当即接了“讲明经书文义”的“圣旨”，受到使臣及山东巡抚和衍圣公接见，并连夜撰写了要对玄烨讲解的《大学》讲义。在使臣提示下，还在讲义末段加上了“颂圣”之词。使臣颇为满意，拍其肩曰：“名下固无虚士!”（《出山异数记》）

翌日下午，玄烨“驾到曲阜”，孔尚任率诸生班跪迎。傍晚，奉旨到行宫请安。当翰林院掌院学士孙在丰指着他写的讲义，“指示其

应改处"时,他注意到讲义上"隐有掐痕,盖出睿鉴也"。他没想到玄烨已将讲义看过而且标出了应改之处。所以,接着在孔府诗礼堂练习进讲仪节时,一听到一翰林笔帖式指着堂中画屏说"此画我识得,乃'两个黄鹂鸣翠柳,一行白鹭上青天'也",孔尚任便立即暗中会意地扯孔尚钕衣袖说:"我两人将登朝矣。"(《出山异数记》)

玄烨此次祭孔,其隆重尊崇,超过前代帝王。十一月十八日,他亲率随从百官,"步行升殿,跪读祝文,行三献礼,三跪九叩,为旷代所无。牲用太牢,祭品十笾豆,乐舞六佾"(《出山异数记》)。继之,孔尚任在诗礼堂对康熙及其随从大臣讲解《大学》首节。"尚任先至讲案前,北面对立,陈述开卷,用二银尺镇定;御案前,书亦展开,用金尺镇定。两案相距咫尺,上肃容端坐,尚任进讲。"他讲的是:"大学之道,在明明德,在亲民,在止于至善。"此一章书,是言修己治人内圣外王之要道,乃《大学》一书之纲要;此一节,又是圣经一篇之纲领也。孔子意谓,大人统天下以立极,其为学之道有三:一"在明明德"者,命于天而赋于人,至虚至灵,具众理而应万事,本明者也。但为气禀物欲所拘蔽,则明者有时而昏;然其本体之明,未尝或息,必因其善端之发而遂明之,以复其初。此大学之所以立体也。一"在新民"。德者,人人所同得,大人既自明其德矣,又必推以及人,鼓舞振作。使凡具是德者,皆有以去其旧染之污,而嘉与维新。此《大学》所以致用也。一"在止于至善"。明德,新民,皆有至当不易之则,纯乎天理,而毫无人欲,所谓至善也。大人于己之德,必无一理之不明;于民之德,必无一人之不新,皆造于至善之域,而主适不迁。此《大学》之所以体圣功而该王道也。孔子发明宗旨,溯于圣之心传,开百王之治统。其纲领条目,粲然毕具,心法治法,悉备于此。

讲毕,康熙"悦霁,顾使臣曰:'经筵讲官不及也'"。随后,又回到大成殿，“肃瞻圣像”，遍览四配（复圣颜子即颜回、宗圣曾子即曾参、述圣子思子即孔伋、亚圣孟子即孟轲）像及案上礼器。并在大成殿对孔氏子孙及随从大臣大讲“至圣之德，与天地日月同其高明广大，无可指称。朕向来研求经义，体思至道，欲加以赞颂”，特将手书“万世师表”匾额悬于殿中，还将曲柄黄盖等仪仗留于孔庙，以示“尊圣之意”。（孔尚任:《出山异数记》）继之，康熙及其随从大臣还游览了孔林，瞻拜了孔子墓，也是孔尚任为之导游。其间，孔尚任趁机提出选设百户、引泉入庙、扩充孔林等请求，玄烨也“皆依所奏可也”。临行，玄烨还对衍圣公、五姓博士、曲阜知县和孔孟颜曾四氏子孙名列仕籍者以及孔氏子孙中进士、举人、贡士等人分别赏赐《易经》、《尚书》、蟒袍、皮褂、绫缎、银两，并下令蠲免“曲阜县百姓，明年地丁银两”（《出山异数记》）。

在这次祭孔中，孔尚任担任讲经、导游角色，受到玄烨称赏，夸他“经筵讲官不及也”。在游观中，三次问及其年龄及现有几子。全部礼仪过后，又说“孔尚任等，陈书讲说，克副朕衷，著不拘定例，额外议用”。那就是“不拘定例即从优升授国子监博士，升转时应停其保举，照常升转”（《幸鲁圣典》卷十一）。孔尚任因此对玄烨感恩戴德，以为“书生遭际，自觉非分，犬马图报，期诸没齿”（《出山异数记》）。

正是由于在尊孔崇儒方面的一致和仕禄要求的满足，孔尚任将往日烙在头脑中的民族情绪的印记稀释淡漠，将清朝统治者看成了继承孔孟之道的合法君主，忠君与尊圣系于一身了。

第二章　仕宦十六年

孔尚任从康熙二十四年(1685 年)二月赴京任官,历任国子监博士、治河使臣、户部主事、宝泉局监铸、广东司员外郎,整是十六个春秋。其间,他恪尽职守,清廉正直,同情民生疾苦,写作了不少诗文,三易其稿,完成了传世之作《桃花扇》传奇。并且因此而被罢官,在矛盾痛苦中结束了宦海生涯。

第一节　京都国博

康熙二十三年(1684 年)十二月初一,孔尚任接到吏部授官报,正式授为国子监博士。此时,自顺治元年(1644 年)明亡清兴至康熙二十三年,已 40 年,康熙已取得“平定三藩”的胜利,清兵也收复了台湾,大一统局面业已形成,政权较前稳固。再加康熙祭孔朝圣,蠲免曲阜一年地丁银两,因此,孔尚任“荷皇上温示优容之恩,随路感泣,逢人称述”(《出山异数记》)。第二年正月十八日,孔尚任便乘传赴京。正月二十八日,正式就任国子监博士。

清之国子监,隶属礼部,为全国最高学府,其主要职责是对国子监诸生传道授业。长官是管理监事大臣,主持具体事务的则是国子祭酒和司业,下设监丞、博士、典簿、典籍、助教、学正、学录等职。博士,

孔尚任交游图

“掌分经教授，考校呈文，偕助教、学正、学录经理南学事宜”(《清史稿》卷一百一十五《志》九十《职官》二)，官阶八品。但他却是皇帝玄烨亲擢孔门后裔，故国子监祭酒翁叔元不久即安排他为诸多生员开讲经义。“为任设高坛于彝伦堂西阶，考钟伐鼓，集八旗十五省满、汉弟子数百人，绕座三拜。任乃黄盖乌翣，开经敷讲。月期三集。讲毕，即将所讲经义，散给诸生。一时啧啧，称为盛事云。”(《出山异数记》)

是年二月，康熙“以周公承接道统，功德茂著，授后裔五经博士，拨给祀田修葺庙宇”(蒋良骥:《东华录》卷十三)。而周公后裔东野沛然于康熙祭孔朝圣时所上要求抚恤周公后裔的奏疏，就是孔尚任代笔写的。到三月，“副都统史张可前请将驾幸阙里御书‘万世师表’匾额，勒石颁给各府州县学悬挂，从之”(蒋良骥:《东华录》卷十三)。同时，衍圣公孔毓圻专程来京感谢康熙祭孔之恩。康熙“赐宴礼部，命尚书张公士甄陪侍”，孔尚任也“追随末班”，“享大官醴酪，观教坊歌舞”。(《出山异数记》)

初为国博，孔尚任尚能满意，故写诗曰:“骑马过燕市，萧然世外情。殷勤劳帝简，仿佛记臣名。教胄官原美，分廉职又清。草茅逢盛事，归说有余荣。”(《乙丑闱中拨闷和王宪尹韵》)但不久即在诗中流露出思念家乡、怀念石门旧居的清愁微怨。而所写十多首《续

古宫词》中，所谓“咫尺天涯那可近，屏风一架似宫墙”，已暗含难邀新宠的遗憾。不过，他只在国博任上当了一年半的闲官，就在康熙二十五年（1686年）七月奉命为治河使臣离京南下了。

第二节　治河使臣

清康熙初年，由于战乱频仍，农事废弛，水利工程失修，黄、淮等河数次决口。康熙二十年（1681年）十一月，玄烨南巡，经过高邮、宝应等县，亲眼目睹了洪水泛滥的情景，颇为震惊。因而特令安徽按察使于成龙协助黄河总督靳辅经理下河海口事宜，限期竣工。但是，靳、于二人不能合作，治河方略也完全不同。玄烨只得于康熙二十五年（1686年）七月，改派工部侍郎孙在丰疏浚下河海口，孔尚任为其属佐。

康熙二十五年七月四日，康熙在乾清宫接见孙在丰等治河使臣，明确其任务是“前往淮扬所属下河一带车路等河，并串场河、白驹、丁溪、草堰场等口，排浚事务，专属于尔监修”（王先谦：《东华录》卷九）。要求他们“宜往来亲历，多方经画，讲求源流脉络，次第兴工，督率带去司官等，务实心任事，毋得怠忽扰害”（王先谦：《东华录》卷九）。其后，在将近四年之中，对待治河事务，孔尚任也确实是兢兢业业、实心任事的。

康熙二十五年八月，孙在丰一行到达扬州河署。到年底，四个月中，孔尚任为督视河工，“往来大河、长淮、秦邮、邗沟之中者数十次，海岸湖心，住如家舍”（孔尚任：《与雪谷兄》），常常是“鞍马何曾经柳影，枕衾大半近芦花”（孔尚任：《返棹昭阳留寄家人》）。有时，疲劳之极，竟是“孤舱灯暗带衣眠”（孔尚任：《久泊秦邮》）。康熙二十六年(1687 年)春天,他还赶赴泰州东部荒寂旷邈的海滨渔村西团监工治河。他率领属吏,“建旗以聚民事。子来之众,日及八九千,给食程工,坐立泥涂中,饮咸水,餐腥馔,不胜劳且苦。已劳而慰人之劳,已苦而询人之苦,乃悉得其煮盐捕鱼之状”(孔尚任:《西团记》,载《湖海集》卷八)。所以,当康熙二十六年三月,清廷认为“与孙在丰同往修河诸员,未尝留心河务,唯利是图”,九卿议决要“撤回差往各官”时(王先谦:《东华录》卷九),孔尚任并没有被召返京,因为他并不属于“唯利是图”之辈。

至康熙二十七年(1688 年),河局又有变化。河务总督靳辅与总漕慕天颜矛盾日益加剧。康熙对此大为不满,认为“总河靳辅、总漕慕天颜、侍郎孙在丰,相互参讦,靳辅、慕天颜不便留任,孙在丰亦不便修河。伊等员缺,速行更换差遣……调王新命为河道总督,命户部侍郎开音布督理下河”(王先谦:《东华录》卷十)。孔尚任的同事,“或还朝,或归里,或散或亡,屈指亦无一人在者”(孔尚任:《待漏馆晓莺堂记》),他却仍得留下,继续治河。他独自住在扬州天宁寺东廊待漏馆内,虽然处于“病饿”之中,虽然“庙堂之上,议论龃龉,结成狱案,胥吏避匿,视为畏途”,但是看到“今来且三年矣,淮流尚横,海口尚塞,禾黍之种,未播于野;鱼鳖之游,不离于室。漫没之井灶场圃,漂荡之零棺败胔,且不知处所”,还是决心“在庙堂之上,则忧其民;处江湖之远,则忧其君”,要学习先贤“先天下之忧而忧,后天下之乐而乐”的精神,安心治河。(孔尚任:《待漏馆晓莺堂记》)

在治河之余,孔尚任也没忘记广泛交游。扬州是坚决抗清的名城,民族英雄史可法曾经于此坚守孤城,慷慨就义。全城军民与清军鏖战,直到人亡矢绝,仍无降者。清军于此血腥屠杀,也最为惨重,以至“堆尸贮积,手足相枕”,“塘为之平”,“满地婴儿,或衬马

蹄，或藉人足，肝脑涂地，泣声盈野”。（王秀楚：《扬州十日记》）因此，有些幸免于难的明末遗老遗少入清之后，多半是逃名避世、心背朝廷的。例如黄云，明亡后隐居不仕，以樵者自足，但“时时偷访钟山树”（杜浚：《青樵歌为黄仙裳作》，载《变雅堂诗集》卷二）。宗定九，拒绝接受清廷所授从六品州同知官，隐居东原，经年不入城市，以著书垂钓自遣。龚贤，明亡后隐居作画，抒写亡国之痛。李沂，由其伯父李信抚养成人。李信为明朝县令，曾经率众抗拒清兵，城破之日，与妻殉难。李沂则隐居蓬室，以诗自娱，以名节自许，“历久而弥坚，垂老而愈确”（李骥：《李沂传》）。孔尚任正是在治河期间，与这些隐逸耆英诗酒唱和，结为“同党”、“同社”，视为“知己”的。这使他为康熙祭孔稀释殆尽的民族情绪重又潜滋暗长，因而决心继续写其《桃花扇》传奇了。

康熙二十六年（1687年）八月，因阴雨连绵，住所被淹，他只得借居昭阳城南李清枣园暂住。因雨大河工难施，他便趁机修改《桃花扇》。枣园主人李清，号映碧，崇祯进士，弘光朝任大理寺左丞。明亡后，“自是隐居不出，惟著书自娱。清人起之，以病固辞，无有识其面者。每遇烈皇帝讳日，必设位以哭。晚岁作遗令曰：吾家世受国恩，吾一外吏，先帝简擢涓埃，未报国亡，后守其泾泾，有死无二，盖以此也”（魏建功藏朝鲜人无名氏：《皇明遗民传》抄本卷一《李清传》），是一位忠于明室、崇尚气节的遗老。其族弟李沂，也是隐居昭阳、以诗歌自娱而不仕清朝的遗民。孔尚任修改《桃花扇》正是在李沂的观赏指点下进行的。特别是是年九月冒襄的来访，对其修改此剧更有良多裨益。

冒襄，乃江南名士。明亡后，断然拒绝清廷多次征召，而隐居如皋，广泛接纳四方人士，为反清复明“联络声息”。一谈起明末国事败裂，便“须发倒张，目眦怒裂，音词悲壮愤激”（许承宣：《恭祝大征君前司理巢冒老年台先生七十大庆序》，载《同人集》卷二）。这位年已 77 岁的隐逸耆英得知孔尚任正修改《桃花扇》，便从三百里之外的如皋特地赶来，与孔尚任“高宴清谈，连夕达曙”（孔尚任：《与冒辟疆先生》），一同住 30 天。冒襄对剧中男女主角原型——侯方域和李香君颇为熟悉。他与侯方域、陈贞慧、方以智被誉为“江南四公子”，彼此曾“无日不相征逐”（黄宗羲：《思归录》）。相互间，仪表、性情“视之虽若不同”，然“其好名节，持议论一也，以此相结义。所不可抗言排之，品核执政，量裁公卿，虽甚强硬，不能有所屈挠”（吴伟业：《梅村家藏稿》卷三十六）。他们经常一起出入秦淮河，对李香君也颇熟悉。而且，《桃花扇》中所写的苏昆生，在明亡之后，流落吴中，寄身萧寺。后经友人推荐，便到冒襄所居水绘园，帮他教曲、排戏。冒襄还在南京听过柳敬亭（也是《桃花扇》中人物）说书，对苏、柳二人的往事、人品也有所了解。所以，在一个月的昼夜长谈中，冒襄向孔尚任详细介绍了南明遗事以及《桃花扇》中人物的言行，对他修改此剧促进不小。后来，他在《桃花扇》中将冒襄作为暗场人物，与此聚会也大有关系。

康熙二十七年（1688 年）夏天，孔尚任还结识了一位年高德韶的明朝遗老许承钦。正是这位“行吟托楚骚，白发隐渔纶”的耆老，曾向孔尚任秘密谈起过明末兴亡遗事，即所谓“所话皆朝换，其时我未生。追陪炎暑夜，一半冷浮名”（孔尚任：《又至海陵寓许漱雪农部间壁，见招小饮，同邓孝威、黄仙裳、戴景韩话旧分韵》。诗后，邓汉仪的批注云：“漱翁以八十四老人，诗酒之兴不减。一夕快谈，差销旅寂，然不堪为外人道。”）许翁所谈并非古代改朝换代之事，而是明亡清起之事。当南明小朝廷荒淫误国，入侵清兵血腥屠杀，忠

臣义士奋起抗击之时,孔尚任确实是“其时我未生”。但是,如今听来,却历历在目,犹如身临其境,因为讲述者就是这“朝换”的见证人。因此,孔尚任对自己入仕之后欲报康熙知遇之恩的功名之心冷了半截,民族情绪重又萌发。而且,治河期间,孔尚任生活贫寒,甚至有时还卖马驹、当行李、以书画贷粟,向大官乞粮,以至处于“病虐、病痢、愁饥、愁寒、无车、无马、望乡、望国”的困苦之中(《与黄交三》)。这正是他进而萌发民族情绪要继续修改《桃花扇》的原因之一。康熙二十七年春节,他独卧陈家庵,“瓶无半粟”(《与朱天叙学士》),未几接到友人黄仪逋的元旦见怀诗,中有“大笑茅檐春兴发,题诗先寄汉公卿”等句,孔尚任回书曰:“继而思之,足下诗一篇,换酒一斗者也。今日之汉臣无张骞之葡萄,而止有苏武之冰雪,何贺之有?”(《与黄义逋》)这带有强烈民族情绪的自白,也是由其生活艰难困苦所引发的。自此,孔尚任对康熙的态度开始有所变化。

由于河务棘手,久治无效,康熙于二十八年(1689年)初春亲来扬州巡视河工,还特地将孔尚任召至“龙舟”,赐予酒席果饼。孔尚任写有《送驾至淮上恭赋》四首,邓孝威评曰:“从古星轺,未有饥饿如公者。昨迎驾江头,蒙撤宴赐食,慰劳再四,万姓观瞻,惊喜传播,淮扬人士,方知孔公为眷顾贤臣,荣宠可谓至矣。而公澹泊敛退,绝无矜张之容,真难及也。”(《送驾至淮上恭赋》诗后邓注)此前在曲阜“接驾”后,孔尚任曾“随路感泣,逢人称述”,唯恐矜张不广,而这次却澹泊敛退。这是因为孔尚任湖海劳碌之后,已经宦情冷落,民族情绪潜滋暗长,对康熙的态度也有所变化了。

康熙二十八年四月,下河局解散。孔尚任趁河工结束可以从容北归之时,于七月份独自游览了金陵。因为他忙中偷闲修改的《桃花扇》共四十四出,其中二十六出都发生在这里。他创作此剧的原则就是“朝政得失，文人聚散，皆确考时地，全无假借”（《桃花扇凡例》）。专程独游金陵，正是着眼于此。所以，他游览了燕子矶、虎踞关，访问了高蹈遗老龚贤，高僧云辩，傲世画家蔡霖苍，观瞻了明太祖故宫，瞻拜了明孝陵，题诗留句。还拜访了曾戴孝祭悼崇祯的明之隐士张瑶星，写诗《白云庵访张瑶星道士》，描画了一个忧世疾俗、为故国兴亡悲痛不已、进而发愤著述的清高道人的形象，“把白云心事，一一写出，是一篇逸民传”（《湖海集》卷七注）。所以，孔尚任把他直接写进了《桃花扇》中，作为总结兴亡之案的“纬星”。

康熙二十八年九月，他结束金陵之游，重返扬州，再次游览了大禹祠、文选楼、琼花观、梅花岭等名胜古迹，凭吊了抗清民族英雄史可法的衣冠冢，写有短诗《梅花岭》，热情洋溢地歌颂了这位大义凛然、以身殉国的民族英雄的爱国精神。

到康熙二十九年（1690 年）二月，孔尚任结束了将近四年的湖海生涯，回到北京，继续任国子监博士。

第三节　宝泉局监铸

康熙三十四年（1695 年）春，孔尚任已 48 岁，恰是仕宦十载，才由从八品的博士升为正六品的户部福建清吏司主事。

户部，为清代六部之一，掌管户口田赋之政，为重要财政部门。部之下设十四个清吏司。司的长官为郎中、员外郎、主事。“十四司，各掌其分省民赋，及八旗诸司廪禄，军士饷糈，各仓，盐课，钞关，杂税。”（《清史稿》卷一百十四《职官》）其中福建司较大，“兼稽直隶民赋，天津海税，东西陵、热河、密云驻防俸饷，司乳牛牧马政令，文武乡会试支供”（《清史稿》卷一百十四《职官》）。户部直辖内仓、宝泉

局。宝泉局设监铸、主事等职。其监铸由“各部司员内保送补用”(《清史稿》卷一百十四《职官》)。户部便保送户部清吏司主事孔尚任兼任宝泉局监铸之职。

宝泉局俗称户部局,为清代鼓铸钱币机关。他一任此职,便有人上门称贺求贷。其《燕台杂兴三十首》有诗云:“铜山金埒势峥嵘,暴富乞儿恬不惊。每日垂鞭归第邸,有人来看孔方兄。”诗下自注:“予畏监仓而得监铸,免累可矣,寒如故也。泛交者不知,多来称贷。”(《孔尚任诗文集》第二册,第 3275 页)孔尚任虽处于铜臭之中,却能出污泥而不染。亦即“今年在铜臭之中,不为所染,自觉潇洒。而长官僚友多不相信”,“长安名利之薮,为雅俗所共艳者。近事知者寥寥,交臂道上,不辨何人,则弟之不合时宜也可知矣!”(张潮:《友声后集》)有人怀疑他不能不染贪占之风,为其不能损公肥己沾光叨利而冷淡他,路遇而不理。但他泰然处之。而亲友知己,却知其真正清廉。友人顾彩有诗云:“朱绂遂因诗酒捐,白简非有贪饕症”,“忆君初管九府钱,不以货殖师吴邓。到今悔乏买山资,极知贫也原非病”。(《有怀户部孔东塘》,载《往深斋诗集》卷三)曲阜衍圣公之子孔传铎亦有诗云:“两转户曹仍隐吏,十年京邸一琴囊。”(《申椒集》卷下)孔尚任依然贫困,仍然写诗嗟卑叹贫。其《别余鸿客》云:“久官馀空囊,饿散联床友。”其诗友计希深,落拓京城,他无力“分俸益之,每为愧叹”,有诗云:“谁家饭颗流墙外,索米来寻索米人。”(《燕台杂兴三十首》其六)清晨赴衙,“寒逼朝衫袖”,却无以御寒,因为“家远授衣迟”(《新寒试炉》)。即使年迈老母带领两个孙子来京探望,又适逢孩子生日,也无力改善生活,故写诗慨叹“吾穷连汝辈,齠龀便知愁”(《小儿生日从祖母在京》)。在诗中不免发些“我官何妨罢”、“长安似槐安”之类的牢骚。即使如此,他仍然劝说友人,

要做清官，不要忘却民生疾苦，“知君爱读循良传，痛说民瘼莫暂忘”(《陈一水中翰出守兖郡李苍存同行索诗》)。

孔尚任自任职清吏司主事兼宝泉局监铸以来，兢兢业业，未曾稍懈。因此，任监铸两年之后，即康熙三十六年(1697年)七月十九日，康熙便敕令嘉奖他“经划多才，恪勤奉职，出纳裕公私之积，权衡佐军国之需，劳积有成，新纶宜沛”，并授予“承德郎”之阶，其夫人秦氏也因此而封为“安人”。

第四节 户部员外郎

孔尚任在隐居期间，勾画了《桃花扇》的轮廓；于治河之暇，改成二稿。返京之后，颇为用心观看戏剧演出，并与顾彩合著历史剧《小忽雷传奇》，对编剧技巧益发有得。但是，真要达到“列之案头，歌之场上，可感可兴，令人击节叹赏”(孔尚任:《桃花扇凡例》)，却仍非易事。因此，他仍将《桃花扇》剧稿秘不示人，只是偶尔与同僚旧友宴饮之际，方始流露一二，这倒更加激起他们的催促。任宝泉局监铸时，顶头上司是田雯。他与田雯早有交情。治河期间，田雯正任江宁巡抚，曾应孔尚任信中所请，“募言”助建北海书院于扬州，以纪念孔尚任祖先孔融。他还阅读过孔尚任的《湖海集》手稿，助其刊刻。田雯此时已由刑部左侍郎调任户部左侍郎，领右侍郎事，主管宝泉局。田雯工诗能文、性喜曲词，便向孔尚任索取剧稿，先睹为快。孔尚任便加紧修改，终于康熙三十八年(1699年)六月，“抉心呕成”著名历史剧《桃花扇》传奇。

消息传开不久，孔尚任与此剧便蜚声京都。一时间，“王公荐绅，莫不传钞，时有纸贵之誉”(孔尚任:《桃花扇本末》)。甚至连康

熙也要索取剧本审阅,而且要得甚急。可是缮本却不知传之何所。后来总算从中丞张平州家“觅得一本”,于“己卯秋夕”午夜时分,“进之直邸,遂入内府”(孔尚任:《桃花扇本末》)。是年除夕,户部侍郎李柟也特派使者给孔尚任送来“岁金”,要索取《桃花扇》,“为围炉下酒之物”(孔尚任:《桃花扇本末》)。治河期间,孔尚任曾在李柟之父李清枣园改写《桃花扇》。是年七月,李柟任户部左侍郎,接替田雯,成为孔尚任的直接上司。所以,李柟索稿,孔尚任不会拒绝。

到康熙三十九年(1700年)元宵节,此剧已在李柟府中粉墨扮演。“其班名‘金斗’,出之李相国湘北先生宅,名噪时流,唱《题画》一折,尤得神解也。”(孔尚任:《桃花扇本末》)从此,“长安之演《桃花扇》者,岁无虚日,独寄园一席,最为繁盛。名公巨卿,墨客骚人,骈集者座不容膝。张施则锦天绣地,胪列则珠海珍山。选优两部,秀者以充正色,蠢者以供杂脚。凡砌抹诸物,莫不应手裕如。优人感其厚赐,亦极力描写,声情具妙。盖主人乃高阳相公之文孙,诗酒风流,今时王谢也。故不惜物力,为此豪举。然笙歌靡丽之中,或有掩袂独坐者,则故臣遗老也;灯炧酒阑,唏嘘而散”(孔尚任:《桃花扇本末》)。

此时,衍圣公孔毓圻主持编写的《幸鲁盛典》已告完成,与儿子孔传铎来京进呈该书样本。见孔尚任新剧告成,也为之祝贺。《桃花扇》于康熙三十九年正月在京城初演,到三月,已盛演不衰,独占鳌头。三月上旬,孔尚任晋升为户部广东司员外郎,由正六品升为从五品。这是孔尚任一生中的最高官职。但是,仅任此职十来天就被罢官。

在罢官之前,他曾多次在诗文中表白过:“我官何妨罢”。罢官之后,面对“王公贵人,下逮布衣之士,莫不惜之”的情状进行了自我宽解:“毋惜也,吾母老矣,不能养,今归养母,且得葺我孤云草堂,著书终馀年,幸耳,何惜为?”(王源:《居业堂文集》卷十六《送孔东塘户部归石门山序》)而且,接连写了一些《休官好》之类的诗歌。但是,这猝然而来的打击,还是使他忧愁和痛苦的,故所写《愁》诗曰:“梦魂已为愁所缠,未必形销愁可灭。”而且,尤为痛苦的是,他并不知道罢官的真正原因。直到康熙三十九年春夏间,他从友人谈论中才认识到真正原因是文字惹祸的结果,亦即《桃花扇》的写成及演出造成的。

在清初文字狱的严厉统治下,孔尚任在《桃花扇》中热情洋溢地歌颂了民族英雄史可法抵抗清军死守扬州的壮举,使明末故臣遗老观后欷歔慨叹,因而肇祸罢官。由于他是康熙亲自擢拔的孔门圣裔,如若深究,与宣扬尊孔不利,才借谗言诬陷罢官而已。孔尚任为此感到冤屈不平,在京城滞留了两年,于康熙四十一年(1702 年)暮冬离京回乡,在“风城回望泪涔涔”中结束了 16 年的宦海生涯,他已是 55 岁的苍颜老翁了。

第三章 罢官乡居

孔尚任罢官归乡之后，生活孤寂清寒。但是，他仍然不废吟咏，不废交游，不忘以著述扬名。他曾两次帮助友人编写府志，还写有不少诗文。

第一节 暮年活动

康熙四十一年（1702年）暮冬，孔尚任回乡家居。他一向认为“丹炉药鼎亦多事”（《游峄山南华观有感》），“服气还丹不可学”（《送解琢章下第还劳山兼致石民先生》），不愿意走养生求仙之路，而要“射猎读书遣馀年”（《刘静伯招饮同余鸿客、李抱一剧谈》）。因此，翌年秋初，便于旧居闲堂之后，新辟北轩，重新整理琴棋书画，准备于此吟诗抒怀，著书以终馀年。有时亦有“冯唐头白未封侯”（《归家夜坐》）之叹。

家居无聊，且感无书可读，康熙四十五年（1706年）秋初，他便到真定借书、购书，淹留四个多月之久。其间，在其59岁寿辰时，旧友刘雨峰留其居于宾座，“观演《桃花扇》，凡两日，缠绵尽致。僚友知出予手也，争以杯酒为寿。予意有未惬者，呼其部头，即席指点焉”（孔尚任：《桃花扇本末》）。

康熙四十六年(1707年)秋,平阳知府刘棨邀请孔尚任助修府志。是年十二月,孔尚任到达平阳。刘棨盛情款待,陪其游历平山,相订耦耕之约,宾主甚欢。但这毕竟是为人食客,所以,待大体完成,便于康熙四十七年(1708年)二月返回故乡曲阜。该志于“纂修姓氏”中题为:“纂修:平阳府知府刘棨,进士,山东诸城人。分纂:孔尚任,原任户部员外郎,山东曲阜人。高孝本……吴启元……刘允生”。孔尚任乃是《平阳府志》的执行主编。

三月,诗人佟鋐来访。鋐字蔗村,父任河南布政使,弟兄六人皆通籍仕路。佟鋐不愿授官,而是隐居为诗人。他出游山东,路过曲阜,特地来访孔尚任,索取《桃花扇》抄本阅读。才看数行,便击节称赏。“倾囊橐五十金,付之梓人”(孔尚任《桃花扇本末》),帮助孔尚任刻印其剧作《桃花扇》。同时,孔尚任写成《桃花扇小识》。

康熙四十八年(1709年),孔尚任离家出游。路经仪封、睢州、郾城,暮冬到达武昌。康熙五十年(1711年),游历泰山、济南。康熙五十一年(1712年),东至莱州,帮助知府陈谦纂修《莱州府志》,并写有《建莱府西仓记》一文,极力称道陈谦廉政爱民。不久,因陈谦离职而去,孔尚任旋即归里。中央党校存《莱州府志》康熙五十一年(1712年)刊本,分方舆、建置、赋役、学校、兵防、封建、职官、名宦、选举、人物、艺文、闻见等十二卷。修志姓氏题署:“总裁:山东布政使司分守登莱青整饬海防道副使加二级甘国壁、候补按察司副使前莱州知府加一级陈谦。纂修:原任户部广东司员外郎孔尚任、原任广西思恩府武缘县知县刘以贵。”可知孔尚任是主要纂修者。

康熙五十三年(1714年)冬,他又远游淮南,访问淮徐道观察刘廷玑。因为彼此神交已久,所以一见如故。“款留三月,往来清署,瓶花茗碗之侧,雅歌薄醉之馀,语默相对,形神不分,觉两人知己,自

足千古。”(《长留集序》)二人彼此见解相同,都认为诗应清新自然,真挚朴质,因此,齐心协力将彼此诗作选订为《长留集》。至康熙五十四年(1715 年)暮春,孔尚任重返曲阜。靠刘廷玑资助,于石门山建成秋水亭。

康熙五十六年(1717 年)秋,在治河期间结识的友人金埴携带外父外母遗骨自京师返乡安葬,取道东鲁,因过曲阜,而重会尚任。孔尚任念其孝心,特地作序以赠。金埴则索观《桃花扇》剧作与孔尚任共读。“至香君‘寄扇’一折,借血点作桃花红雨,着于便面,真千古新奇之事。所谓全秉巧心,独抒妙手。关、马能不下拜耶!予一读一击节,东塘亦自读自击节。当是时也,不觉秋霜侵人,坠叶响于庭阶矣!忆洪君昉思谱《长生殿》成,以本示予,与予每醉辄歌之。今两家并行矣。因题二绝句于《桃花扇》后,云:潭水深深柳乍垂,香君楼上好风吹。不知京兆当年笔,曾染桃花向花眉。两家乐府盛康熙,进御均叨天子知。纵使元人多院本,勾栏争唱孔洪词。”(金埴:《巾箱说》)从此,中国戏曲史上两颗璀璨明星“南洪北孔”便相提并论了。

康熙五十七年(1718 年)正月十七日,孔尚任与世长辞,享年 71 岁。

第二节　萧条后世

孔尚任生有二子,长子衍谱,次子衍志。

衍谱,字榆村,性情通率,爱好诗文,画入逸品。孔尚任在世时,他已隐居湖上旧宅,与邑人结社吟诗,为“湖山吟社八子”之一。八子之诗刻集为《湖山吟集》。雍正二年(1723 年),授为丹阳主簿。其诗作有《小岸诗》。

衍志，号柏林，曾任孔庙三品执事，并无诗文流传。

孔尚任还有一女，嫁于王家，生子王立堂，家世难考。

孔尚任子侄之辈，多为布衣，家道益发衰微。

附：

孔尚任年表

顺治五年(1648年)九月十七日,孔尚任生于曲阜。

顺治十二年(1655年),8岁。

入孔孟颜曾四氏学堂读书。

康熙六年(1667年),20岁。

于此之前,成为秀才。

康熙十七年(1678年),31岁。

八月,在济南,乡试未中。

九月,游石门山,欲选胜结庐,隐居其中。隐居期间,写成《桃花扇》初稿,而未饰其藻彩。

康熙二十年(1681年),34岁。

典田捐纳国子监生。

康熙二十一年(1682年),35岁。

秋,应衍圣公孔毓圻之请,出山治其夫人张氏丧。

康熙二十二年(1683年),36岁。

修《孔子世家谱》。

康熙二十三年(1684年),37岁。

修《孔子世家谱》、《阙里志》，于孔庙训练礼生、乐舞生，监造礼乐祭器，至秋皆竣。十一月十八日，康熙于曲阜谒孔庙行祭礼，游览孔林，孔尚任为之讲经导游，受到称赏。十二月初一日，接吏部授官报，授为国子监博士。

康熙二十四年(1685年)，38岁。

正月，进京，入国子监，为博士。二月，于国子监开坛讲经。

康熙二十五年(1686年)，39岁。

七月，奉命随工部侍郎孙在丰往淮扬，疏浚黄河海口。

康熙二十六年(1687年)，40岁。

八月，改写《桃花扇》二稿。

康熙二十九年(1690年)，43岁。

二月，返京，任国子监博士。

康熙三十年(1691年)，44岁。

秋，购得唐制胡琴小忽雷。

康熙三十三年(1694年)，47岁。

七月，与顾彩合作，写成《小忽雷传奇》。

康熙三十四年(1695年)，48岁。

春，迁户部主事，任宝泉局监铸。

康熙三十八年(1699年)，52岁。

六月，《桃花扇》三易其稿而书成。

康熙三十九年(1700年)，53岁。

三月初，晋升户部广东清吏司员外郎。三月中旬，被罢官。

康熙四十一年(1702年)，55岁。

暮冬，由京还乡。

康熙四十六年(1707年)，60岁。

腊月,赴平阳助修《平阳府志》。

康熙五十一年(1712年),65岁。

春,赴莱州助修《莱州府志》。

康熙五十七年(1718年)71岁。

正月,卒于曲阜。

第二篇　著述

孔尚任一生，著述“盈尺等身”，主要有戏剧、诗词、散文等。这些著述，具有一定文学、艺术或史料价值，是珍贵的文化遗产。

第一章 戏 剧

孔尚任并非只有一部《桃花扇》传奇剧。他与顾彩合作的《小忽雷传奇》,也是颇具传奇色彩的历史剧。《大忽雷》杂剧也是他的作品。

第一节 《小忽雷传奇》

康熙三十年(1691年)秋,国子监博士孔尚任从一举子手中典衣买得一件名贵古代乐器,叫做小忽雷。"小忽雷,长尺许,龙头弧体,制如胡琴。其木色紫黝,坚如金石,乃外域娑罗檀也。脉纹盘绕,簇成凤眼,摩弄日久,光莹可鉴。头上刻缕,丝发纤细,传为鬼工;项下刻'小忽雷'三篆字,两弦穿其下,腹蒙蟒皮,弹之声若忽雷,故以名。考《南部新书》载:唐韩滉入蜀,伐奇木如紫石,匠云'为胡琴槽,他木不能并。'遂为二胡琴,大曰'大忽雷',小曰'小忽雷',后献德皇。唐人段安节《乐府杂录》云:'文宗朝,两忽雷犹在内库,宫人郑中丞特善之。训、注之乱,始落民间。'兹盖其小者。项后刻'臣滉手制恭献,建中辛酉春。'乃韩滉自制。滉,画龙名手也。"(《孔尚任诗文集》卷八)

小忽雷由韩滉献给唐德宗后,却又流落到崇仁坊里,而且还引

出一段传奇故事:“文宗朝,有内人郑中丞,善胡琴。内库二琵琶,号大、小忽雷。偶以匙头脱,送崇仁坊南赵家修理。大约造乐器悉在此坊,其中二赵家最妙。有权相旧吏梁厚本,有别墅在昭应之西。正临河垂钓之际,忽见一物浮过,长五六尺许,上以锦绮缠之。令家童接得就岸,即秘器也。及发开视之,乃一女郎。妆饰俨然,以罗领巾系其颈。解其领巾伺之,口鼻有馀息。即移入室中,将养经旬,乃能言。云是内弟子郑中丞也。昨以忤旨,命内官缢杀,投于河中。锦绮,即弟子相赠尔。遂垂泣感谢。厚本即纳为妻。因言其艺,及言所弹琵琶,今在南赵家。寻值训、注之乱,人莫有知者,厚本赂乐匠,购得之。每至夜分,方敢轻弹。后遇良夜,饮于花下。酒酣,不觉朗弹数曲,洎有黄门放鹞子过其门,私于墙外听之。曰‘此郑中丞琵琶声也。’翌日,达上听。文宗方追悔,至是惊喜,即命宣召。乃赦厚本罪,仍加锡赐焉。”(《乐府杂录》)从唐人韩滉制作小忽雷,到康熙三十年孔尚任得到它,历时九百多年。孔尚任自是不胜感慨,因而作诗二首:“古塞春风远,空营月夜高。将军多少恨,须是问檀槽。”“中丞唐女部,手底旧双弦。内府歌宴罢,凄凉九百年。”并且刻于小忽雷上。而且,唐末李训、郑注之乱,以致大唐灭亡,祸根在于昏君当道,宦官专权。南明覆亡的原因,亦是如此。由小忽雷之遗事“亦足觇唐室之兴衰”(林纾:《枕雷图记》)。孔尚任认为据此传奇故事写一剧本,也可以像《桃花扇》那样,“借离合之情,写兴亡之感”,于是决定写作《小忽雷传奇》。因好友顾彩多才能诗,精通音律,所以孔尚任“指署斋所悬唐朝乐器小忽雷”,请顾彩合写此剧。于是,一时之间,“刻烛分笺,叠鼓竞吹,觉浩浩落落,如午夜之联诗”(顾彩:《〈桃花扇〉序》)。剧本结构,全部出自孔尚任之手。其余曲文,则是分笺联句,二人合作。

该剧叙演唐文宗元和年间，秀才梁厚本文武全才，于上巳节游玩时，在曲江亭壁题诗，受到翰林独孤郁的赏识。独孤郁之岳父宰相权德舆因而特将梁厚本请进相府，让他与女婿独孤郁一起研习诗书。江湖郎中郑注有时出入权相之家，见梁厚本有才华，又是宦官梁守谦的侄子，且受权相器重，便主动将妹妹郑盈盈与梁厚本定下婚约。一日，梁厚本于赵二古董店买得一名贵琵琶小忽雷，原是宫中乐器，后因战乱散落民间。此事为任职五坊使的宦官仇士良发现，仗势将梁厚本打骂，并将小忽雷抢去，献于朝廷。由此与梁厚本结下冤仇。仇士良便借其他案件，弹劾宰相权德舆、宦官梁守谦，使其罢官。郑注因而赖掉梁郑婚事，转而投身仇士良门下。适值淮蔡吴元济叛乱，宰相裴度奉命领兵平叛，梁厚本便弃笔从戎，被裴度任命为参谋，为裴帅出谋划策。雪夜奇袭吴元济，大获全胜，梁厚本荣立首功。请功表落入仇士良之手，便将梁厚本之名挖补改换成郑注，郑注得官，将妹妹郑盈盈献进宫中，弹奏小忽雷，任职"女中丞"。梁厚本徒然有功，只好参加科举，本来应中状元，卷子却被仇士良有意刷去而名落孙山。不久，郑注与仇士良争权夺利，矛盾尖锐。郑注等人欲借仇士良观看"甘露"之机，诛杀仇士良之类宦官，激起"甘露之变"，仇士良反将郑注等官杀死，进而迁怒其妹郑盈盈，逼其夜晚为皇帝侍寝，盈盈坚决拒绝。仇士良生拖硬拽，盈盈手持小忽雷掷打，仇头受伤，小忽雷匙头也被打坏。因此，仇士良假传圣旨，将郑盈盈勒死，投尸御河。梁厚本夜晚于河边垂钓，忽见上游流下画箱一个，捞起打开，却是未婚之妻盈盈，将其救活，养息数日。后得知小忽雷损坏，已送赵二店中修理，便将其偷偷赎回。二人完婚，偶尔偷弹忽雷，却被小宦官窃听，知是郑中丞弹奏，便回报皇帝。"甘露之变"之后，仇士良失宠。皇帝正为盈盈之死遗憾，便下令

将梁厚本、郑盈盈带进宫中，免罪赐婚。裴度等官又奏梁厚本平叛淮蔡之功、考中状元之事，于是梁郑封官加爵，夫贵妻荣。仇士良前来祝贺、认错，受到斥责。

作者以梁厚本、郑盈盈之间的爱情故事作为线索，有机地穿插了中唐后期元和、太和年间的重大历史事实，如平淮蔡、甘露之变等，在历史事实的基础上加以点染，比较真实地反映了中唐后期朝政腐败、权奸当道、忠良受害、贤士蒙冤的黑暗现实，对祸国殃民的权奸特别是宦官集团进行了有力抨击与鞭挞，塑造了一个奸慝狠毒、飞扬跋扈的宦官头目仇士良的反面形象。而南明政权是由凤阳总督马士英与阉党余孽阮大铖狼狈为奸、联合四镇军事头目而建立的一个极其昏庸腐朽的封建小朝廷。马、阮权奸卖官鬻爵，搜刮金银，选歌征舞，捉拿复社文人，同宦官仇士良集团残杀朝臣，广选美女，缢死郑盈盈，打击白居易，迫害梁厚本等文人，其阴谋同样奸险，手段同样毒辣。所以，此剧的深刻意义在于揭示了南明覆亡的原因，借梁郑遗事道出了自己的“万恨千悲”。再加剧中成功地塑造了郑盈盈光彩照人的形象，比较集中地刻画了她忠于爱情、不畏权奸的斗争精神，情节具有传奇色彩，语言典雅清丽，第三十二出《秋宫拨怨》尤为精彩。此出为全剧重场戏，最为精彩感人。盈盈怒掷忽雷，砸破仇头，拒不侍寝之举，大有香君撞地毁容，血溅桃扇以拒婚田仰之概，果然刚烈不屈，琤琤玉立。继而毅然面君，据理力争：“便去，谁怕你来！”慷慨激烈，掷地有声，也大有香君雪地骂筵之势。其抗拒权奸、宁死不屈之斗争精神，登时光彩照人。而之所以如此，又皆以其矢志不渝之爱情为坚实基础。故《秋宫拨怨》所唱[丰调笑]、[乌夜啼]、[感皇恩]数曲，既以深宫秋夜、细雨孤灯、寒衾冰弦之凄凉景象加以渲染，又以文姬思汉、明妃远别、绿珠坠楼等伤情典故加以衬托，语言清丽而不秾艳，沉郁而又蕴藉，情真语切，感人肺腑。而[哭皇天]、[四块玉]诸曲，又杂以“闷葫芦”、“没头鹅”、“胡乱扯”等俚言俗语，生动比喻，不着色相，情意独至。不施朱粉，本色当行。至于盈盈面君前夕，所唱[黄庭尾]所表现其忐忑不安，仇士良下场前一番独白，所表现其“好意”、“愤恨”，亦尽在情理之中。足见作者才情富丽，甚得曲家三昧。

因此，一经粉墨扮演，便取得了较好的艺术效果：“今《小忽雷》清词丽句，大似灿花。而《秋宫》一折，直夺关、马之席，此道茫茫，斯为绝唱!”(孔尚任:《商调集贤宾套·博古闲情》)

第二节　其他戏剧

孔尚任还著有《大忽雷》杂剧。

大忽雷也是唐代留下的珍贵乐器。《南部新书》云:“唐韩晋公滉，入蜀伐奇树，坚致如紫石。匠曰:‘为胡琴槽，他木不能并’。遂为二胡琴，曰大忽雷，小忽雷，后献德皇。”《乐府杂录》云:“文宗朝，两忽雷犹在内库，内使郑中丞善之。训、注之乱，始落民间。”“康熙辛未，余得自燕市，盖其小者。”而大忽雷于清末则传入刘世珩手中，他刻印暖红室汇刻传奇，收录《小忽雷传奇》，末附《大忽雷》二折。

同《小忽雷传奇》一样，《大忽雷》也取材于唐人轶闻。《唐诗纪事》云:“子昂初入京，不为人知。有卖胡琴者，价百万。子昂顾左右辇千缗市之。人惊问，子昂曰:‘余善此。’曰:‘可得闻乎?’曰:‘明日可入宣阳里。’如期偕往，则酒肴毕具。奉琴语曰:‘蜀人陈子昂，为文百轴，不为人知;此贱工之役，岂宜留心?’举而碎之。以其文百轴，遍赠会者。一日之内，名满都下。”两个忽雷是齐名并提的唐人

乐器，两个剧本都据唐人轶事写成。其一已为孔尚任所作，且已上演，受到好评，乘机连《大忽雷》一并写成，以成珠联璧合，自是顺理成章之事。而且，《大忽雷》所表现的怀才不遇思想，符合孔尚任的实际。文字风格上也与《小忽雷传奇》相同。故《乾隆曲阜县志》卷五十三中，将《大忽雷》列于孔尚任名下。

《大忽雷》只有二折：买胡琴、碎胡琴。叙演唐代蜀地才子陈子昂，家境富裕，才华出众，特地到京都长安游学观光。去太学路上，不惜白金千两，买得古代名贵琵琶“大忽雷”，并告知同行太学生，明日在长安宣阳里自己家中亲自表演弹奏琵琶大忽雷，并设有酒宴，欢迎文人名公、亲朋好友前往聆听，不但免费观赏，还有酒宴招待。翌日，果然文士名公纷纷前来观赏。陈子昂却对听众说，这琵琶，虽是传家之宝，价值千金，弹奏起来，呼呼如雷，但是即使制造工巧，也不过是一件乐器；即使弹奏出神入妙，也不过是伶工贱技！要它何用！于是当众将这“大忽雷”摔得粉碎。听众正在慨叹之际，陈子昂却说，我还有“不碎”的。听众以为是更加宝贵的琵琶，但他打开锦囊，取出的却是《陈子昂文集》，分给百位听众，每人一卷。众人啧啧称赞，文中礼乐兵农，渊博实际，无不佩服，其中还有当时著名诗人王勃、杨炯、骆宾王、卢照邻这“四才子”，于是，陈子昂名传天下，更在“唐初四才子”之上。剧中情节，基本是以《唐诗纪事》中陈子昂高价买胡琴、却碎胡琴以赠自己诗文而闻名的故事为据，加以渲染，抒发怀才不遇的感慨，线索单一，情节集中，故事完整，主旨明确。从所用曲牌等体例来看，这是一本只有两折的杂剧，而并非“残缺不全”的传奇剧。

第二章 诗 词

孔尚任的文学才能表现在诸多方面，他也是具有高深造诣的诗人。

第一节 诗

清人刘廷玑说："海内之重东塘者，不仅诗也。即以诗言，而《湖海》、《岸堂》、《石门》诸集，盈尺等身，亦洋洋乎当代之大家矣。"(《长留集序》)

孔尚任有诗集五部：

一、《鳣堂集》

孔尚任的友人邓汉仪所辑《诗观三集》中，于孔尚任诗前有小传云："尚任有《鳣堂》、《湖海》诗集。"鳣堂，即讲堂。孔尚任于康熙二十四年(1685年)正月二十八日开始为国子监生员讲解经义，次年七月初赶赴淮扬疏浚海口。《鳣堂集》即收录任国子监博士讲经到治河之前所写诗篇。

二、《湖海集》

《四库全书总目提要》卷一百八十四《集部别集类存目》云："尚任官国子监博士时，随侍郎孙在丰在淮扬疏浚海口。因辑其入淮以后诗文，自编此集，故以湖海为名。"共收诗七卷，文三卷，札三卷。南京图书馆、复旦大学图书馆、曲阜师范大学图书馆藏均有介安堂十三卷本。

三、《岸堂稿》

康熙三十三年(1684年)，蒋景祈收辑当时京都有名诗人之诗共十三卷，名《辇下和鸣集》。其中，选孔尚任诗61首，为《岸堂稿》一卷。岸堂，为孔尚任于北京海波巷住所书斋名，王士禛书写，尚任因以为号。上海图书馆藏有《辇下和鸣集》康熙刊本。

四、《长留集》

康熙年间《长留集》岱宝楼刊本扉页题为："曲阜孔东塘、辽海刘在园两先生合刻，岱宝楼梓行。"吴之振序云："闻孔、刘两公素未谋面，仅以诗调略同，订交水乳。甲午冬，始晤于淮上署斋，促膝三阅月，商榷风雅，欲尽搜近贤传稿，选为《长留集》，用存真诗，而先以所自著者，易手选定，以观旨趣之同异。"该集十二卷本收尚任诗999首，始于《湖海集》之后，终于康熙五十六年，即孔尚任殁前一年，前后凡20年。除少数诗篇与《湖海集》之诗有所重复外，凡孔尚任治河还京、京都仕宦、罢官归隐之作，几乎包罗殆尽。《晚晴簃诗汇》卷八十曾论及之。北京大学和南京大学两图书馆藏有残本。

五、《石门集》

孔传铎《安怀堂文集》中，有《东塘石门诗全集序》云："又癸未至丁酉共若干卷，曰《石门集》，是其归田及游览之所作也。"即孔尚任因罢官而于康熙四十一年回乡后至康熙五十六年去世前的诗作。

上述诗歌内容丰富多彩。

一是同情民生疾苦，抒发"呻吟疾痛之声"（孔尚任：《与田纶霞抚军》）。

治河期间，他始终没有忘记"踟躇何计救桑麻"（《渡黄河》）。一到黄河渡口，便"愀然有瓠子之感"（邓孝威评语）。因而能与灾区盐民、渔夫一起操劳，"虽斥卤荒凉，手胼足胝，与之欢呼鼓舞，盖不知劳之为劳，苦之为苦已"（《西团记》）。所谓"鞍马何曾经柳影，枕衾大半近芦花"（《返棹昭阳留寄家人》），"里外湖光照远天，孤舱灯暗带衣眠"（《久泊秦淮》），"病身久苦沧江气，好友皆怜补被寒"（《海陵留别邓孝威将至都门》），就是他"勤于王事"、"拯饥济溺"艰苦生活的写照。其间，他"风雨劳瘁，迄无暇日"，甚至有时处于"病虐、病痢、愁饥、无车、无马、望乡、望国"（孔尚任：《答黄交三》）之中，但始终没有忘却救民于水火的使命。友人送来了像生菊花，他想到"安得同献百花宴，花中看出民劳苦"（孔尚任：《像生菊花歌》）。上司设宴，他却写诗道："盛世由来不信瑞，当宴何计救桑蔴。"（孔尚任：《俞中翰园秋日玉兰花再开和徐方虎、孙圯瞻先生韵》）元宵佳节，他照常治水，见渔家点火问卜，便想到"吾来计三年，冒雨施凿疏。西决东不流，何以救黎庶"（孔尚任：《元夕泊渔村作》）。亲友请他品尝当地特产名吃董酥，他又吟诗道："把杯坐蓬茅，咀嚼生感慨。秦邮冠盖途，市错每相赛。下河尚洪荒，儿女一舟载。呱呱索饭啼，举火那能再！百钱买董酥，何如粳一袋！糟糠甘如饴，且免色为菜！"

（孔尚任:《食秦邮董酥同陈鹤山、颜遇五、从子衍栻分韵》）因为对治河久而无效的现状颇为不满，愤而质问那些一味寻欢作乐的开府大僚:“为问琼宴诸水部，金樽倒尽可消愁?”(《有事淮扬诸开府大僚招宴观剧》）劝说同事:“知君爱读循良传，痛说民瘼莫暂忘!”(《陈一水中翰出守兖郡》）

二是抒发兴亡慨叹，表现民族情绪。

这种情绪，有时是通过悼怀明朝君主及其遗迹表现的，例如，瞻仰明太祖故宫、拜谒明孝陵的诗篇。有时是通过凭吊抗清民族英雄来表现的，例如，游览梅花岭凭吊史可法的诗篇。而更多的诗篇，则是通过与隐遗耆英、故老遗民的酬和赠答中，抒发其民族情绪的，如《白云庵访张道士》:“淙淙历冷泉，乱石路频转。久立见白云，云中吠黄犬。篱门呼始开，此时主人膳。我入拜其床，倒屣意颇善。著书充屋梁，欲读何从展。数语发精微，所得已不浅。先生忧世肠，意不在经典。埋名深山巅，穷饿极淹蹇。每夜哭风雷，鬼出神为现。说向有心人，涕泪胡能免！”作者由其环境、著述、神态，引出明朝锦衣卫张瑶星在国破家亡之后的精微之论、忧世之心，突出其恸哭风雷变迁、感慨兴亡的民族情感，将其隐居入道、心怀故国的忧思“一一写出，是一篇遗民传”（黄云评语）。不过，孔尚任的民族情绪大都只能以曲折隐晦的形式表现出来。

三是描写清贫愁苦和仕途坎坷，抒发遭谗蒙冤的抑郁愤懑。

清人唐甄曾指出，“清兴兵五十余年，四海之内日益穷困”。孔尚任家遭过水灾，典卖了“负郭田”捐纳监生，又非贪官，且好慷慨解囊资助他人，再加好古成癖，喜欢文物，所以，湖海治河期间，生活有时难免贫困。诗作《乞金》、《卖马》、《典裘》、《得金》等篇中，常有些嗟卑叹穷的哀怨牢骚，诸如“伤哉儒者贫”（《车盖被偷》），“天下无如博士苦”(《谢阮亭先生送米炭》),便是他愤懑之极的感慨吟咏。可贵的是,他能顽强地支撑下去。“仆几条穷骨,一段铁肠,愈冷愈坚,愈饿愈劲”(《答缪墨书》)。他照样奔走治河,关心民瘼;仍然节衣缩食,周济亲友;还不时以固贫为常、处常而乐、诗穷而愈工来自我安慰,因而不废吟咏、登临、交友。他的许多诗篇,正是在这种贫困愤懑中写成的,即所谓“任抑郁穷愁,莫可言状,《湖海》一集,乃呻吟疾痛之声”(《与田纶霞抚军》)。

然而,更为诗人抑郁不平的却是其含冤罢官。他在其《放歌赠刘雨峰寅丈》、《答僧伟哉》、《容美土司田舜年遣使投诗赞余桃花扇传奇依韵却寄》、《和蔡纲南赠扇原韵送之南还》等诗中,直接触及了含冤罢官之事,也为后人解开这桩疑案之谜勾勒了一个基本轮廓。而且,从诗中可见,罢官使其更为愤世嫉俗,说:“休官才识面,愤世始为文”(《喜晤黄修士》),“高名受毁非今日,直道难行岂宋时”(《拜泰山三贤祠有感》),对贤士蒙冤、才士遇难的必然性和普遍性有了较为清醒的认识,终于在痛定思痛之后,得出了“休官好”的结论,罢官后回乡隐居。其后近二十年,他除去协助修志之外,再未入仕。

四是描画名胜古迹、山川风光,借以抒发心中块垒。

他把游览山水视为生平快事,曾在仕宦期间以及罢官之后到多处游览。南到武昌,东到莱州,大江南北,黄河下游,游迹所至,“不废登临,不废交游,不废吟咏”(《与雪谷兄》)。仅《湖海集》中就有山水景物诗一百多首,大都是治河见闻的即景生情,与其拯饥济溺、救民水患之心结合起来。《渡黄河》、《登金山》、《泛舟红桥探春》等,皆为此类。有的诗,则把山水景物描画同悼友怀亲之情结合起来,《拱极台上忆颜修来》、《真州怀纪伯紫》等诗,都有这种特点。同

时，有些山水景物诗，如《冬宿平山堂看月》、《初春经红桥》、《秋江早行》、《清凉山高台晚望》等，借景抒情，对月怀兴废，以感慨出之，极易拨动读者的心弦。当然，孔尚任之诗，有的表现出对仕宦的向往与迷恋；有的为清统治者歌功颂德，粉饰升平；也有的流露出听天由命、及时行乐的消极颓废情绪。但总的看来，孔尚任诗主性情，抒发真情实感，对扫除清初拟古主义诗风有一定促进作用。

第二节　词

孔尚任词作甚少。孔昭薰在《阙里孔氏词钞》中录有孔尚任词五首：《鹧鸪天》、《西江月》（平山堂怀阮亭）、《绮罗香》、《杏花天》、《沁园春》（小吟蝉琵琶）。且言孔尚任有《绰约词》，但是世无传本。另外，孔传铎所辑《同调集》中，录有孔尚任词二首：《锦缠道又一体》（水南庄宴集）、《落灯风》。并且指出，词对于孔尚任来说，“非先生所长，落落数阕，姑亦辑成一卷”。

第三章　散　文

孔尚任的散文,也有一定成就。清人王源《居业堂文集》云:孔尚任"以文章博雅重于朝,羽仪当世,而孜孜好士不倦"。宗定九《湖海集序》云:"今之孔氏,以文章经济相兼者,则唯东塘公。"

第一节　序　跋

孔尚任的诗文序跋,今存33篇。从中可以看出他对诗文的基本观点。

他认为诗文创作的目的应是阐发圣人之道,有补于世道人心。在《花屿堂诗稿序》中指出,人生最足忧者,是不闻道,而并非不能以文辞见长。读古人经书在于"学其道"。如果只是仿效其文辞,认为其文辞已"尽于道",将文辞与道判然为二,久而久之,"文辞不本于道,而道废;道废而文辞亦不能孤行",这样的文辞再多亦"不足观"。因此,他得出了"学道之功即学诗之功,而闻道之人即闻诗之人"的结论。这种重视文学社会功能,认为思想内容重于文辞形式的观点,使他能够对那些诗友先观其人品修养。"凡投诗在门者,诗之工拙不暇问,而又必先观其人。"因为"人不以诗重,而诗则以人重"。他爱重友人吴逸云之诗,首先是因为此人热情交友,"殷殷不

倦”,其次才是因为其诗歌“深稳健老”(《酣渔诗序》)。

至于如何才能以诗文阐发圣人之道,他认为应该把诗文作为“发情抒志”的工具,不能“无关风旨升降之数”。那种“但以单词片语,与一二独行自好者传诵标榜”的文字,不能名之为诗。乔东湖之诗,因“多深心近情之语”,故对其衷心称许(《碧澜堂诗序》)。友人方朴士之诗,“切近人情”,是“抒怀写志之物,而非称功诵德之文”,所以亲自为之校选作序(《环翠轩诗选序》)。“发情抒志”是孔尚任论诗的前提和标准。而且,孔尚任之所谓“情”,既指“性情之正”,不得有“委曲徇俗之意”,不得有“诵贵之言”,不得有“谀富之言”,而且也指“性情之真”,就是要“独抒己意”,反对“粉饰藻绘”。(《绮青轩集序》)因而称赞刘在园《葛庄诗》“此诗真,无一皮毛语”(《长留集序》)。

孔尚任论诗,承认诗有师承传授,说天下诗才常爱集中于某家。其《山涛诗集序》、《官梅堂诗集序》、《古铁斋诗序》中都曾予以论证。但他始终强调的却是要独抒己意己情,而非因袭他人。“若但以古人之感慨为感慨,而古人之感慨,又以谁之感慨为感慨耶?”(《平山堂雅集诗序》)只有“各抒性情”,才是上乘之作。客观环境固然重要,但是身处逆境,通过努力,亦能写出“工佳”之诗。卓子任之诗“日积日富”(《近青堂诗序》)、程颖叔之诗“每试必隽”(《古铁斋诗序》),都是有力论据。

明代以来,前后七子及竟陵派形式主义诗风的影响,继续到明末清初。而孔尚任力主抒情言志,以己意为诗,且身体力行,无疑具有反对形式主义的重要意义。

不过,孔尚任论诗,并没有指出过参加社会实践的重要,有时甚至认为“能发庙朝之音”的也是“佳诗”,表现了时代和阶级的局限性。

第二节　方　志

孔尚任一生修过三部方志。

一是《阙里新志》。孔继汾《阙里文献考》卷一百《叙考》第十六云："明弘治间，会稽陈镐始裒集旧闻，著为《阙里志》一书，纲举目张，事迹粗备。顾考据失精，去取无当，其后载经增辑，止缀述恩荫，更杂以簿书之文章，而于前人纰谬繁漏之失，举未有所匡正，君子病焉。康熙丁丑，族祖聘之尝别撰《新志》，一变旧志体例，颇有所增益，而芜杂傅会，失更过之，故其书久而不行。今去丁丑又六十六年矣。"又，卷末《阙里志辨伪》云："《阙里新志》行世已久，海内著家间多引多用。《新志》虽久不摹印，顾已经镂刻，当世已有其书。其中袭谬仍讹，舛错不少。汾于诸书考中，已择其大者辩论改正，其改而未辨者，复为论列左，不敢诬先人惑后世也。"容肇祖《孔尚任年谱》据之云："可知尚任所撰《阙里新志》，成于康熙丁卯，为书二十四卷，已经镂刻。"

曲阜市文管会藏有《阙里新志》清刻本，二十四卷，各卷均题为："太子少师袭封衍圣公孔毓圻鉴定，世袭翰林院五经博士孔毓诞参订，曲阜县世袭知县孔兴任监修，林庙举事孔贞枚督刊，太学生孔尚任编纂。"每卷皆有标题，标题之下为"叙"，以"叙"举其纲要。然后分述内容。《新志》各叙，与《旧志》之叙，立意、言词多有不同，言简意赅，形式活泼。各卷目录为：《圣贤》、《陵墓》、《祠庙》、《名胜》、《古迹》、《祠田》、《封爵》、《宗族》、《学校》、《礼仪》、《乐志》、《土田》、《户役》、《人材》、《著述》、《风俗》、《物产》、《典谟》、《艺文》、《史传》等。较之旧志，删汰既多，增加有富。如《学校》卷，举凡有关设

置、沿革、校规、功课、起居、存书诸项，均有评述。而《史传》卷，对孔氏名人，均立传记，为旧志所不载，他书亦罕见。是书包罗宏富，材料充实，可谓当时曲阜特别是孔氏宗族政治、经济、文化、风俗、人情的百科全书。而其中“芜杂傅会”之处，亦偶或可见。

二是《平阳府志》，是孔尚任罢官之后纂修的地方志。朱士嘉《中国地方志综录》著录：“康熙四十七年《平阳府志》三十六卷，刘棨修，孔尚任纂。张克嶷跋云：郡伯刘青嶷先生乃起而纂之，事始于丁亥仲秋，脱稿于戊子季春。”孔尚任于康熙四十六年，应平阳知府刘棨之邀，助其修志。是年腊月，到达平阳，第二年二月，离开平阳回乡。只在平阳住有两个多月，主要是对《平阳府志》修改定稿。志三十六卷，每卷一目，亦即：图考、星野、建制沿革、疆域、山川、管津、城池、公署、学校、祠祀、户口、田赋、水利、屯田、盐法、邮政、兵防、帝王、职官、宦绩、选举、封荫、人物、隐逸、流离、列女、仙释、方伎、风俗、物产、古迹、陵墓、寺观、祥异、杂志、艺文。卷有小序，说明分类立目根据，阐述源流，分析利弊，言简意赅，承上启下，使各卷联系紧密。较之旧志，内容丰富有加，又增加“风俗”、“历代兵氛”（附于“祥异”卷）两志，以突出平阳特色。

三是《莱州府志》，是孔尚任帮助莱州知府陈谦修订的一部志书。《莱州府志》，原由明代万历三十一年（1613年）莱州知府龙氏主持编修。康熙四十七年（1708年），陈谦出任莱州知府后，因旧志已有一百余年，人事变化甚大，原版已残缺失次，决定重新修撰。康熙五十年（1711年），通知所属州县，广求文献。数月之间，草成初稿。康熙五十一年春，又聘请孔尚任和刘以贵协助纂修。参加人员有：“总裁：山东布政使司分守登莱青整饬海防道副使加二级甘国璧（东屏，奉天沈阳人，难荫生）、候补按察司副使前莱州知府加一级陈谦(廷益,浙江海宁人,廪贡生)。纂修:原任户部广东司员外郎孔尚任(东塘,至圣裔,山东曲阜人,特用)、原任广西思恩府武缘县知县刘以贵(沧岚,山东潍县人,进士)”(康熙刊《莱州府志》卷首)。该志于康熙五十一年十月修订竣工,即时刻印。

旧志八卷,有目无纲。孔志改为十二卷,纲下有目,纲举目张。亦即:一、方舆志(图考、星野、沿革、山川、形势、疆域、里社、风俗、物产);二、建置志(坛庙、祭仪、公廨、坊表、桥梁、堤堰、市廛、寺观、古迹、陵墓、恤养);三、赋役志(土田、户口、税粮、借支、仓储、海运、盐科、胥徒);四、学校志(黉宫、社学、射圃、学田、试场、书院、礼器);五、兵防志(营制、卫所、军屯、邮驿、海讯、墪堡);六、封建志(古国、封爵);七、职官志(历官);八、名宦志(宦业一、宦业二);九、选举志(荐辟、举人、进士、贡生、贻封、恩荫、武科、将材);十、人物志(勋业、政绩、忠节、孝义、经儒、文学、武功、隐逸、方术、流离、仙释、列女);十一、艺文志(王言、文类、诗类、著述);十二、闻见志(灾祥、大事、志异、传疑)。叙中加有考证,莱州山川风光亦有所突出。中央党校图书馆今藏康熙五十一年(1712年)刊《莱州府志》。

第三节 谱 牒

孔尚任纂修的唯一家谱是《康熙癸亥重修孔子世家谱》。

该谱由孔子六十七代孙衍圣公孔毓圻主持修订。参修人员:“太子少师六十七代袭封衍圣公孔毓圻监定,敕封儒林郎江南道监察御史六十五代孔衍洪监修,钦设家庭族长六十一代孔洪依督刊,钦设林庙举事六十三代孔贞校督刊,太学生六十四代孔尚任编次,四氏学生员六十六代孔兴钊校阅。”(孔毓圻:《康熙癸亥重修孔子

世家谱序》)具体编纂,由孔尚任负责。“开修于壬戌之秋,竣事于癸亥之冬”,是从康熙二十一年秋季开修,到康熙二十二年冬天竣工。

原刊本藏于孔子奉祠官邸,今曲阜市文管会图书馆藏有清刊本《康熙癸亥重修孔子世家谱》,共二十四卷,一函十册。卷首序文、榜示、条例、凡例、日号、字数、捐输、支销、宗派图、嫡庶图、伪孔辨、真伪图。卷一,姓源。卷二至卷四,记述第一代至五十二代孔氏族属。卷五至卷二十四,叙孔氏二十派六十户族属名号及简历。卷末,记流寓及孔尚任跋。总计 265321 字,载籍 10987 人。

第四节 书 札

孔尚任一生,交游广泛,往来书札甚多。仅《孔尚任诗文集》中所收“丙寅丁卯存稿”、“戊辰存稿”、“己巳存稿”,亦即从康熙二十五年(1686 年)到康熙二十八年(1689 年)之间的书札,就有 224 封之多。

今存的这些书札,或悼念友人,或品评人物、书画、诗文,或嗟卑叹穷抒发感慨,或诉说奔波劳碌之苦,或询问亲友近况,内容极为丰富。大都为典雅凝练、简洁情真的文学短文。其《答端梅庵》云:“读赠言,敲掷有声,沉雄无敌,进乎技矣。我固莽男儿,当之气索。”仅只 24 字,确乎惜墨如金。

第五节 其他著述

孔尚任的散文中,还有少量山水游记。其游记并非只是模山范水,而是时而流露出建功立业或以著述传世的志趣。在《西团记》

中，写自己“虽斥卤荒凉，手胼足砥”亦在所不惜，就是为了使“税课易，讼斗息，婚丧举，粟布无缺，民俗斯乐”的安居乐业美景变成现实。在《待漏馆晓莺堂记》中，表达了“在庙堂之上，则忧其民；处江湖之远，则忧其君”的思想。而罢官之后的山水游记，如《清音亭记》、《山依亭记》等，则有意“著作以传于后”。

在艺术上，大都为短篇散记。其中有说理，是与叙事结合中的简洁议论；有抒情，是在叙事写景中的自然流露。记事法脉条畅，要言不烦。《西团记》中记渔民捕鱼，明白畅晓，极为简洁。有写景，纯用白描，语言朴素洁净。《傍花村寻梅记》中写梅，仅以“红白绿萼，参差种之”八字概括，而以竹篱茅屋、迎风酒旗相映衬，便觉飘逸有致、生动传神。

至于他的人物传记，写人也能肖然生动，显示其精神气质。《木皮散客传》记贾凫西之狂狷，嬉笑怒骂之态跃然纸上。《黄生传》写诗人黄逵，以供酒求文之事言其性情，仅只数语，便宛然如在目前。

除此之外，孔尚任还有以下作品：

一、《节序同风录》

《四库全书总目提要》卷九十七《史部时令类存目》云：“《节序同风录》无卷数，衍圣公孔昭焕家藏本。是书仿《荆楚岁时记》为之，以十二月为纲，而以佳辰令节分列为目，各载其风俗事宜于下，颇为详备。然人事今古不同，方隅各异，尚任不分其时其地，比而同之，而不著其所出，未免失之肴杂，不足以为典据也。”世无刊本，济宁市文管会藏有清抄本，未断真伪。

二、《会心录》

《阙里文献考》卷三十一《孔氏著述第十一》载:“尚任有《会心录》四卷。”《四库全书总目提要》卷一百三十三《子部杂家类存目》云:“是书杂采古人清言佳事,略如沈括《清夜录》、周密《志雅堂杂抄》之例。自序云:‘不考出处,不次先后,不分体例,间有复写者,亦懒于删。盖林居多暇,姑以寄意而已,非有意于著书也。’”是在隐居石门山期间所写。世无刻本,济宁市文管会藏清抄本,未断真伪。

三、《鲁谚》

与颜修来合作。《曲阜颜氏家藏尺牍》卷四有孔尚任《与颜修来》札云:“《鲁谚》尚未成集,虽小道必有可观。且当六月酷暑之夕,红炬两行,洒汗如雨,亲家赤体秉笔,弟挥汗充副座,漏下三更,采风于臧获仆役之人,亦阙里之胜事也。”

四、《律吕管见》

康熙二十一年(1682年),孔尚任有《与颜修来》札云:“弟放废人,留心四大妙理,颇能证五行之杂。前亲家教我云:‘奈天有五心,人有五脏何?’弟细心体会,亦颇能为驳语,暇当缮录,并《律吕管见》一并承教!”《律吕管见》写于是年,正是孔尚任隐居石门山期间所写。未见刻本流传。曲阜师范大学图书馆藏有孔尚任所著《律吕正义》清刻本,对乐理、乐器、祭礼、乐舞等阐述甚详,附图多幅。疑即《律吕管见》一书之异名者。

五、《画林雁塔》

该书以朝代先后记载历代画家小传,极为简略。山东省博物馆

藏清抄本，题署："阙里孔尚任志伊父辑，同社徐显庆、苏眉父，侄孔衍栻石村父校。"

六、《享金簿》

作者述其所藏及经眼之书法、字画、金石彝器等物，凡 157 则。对该物之来历、特点、价值等，皆有考证。近人邓实、黄宾虹合辑《美术丛书》初集第七辑曾收入《享金簿》，1941 年刊出。近人钱启同据《享金簿》摘抄有关玉器记载 20 则，名之曰《享金簿摘抄》，收入所编《玉说荟刊》中。有 1931 年排印本。徐振贵主编的《孔尚任全集辑校注评》录有全文，且予简注（齐鲁书社 2004 年 10 月版）。

附：

孔尚任佚文目录

序

康熙癸亥《孔子世家谱》序

陵墓志序

祠庙志序

古迹志序

祠典志序

宗族志序

学校志序

乐舞志序

土田志序

户役志序

著述志序

风俗志序

物产志序

折柳小引

盟鸥草序

题

诗人宗梅岑小像

居易堂文集题后

跋

康熙癸亥孔子世家谱跋

孔贞瑄直省缩地歌跋词

记

修创栖灵寺记

明大名兵备道副使赠都察院右都御使忠烈朱公专祠记

孔颜曾孟四氏学教授升例碑记

水镜斋记

游东莱景物记

传

敕褒节孝朱氏传

敕表节孝陆氏传

说

至圣图说

疏

乞赐袭封疏稿

墓志铭

皇清敕封承德郎户部江南清吏司主事雪谷先生暨元配路安人合葬墓志铭

墓表

授奉政大夫吏部考功司郎中颜公墓表

信札

致孔贞璨四封

寄青沟和尚书

诗

甲子仲冬圣驾幸鲁恭纪阙里礼成以儒生获侍经筵纪盛排律一章

长安雪后寄怀拙庵大师二首

望大泽山

瑞莲亭太守陈谦招饮

同太守陈谦、郡丞靳治荆过甘观察国璧署内步韵一首

甘观察署中百可亭晚作二首

水镜斋北窗临池晚饮一首

佚著

圣门乐志

续古宫词

鲁谚

节序同风录

会心录

第三篇　《桃花扇》

孔尚任一生中，最突出的贡献就是写成了传奇历史剧《桃花扇》。这是哀悼有明之亡的沉痛悲歌，张扬爱国思想的热情颂歌，也是探索人生理想的哲理诗篇。作者在形象塑造、情节构思、语言运用等方面都取得了杰出成就，因而名噪一时，长期流传，在中国古代戏剧史上占有重要地位。

第一章　创作始末

孔尚任隐居石门期间，草成《桃花扇》初稿，康熙三十八年(1699年)最后定稿，费时约20年。

第一节　三易其稿

《桃花扇》是经过“三易其稿”反复修改定稿的。

孔尚任从康熙十七年(1678年)九月到二十一年(1682年)秋，在石门山隐居期间写成了《桃花扇》第一稿。“盖予未仕时，山居多暇，博采异闻，入之声律，一句一字，抉心呕成。”(《桃花扇小引》)“予未仕时，每拟作此传奇，恐闻见未广，有乖信史，寤歌之馀，仅画其轮廓，实未饰其藻采也。然独好夸于密友曰‘吾有《桃花扇》传奇，尚密之枕中’。”(《桃花扇本末》)

第二稿是在治河期间改写的。从康熙二十五年(1686年)八月到二十八年(1689年)暮冬，孔尚任在扬州一带治河。由于受到明末隐逸耆英的启发激励，便在河务停工之际，重新修改《桃花扇》。康熙二十六年(1687年)五月，他奉命搬进昭阳拱极台北楼，住有三个多月。中秋节后，住所被大水包围，只好暂时迁居城南李清枣园。因为阴雨连绵，河工难施，他便修改起《桃花扇》来。并且随改随演，每

改成一出，就让演员按拍而歌。还邀请李清的族弟李沂前来观赏指点。沂，字艾山，为伯父李信抚养长大。信为广东和平县令时，曾率众抗拒清兵，城破被执，不屈而死。入清之后，李沂隐居不仕，以诗自娱，以名节自许，尔后，“病目辍读，弃笔砚久矣”。但孔尚任到昭阳后，“始勉尔破戒，盖为悦己者容也”(孔尚任:《和答李艾山》，黄云注)。孔尚任曾有《拱极台招……李艾山……纳凉即席分赋》、《昭阳拱极台邑人……李艾山……同来落成即席分赋》、《和答李艾山》、《将去昭阳留别……李艾山……》等诗，与李沂酬和。所以，在李清枣园修改《桃花扇》时，特请李沂前来指点。而且，其后不久，另一位隐逸耆英冒襄也特地从隐居之地如皋赶来昭阳，与孔尚任同住30日，详细介绍剧中原型人物的事迹，对孔尚任修改第二稿，也颇为有益。

第三稿则是十年之后，孔尚任任职宝泉局监铸时改成的。其《桃花扇本末》云:“及索米长安，与僚辈饮宴，亦往往及之。又十余年，兴已阑矣。少司农田纶霞先生来京，每见必握手索览。予不得已，乃挑灯填词，以塞其求；凡三易稿而书成，盖己卯之六月也。”田纶霞，名雯，山东德州人，康熙二十六年(1687年)任江宁巡抚，曾与治河大员会勘下河工程，而与孔尚任结识。孔尚任曾经致函，请其于扬州助建北海书院，来纪念孔尚任的祖先孔融。田雯还阅读过孔尚任的《湖海集》手稿，助其刊刻。康熙三十六年(1697年)，田雯任户部侍郎，主管宝泉局，而孔尚任正任宝泉局监铸。孔尚任对田雯的“文章事业”早就甚为感佩(《寄田纶霞先生》)，此时又是顶头上司索稿，所以，孔尚任便挑灯填词，改写第三稿。

此次修改得到了王寿熙的帮助。《桃花扇本末》云:“前有《小忽雷》传奇一种，皆顾子天石代予填词。予虽稍谙宫商，恐不谐于歌者之口。及作《桃花扇》时,天石已出都矣。适吴人王寿熙者,丁继之友也。赴红兰主人招,留滞京邸,朝夕过从,示予以曲本套数,时优熟解者,遂依谱填之。每一曲成,必按节而歌,稍有拗字,即为改制,故通本无聱牙之病。”“红兰主人”,即岳端,清初宗室,工诗画,好度曲,尝集吴中乐师于家中,编撰《南词定律》。南中清客王寿熙、顾岳亭等人皆在岳府。“云亭乃与商订音律,乃成此绝妙之词”(吴梅:《顾曲麈谈》),已是“己卯六月”,即康熙三十八年(1699年)六月,《桃花扇》三稿完成。

第二节　补写叙跋

《桃花扇》康熙戊子刻本卷首有孔尚任《桃花扇小引》、《桃花扇小识》、《桃花扇本末》、《桃花扇凡例》、《桃花扇考据》、《桃花扇纲领》等六篇序跋之类短文,大都是剧作写成之后补写的。

《桃花扇小引》,乃康熙三十八年(1699年)所写。《引》中指出传奇具有“惊世易俗”的重要意义。“传奇虽小道,凡诗赋、词曲、四六、小说家,无体不备;至于摹写须眉,点染景物,乃兼画苑矣。其旨趣实本于《三百篇》,而义则《春秋》,用笔行文,又《左》、《国》、《太史公》也。于以警世易俗,赞圣道而辅王化,最近且切。今之乐,犹古之乐,岂不信哉?”进而指出己作《桃花扇》具有“惩创人心,为末世之一救”的重要作用,因为“《桃花扇》一剧,皆南朝新事,父老犹有存者。场上歌舞,局外指点,知三百年之基业,隳于何人?败于何事?消于何年?歇于何地?不独令观者感慨涕零,亦可惩创人心,为末世之一救矣。”然而,不少借读者并没有认识到这一点,“竟无一句一字着眼看毕之人,每抚胸浩叹,几欲付之一火。转思天下大矣,后世远

矣,特识焦桐者,岂无中郎乎?予姑俟之。"对于己作必能为人理解,找到知音,还是颇有信心的。

不过,孔尚任却无力将《桃花扇》付梓问世。康熙四十七年(1708年)春,天津佟铉"薄游东鲁,过予舍,索抄本读之,才数行,击节叫绝!倾囊橐五十金,付之梓人。"(《桃花扇本末》)因此,孔尚任于是年三月,作有《桃花扇小识》、《桃花扇本末》,置诸卷端,以便镂版印行。

《桃花扇小识》云:"传奇者,传其事之奇焉者也,事不奇则不传。桃花扇何奇乎?妓女之扇也,荡子之题也,游客之画也;皆事之鄙焉者也;为悦己容,甘剺面以誓志,亦事之细焉者也;伊其相谑,借血点而染桃花,亦事之轻焉者也;私物表情,密缄寄信,又事之猥亵而不足道者也。桃花扇何奇乎?其不奇而奇者,扇面之桃花也;桃花者,美人之血痕也;血痕者,守贞待字,碎首淋漓不肯辱于权奸者也;权奸者,魏阉之余孽也;余孽者,进声色,罗货利,结党复仇,隳三百年之帝基者也。帝基不存,权奸安在?唯美人之血痕,扇面之桃花,啧啧在口,历历在目,此则事之不奇而奇,不必传而可传者也。人面耶?桃花耶?虽历千百春,艳红相映,问种桃之道士,且不知归何处矣。"

作者明确指出,《桃花扇》中所写香君撞破花容血溅诗扇同魏阉余孽阮大铖之流坚决斗争的精神,是不奇而奇,有奇可传的。要歌颂这种坚强不屈的斗争精神,就是全剧的主旨。

而同时所写的《桃花扇本末》,则是概述成书过程、写作原因、创作经过、抄本流传、演出盛况、改作情况、批点评论、镂版印刷等,实为一篇后记。

《桃花扇凡例》则不同。全文十六条,概述其创作原则和艺术方法。一是剧名。“剧名《桃花扇》，则桃花扇譬则珠也，作《桃花扇》之笔譬则龙也。穿云入雾，或正或侧，而龙睛龙爪，总不离乎珠，观者当用巨眼。”不但指出剧名之由来，桃花扇在全剧的线索作用，而且强调全剧深刻蕴涵与桃花扇的内在联系。二是实录原则。即“朝政得失，文人聚散，皆确考时地，全无假借。至于儿女钟情，宾客解嘲，虽稍有点染，亦非乌有子虚之比”。这是孔尚任历史剧的基本特点。三是结构，既强调脉络贯通，始终条理，又特别重视独辟境界，力避窠臼俗套。“排场有起伏转折，俱独辟境界；突如而来，倏然而去，令观者不能预拟其局面。凡局面可拟者，即厌套也。”四是对于词曲，反对浪填。“凡胸中情不可说，眼前景不能见者，则借词曲以咏之”；强调“词必新警”、“必有旨趣”、“以词意明亮为主”，能够“歌之场上，可感可兴，令人击节叹赏”。五是对于说白，主张“抑扬铿锵，语句整练”，“宁不通俗，不肯伤雅”。六是科诨。“设科之嬉笑怒骂，如白描人物，须眉毕现，引人入胜者，全借乎此。今俱细为界出，其面目精神，跳跃纸上，勃勃欲生，况加以优孟摹拟乎？”可以说，十六条凡例，是孔尚任历史剧作实践经验的高度概括，也是对中国古代戏剧批评的重要贡献。

而《桃花扇考据》，则记录了作者创作《桃花扇》过程中所参考、根据的野史、文集、诗集、戏剧的书目，足见其严肃认真的创作态度和“确考时地”的实录原则。

至于《桃花扇纲领》，并非只是一张“人物表”，亦足可见他设置人物的原则。为了达到“借离合之情，写兴亡之感”的目的，他将剧中 30 人分为左右两部，奇偶两部。“色者，离合之象也。男有其俦，女有其伍，以左右别之，而两部之锱珠不爽。气者，兴亡之数也。君子为朋，小人为党，以奇偶计之，而两部之毫发无差。张道士，方外

人也，总结兴亡之案。老赞礼，无名氏也，细参离合之场。明如鉴，平如衡，名曰传奇，实一阴一阳之为道矣。”以阴阳对立统一的原则构思全剧、安排人物，确实是独具一格。

上述序跋，是打开《桃花扇》思想艺术之门的一把钥匙。

第二章 思想内容

《桃花扇》内容宏富，蕴涵深刻。而其基调则是哀悼有明覆亡，颂扬爱国精神，探索人生理想。

第一节 哀悼明朝

《桃花扇》是描写南明兴亡的历史剧。

明末甲申（1648年），李自成农民起义军一举攻克北京，明帝崇祯缢死煤山，明朝灭亡。是年五月，明凤阳总督马士英勾结“四镇”军事头目迎立福王朱由崧建立南明。当时清兵不过十万，只占有辽东、山东、河北一带地区，南明尚据有江南半壁河山，拥兵二百余万；具有传统爱国思想的人民群众也瞩望于这个正统的汉族政权。如果南明能够坚守江淮，励精图治，是有可能徐图恢复而统一全国的。但是这个封建小朝廷却极其腐朽，主动派人出使清都议和，准备以“割让山海关以外土地与清，岁币十万两，国号随意”为条件，换取于江南的苟延残喘，结果议和失败。当清军日趋逼近，南京危在旦夕之际，南明小朝廷却仍在逐酒征歌，淫欲终日。弘光朱由崧“深居禁中，唯渔幼女，饮火酒，伶官演戏为乐。修兴宁宫、建慈禧殿，大工繁费，宴赏不以节”，“正月十二日丙寅，传旨天财库，召内

竖五十三人,进宫演戏饮酒"。朱由崧"淫死童女三人,乃旧院雏妓,马、阮选进者,抬出北安门,付鸨儿葬之。嗣后屡有此事,由是曲中少女几尽"(计六奇:《明季南略》)。弘光属下马士英、阮大铖等权奸,以及贪官污吏、跋扈武将,更是为非作歹,有恃无恐。他们挟冤济私,网罗亲信,捉拿复社进步文人,排挤异己分子,内部斗争愈演愈烈。督帅史可法虽有"光复神州"的决心,但是上有弘光昏庸,马、阮当道,动辄掣肘,下有四镇不和,兵戈相讧,因而北伐不成,孤城难守,而慷慨殉难。清兵血洗扬州,被杀者数十万。随后,清军破镇江,取瓜州,下南京,势如破竹。南明文武,纷纷投降。弘光被俘,只维持了一年多的南明政权便土崩瓦解。《桃花扇》就是真实反映南明兴亡的历史剧。全剧四卷四十四出,叙演这样一个曲折故事:

明朝崇祯末年,"魏党余孽"阮大铖被崇祯罢职之后,意欲死灰复燃,有意攀附复社文人。但在祭祀孔子时遭到复社文人殴辱,将自己所作传奇剧《燕子笺》借给复社文人欣赏时又遭到他们斥骂。适逢复社文人侯方域"梳拢"秦淮名妓李香君,阮大铖想通过赠金助奁来收买侯方域,结果却被李香君识破阴谋诡计,严词拒绝。阮大铖便投靠了凤阳总督马士英,借以迫害侯方域。侯生只得离别香君,投奔淮安漕抚史可法。

不久,李自成农民义军攻破北京,崇祯自缢而死,明朝灭亡。马、阮等人趁机勾结四镇军事头目,拥立福王朱由崧称帝弘光,建立南明,因而加官晋爵。马士英的同乡田仰也升为漕抚,欲以百金聘娶香君为妾,香君不肯。马士英便派役吏登门,为之强娶。李香君撞坏花容,拒不下楼。鸨母李贞丽只好充作香君,跟随役吏而去。贞丽旧识杨龙友,见香君鲜血将当日侯方域所赠定情诗扇染红,便借以点染,画成桃花扇。阮大铖为宴请马士英而搜捕歌妓,李香君被视为李贞丽,也被抓去唱曲。她借演唱之机,痛斥马、阮误国罪行,被马士英踩入雪中殴打。尔后,又将其送入宫中,为弘光演唱《燕子笺》。她被禁锢宫中,难以与侯生相会。

而侯生虽然被任命为参谋,受到史可法信任,奉命监军防守黄河,但四镇军事头目只顾争权夺位,不听史可法节制。侯生调停无效,只好重回南京,去找香君,却为阮大铖发现,被逮捕入狱。

宁南侯左良玉见马、阮荒淫误国,便传檄讨伐。马、阮忙调三镇之兵堵截左兵,致使黄河千里空营,清兵乘虚而入,兵围扬州。史可法率军死守,终因寡不敌众,扬州失守。史可法逃出扬州,意欲赶赴南京救驾,却得知弘光与马、阮弃城而逃,便投江殉难。弘光被部将劫持投敌,马、阮也不得善终。

兵乱之际,侯方域、李香君分别逃往郊外栖霞山。弃官入道的张瑶星于此特设祭坛,追奠有明殉难君臣。侯、李俱来听讲,因而相会。二人本欲重叙旧情,却为张瑶星点化,撕毁桃花扇,毅然断情,随之入道。

《桃花扇》可谓反映南明历史的一面镜子,总结了明朝灭亡的历史教训。

作者成功塑造了阮大铖的权奸形象,深刻揭示了权奸误国导致南明灭亡的原因。剧中阮大铖虽然是精通乐律、进士出身的光禄寺卿,具有主盟文坛的文采,但在"天崩地坼"时期,念念不忘攫取高官厚禄。当祭祀孔子遭到凌辱殴击、借戏复社遭到痛骂、重金助奁遭到拒绝之后,便把复社文人视为攫取高官厚禄的严重障碍,索性投靠权奸马士英。动乱的现实是他们朋比为党、图谋官禄的有利环境,崇祯自缢、拥立福王则是他们乘机攫权的难得契机。而一旦拥立得逞,官复原职,便"缇骑逮社",使复社文人锒铛入狱;选秀征

歌,使香君等人禁锢宫闱。而权掌朝纲之后,更是卖官鬻爵,竭力搜刮,而置清兵南下于不顾,还要调取防守清军的三镇重兵,堵截左兵,充分暴露了他们的卖国投降嘴脸:"(净)倘若北兵渡河,叫谁迎敌?(副净同净耳语介)北兵一到,还要迎敌吗?(净)不迎敌,更有何法?(副净)只有两法。(净)请教。(副净作摺衣介)跑!(又作跪地介)降!(净)说的也是,大丈夫轰轰烈,宁可叩北兵之马,不可试南贼之刀。吾主意已决!"于是他们就不顾江山社稷危在旦夕,竟带着"一队娇娆,十车细软"逃之夭夭了。结果南明灭亡,他们也不得善终。

同时,作者也深刻揭示了南明灭亡的其他原因,揭露了弘光的荒淫腐朽。当清军大举进攻之际,他却将选优演戏视为"点缀太平第一等要事"。他想的是"万事不如杯在手",唯以荒淫取乐为事。因此,清兵未到,他便携带嫔妃弃城而逃。这些充分说明他正是导致南明覆亡的罪魁祸首。由此观众清楚地看到南明腐朽统治者怎样由生活上的苟且偷安、腐化堕落,一步步把国家民族推向覆亡的道路;又怎样由政治上的把持权位、排斥异己,一步步走向投降卖国的罪恶深渊。

剧中所写侯方域等复社文人对权奸阮大铖的斗争,实际上是明代万历、天启以来统治阶级内部长期派系斗争的继续。他们在政治上继承了东林党的主张,有其进步性。有的还在抗击清军的斗争中表现了民族气节,对于打击黑暗腐朽势力,稳定南明动乱局势起过一定作用。剧中也描写了侯方域劝阻左兵东下、反对拥立福王斗争中的业绩。南明统治者对复社进步文人的血腥镇压,也是加速这个王朝灭亡的原因之一。然而另一方面,复社文人在国难当头之际,有时也只是吟诗写帖,纸上讨兵,口边诛敌,而且依然流连风月,买醉逐歌,表现了封建文人的软弱性,无法使南明政权避免土崩瓦解的命运。

《桃花扇》是哀悼明朝亡国的挽歌。作者不但揭示了南明覆亡的诸多原因，而且对于有明之亡还流露了同情哀悼之意。他让剧中三部分人物：明朝孤臣如张瑶星、老赞礼，清流文人如侯方域、兰田叔，下层市民如柳敬亭、苏昆生，全都相聚于栖霞山，大设水陆道场，追奠明亡殉难君臣，借结社入道外衣，抒发亡国遗恨。结末，老赞礼以老遗民身份唱道："神有短，圣有亏，谁能足愿?地难填，天难补，造化如斯!"眉批曰："虽见道语，实无可奈何语也。"这是亡国之恨难消难解的痛苦哀号。与张瑶星所唱"芟情苗，割爱胞，听凤子龙孙号"，同样是"悟道语"，亦即"亡国之恨也"。他们都是满怀难弥难平的亡国之恨悲痛哀歌的。这同柳敬亭结末所唱《秣陵秋》正是异曲同歌。"陈隋烟月恨茫茫"之"恨"，包括对明朝昏君庸帝的痛恨，对马、阮权奸的愤恨，对"难整乾坤左史黄"这"有明三忠"的无力回天也不无遗恨。整个剧作，正是悼念有明王朝的一曲挽歌。

第二节　颂扬爱国

《桃花扇》也是抒发爱国思想的一曲颂歌。

首先，这种爱国思想是通过肯定男女主人公断情入道的结局体现出来的。剧中男主人公侯方域是明末清流儒士的代表。历史上的侯方域虽然参加过清廷科举，有过"变节"问题，但在明亡之后，他也曾为抗清出谋划策，又拒绝入仕清朝，显然也是忠于明朝的。这类文人，在明亡之后暂时或长期隐居，以结社掩护，吟诗作词，抒发其故国旧君之感，自有其必然性。"明社既屋，士之憔悴失职、高蹈而能文者，相率而结为诗社，以抒写其旧国旧君之感。大江以南，

无地无之。”(杨凤苞:《秋室集》卷一《书南山草堂遗集》)剧中侯方域结局的断情入道,随张瑶星归隐,就具有这种结社性质。而女主人公李香君则是下层进步市民的代表。马、阮权奸祸国殃民的罪行激起了各阶层人士的愤怒反抗,妇人女子无不对之唾骂,“聪明得紧”的香君受到了影响。她在与复社领袖陈定生、吴次尾、侯方域的交往中,受到了潜移默化的感染,“东林伯仲,俺青楼皆知敬重”。而且,其师苏昆生忠于有明社稷,对权奸深恶痛绝,她为之肃然起敬。平时她又熟知《牡丹亭》、《鸣凤记》、《渔阳弄》等戏剧且受其影响,所以在明亡之后,也不愿意为清统治者歌舞升平,而憧憬一所既可躲避战乱又可聊以为生的隐居之地,因此,结社入道也是其无可奈何之途。侯、李等人之所以能与张瑶星异途同归,除去都为躲避战乱之外,主要是都有亡国之恨。所不同者,侯、李心目中的隐居胜地不是抛弃个人家室于不顾,而是以儿女私情为根的世外桃源,不是脱离尘俗而是以其夫妻团圆为其最后归宿。然而,天崩地坼的改朝换代之际,这种儿女私情、个人家室的基础是封建国家。皮之不存,毛将焉附!正是在这种情况下,张瑶星才向其严肃指出:“呵呸,两个痴虫,你看国在哪里?家在哪里?君在哪里?父在哪里?偏是这点花月情根,割它不断么?”这一当头棒喝,使他们如梦初醒,这才晓得,国家不存,个人的爱情也不可能继续存在。只有断情入道,将离合之情归入兴亡之感,将个人情爱服从江山社稷,才不是误入迷津。作者否定侯、李爱情的团圆结局,肯定其隐居入道中的抒发亡国之恨,正是要讴歌爱国思想的。

第二,以善恶有报的宿命观点,为“有明三忠”安排一个升天成仙的美好结局,而使卖国权奸马、阮之流落得一个可耻下场,明显表现了作者的爱国思想和民族情绪。

作者创作该剧的主旨是对那些“含冤的孝子忠臣，少不得还他个扬眉吐气”，而对“那班得意的奸雄邪党，免不了加他些人祸天诛。此乃补救之微权，亦是褒讥之妙用。”(《修札》)有明三忠左良玉、史可法、黄得功就是“含冤的孝子忠臣”，剧中对其忠君爱国热情歌颂。历史上的左良玉带兵“东下就食”，含有要求封官加爵的要挟。而剧中改为迫于饥兵鼓噪的无可奈何，而且接受了柳敬亭的劝阻。因为他毕竟是“报国恩，一腔热血挥洒”的明之忠臣，“天朝犬马”，“忠义之人”(《抚兵》)，所以，一闻崇祯自缢，便失声恸哭，坚决表示，“从今后，戮力拼命，报国仇，早复神京”(《哭主》)。至于他的传檄讨伐马、阮之流权奸，也含有民族意识和爱国思想，因为在南明危亡之际，马、阮权奸仇恨左兵甚于清兵，并准备投降清兵以剿杀左兵。剧中所写马、阮密谈清兵来后或跑或降，调防守清兵的刘黄三镇去堵截左兵，都充分暴露了他们的卖国嘴脸。同时，左良玉的传檄讨奸，也暗含抗清成分。《草檄》出中，左良玉怒道：“我辈戮力疆场，只为报效朝廷，不料信用奸党，杀害正人，日日卖官鬻爵，演舞教歌，一代中兴之君，行的总是亡国之政。只有一个史阁部，被马阮内里掣肘，却也依样葫芦，剩俺单身只手，怎去恢复中原?”当时中原主要是清兵占领，恢复中原，势必要同日益南下的清军斗争。剧中的传檄讨奸绝不只是忠奸斗争而是夹杂民族斗争的成分。他虽然讨奸失败了，但作者却是把他作为忠于崇祯的“英雄”来描写的。

在“有明三忠”中，对史可法的忠君爱国形象，塑造得最是光彩照人。虽然，“难整乾坤左史黄”，他同样没有挽救有明命运的才能本领，而且作者也没有掩盖其才绌智短和书生迂腐的一面，但仍然讴歌了他的赤胆忠心和勇于牺牲的爱国精神。尽管是在文字狱严酷的康熙时期，作者仍然大胆地正面地描写了史可法激励士卒誓

死抵抗清军死守扬州的壮举。第三十五出《誓言》无疑是突出表现史公赤胆忠心的重场戏。在黑云压城、敌我悬殊、孤军难守、岌岌可危的严峻形势之下，史可法及其部下错综复杂的思想感情变化，通过三私听、三怨恨、三传令、三不应、三哭劝、三悔骂、三欢呼、三大笑的“三变”情节，既阴阳分晓、对待整齐，又错落跌宕地表现出来。特别是结末史公部署三千人马上阵、守城、巷战、短接到自尽的那段命令，慷慨激昂，简洁有力，气势充沛，铿锵有声，一字一句都迸发出扬州将士同仇敌忾、气壮山河的英雄气概，字里行间都洋溢着感人肺腑的爱国激情。除忠君报国外，他始终是别无所求。本来，南明建立之后，他以阁部而督师，乃是左迁，但是他仍然以“不能光复中原为耻”，“督师江北，正好戮力报效”，因而立即约定四镇“共商复仇之事”（《设朝》）。故眉批曰：“如此忠肝义胆，人所难能也。”本来，据《明史·史可法传》记载，他是被清军俘虏遇害的，但在剧中，作者有意改为投江自尽，成为“尽节忠臣”；本来，他的衣冠冢是其家人建立的，但在剧中，改为老赞礼收拾其衣服靴帽，招魂埋于扬州梅花岭，“便有史阁部千秋佳城了”。意在说明史公千秋忠魂赢得了时人的祭悼歌颂，其爱国精神犹如屈原是永垂不朽的。

对“有明三忠”之一的黄得功，作者也是热情歌颂的。特别是对其以死报国，显然是肯定的。《劫宝》一折，乃黄得功“尽节之日，看其闻报时，如此忠；见帝时，如此敬；夺驾时，如此勇；毕命时，如此烈，写尽名将气概”（《尾评》），在作者看来，尽管“有明三忠”所忠的对象有所不同：“史阁部心在明朝，左宁南心在崇祯，黄靖南心在弘光，心不相同”（《尾评》），他们死的方式也有所区别：“左宁南死于气，自气也；黄将军死于刃，自刃也；史阁部死于溺，自溺也”，但是全都写得“烈烈铮铮，如国殇阵殁者”，同“临敌不屈”之死没有什么区别(第三十八出《沉江》尾评)。因此,作者以浪漫主义手法,让他们死后升天,封为神仙,史可法为“太清宫紫虚真人”,左良玉为“飞天使者”,黄得功为“游天使者”,“一个个走马到任,好荣耀也”(《入道》)。而对卖国降敌的奸佞马士英、阮大铖,则予以鞭挞,使其不得善终。

据《明史·奸臣传》载,“明年,大兵剿湖贼,士英与长兴伯吴日生俱擒获,诏俱斩之”。“大铖偕谢三宾等赴江干乞降,从大兵攻仙霞关,僵卧石上死。”而在剧中,却是改为马士英被霹雳神击死在台州山上,阮大铖被山神夜叉刺死在仙霞岭上,以此说明“果然恶有恶报,天理昭彰”(《入道》)。虽然是从宿命迷信观念出发的,但是明显流露出忠君爱国思想。

第三节 探索人生

明末清初,“天崩地坼”、舆图换稿、江山易代的历史变迁,促使不少思想家对封建文化、思想进行深入检讨、深刻反省。《桃花扇》就是孔尚任假借优孟衣冠总结历史经验教训、探索人生理想的沉痛反思。

孔尚任创作《桃花扇》,是一个“抉心呕成”的艰苦历程。写成初稿之后,就有不少“借读者”索观剧本。但是,作者却因为他们不解其意而“抚胸浩叹”,甚至要将稿本付之一炬。所以,他又通过眉批和尾评,再三强调读者要“著眼勿忽”,“当用巨眼”。并特地写有《桃花扇小引》,明确表示其创作意图是“惩创人心,为末世之一救”。荀子《劝学篇》云:“则末世穷年,不免为陋儒而已。”明末清初,不少人苦闷彷徨,穷年累月不知去向。孔尚任创作此剧,就是要为这些“迷

津”之人指明出路。

从剧中可以看出，他痛切感到，出路不在于封建士大夫。弘光荒淫，马、阮售奸，四镇私争，行的都是亡国之政，自不必论。即使“有明三忠”也无力回天，解民倒悬。史可法，名为“北门关键”，但面对残明江山，内外交困，也常是束手无策，“万死无裨，一筹莫展”（《阻奸》）。四镇讧斗时，只能“出张告示调停，更无他法”。扬州士卒人心瓦崩时，也只能悲叹“命苦”，“哭声祖宗，哭声百姓”。孔尚任说：“徒哭无益，责煞阁部。”（《眉批》）作者歌颂了他死守扬州的忠勇，却对其迂腐不无谴责之意。而左良玉虽然握有重兵，但是“不学无术”，有勇无谋。尽管激于一时义愤，曾经传檄讨奸，却难以约束部下。儿子左梦庚“自破其城”，他只能是呕血身亡。黄得功“防贼自作贼”，连家将田雄劫持弘光降清他也无可奈何，只能以自刎作编纩之号。其实，岂但是“有明三忠”，整个南明朝廷，“朝中军中，无处不难；佞臣忠臣，无人可用。此兴亡之大机也”（《争位》尾评）。即使复社干将侯方域等人，虽然有别于前代文人才子，也表现出一定的政治才能，但仍然是流连声色的风流名士，国难当头之际，仍耽溺于听歌寻妓。孔尚任批道：“温柔乡容易，沧桑奈何。”（《逮社》眉批）《阻奸》一出，侯方域唱道：“哭苍天满喉新血，国仇未雪，乡心难说，把闲情丢开后些。”孔尚任批语道：“末句仍提闲情，恐未尽丢也。”侯作为复社名士，常自负为中兴栋梁，史可法也曾委之以重任，令其随从高杰防守黄河。但当高杰不从其谋时，他便丢下重任拂袖而去，致使千里空营，“而大兵从此下江南，则兴亡之大机也”。残明覆亡，侯生也难辞其咎。作者对他也有谴责之意。其实，不少复社文人，自以为大节凛然，而实则动摇妥协。所以，清朝建立之后，“那些文人名士，都是识时务的俊杰，从三年前俱已出山了”（《余韵》）。尽

管他们内心曾经痛苦斗争过，有过“避祸今何晚，入山昔未深”的哀叹，但是毕竟难免“贰臣”之嫌。复社文人亦曾标榜过东林党人，自诩为“东林后进”，“胜国晚年，虽妇人女子，亦知向往东林”。但是，“究于天下事实何补也”（顾彩：《桃花扇序》）?通过对历史兴亡变乱的形象总结，孔尚任也得出了同样的结论。他已对整个封建士大夫阶层大失所望，从他们身上难以实现其人生理想。

因此，孔尚任将希望寄托于下层士庶。剧中歌颂歌妓李香君，赞其同权奸斗争的坚强不屈，非学校朝堂之士可比。孔尚任说：“桃花扇乃李香君面血所染，香君之面血，香君之心血也。因香君之心血，而传左宁南之胸血，史阁部之眼血，黄靖南之颈血，所谓血性男子为明朝出血汗之力者。”（《劫宝》出总批）有意把一个青楼女子的事迹与忠臣烈士轰轰烈烈的举动相提并论，认为这是明朝的正气之所在。同时，作者在剧中还标举了七人，说：“南朝七人，一武弁，一书贾，一画士，一妓女，一串客，一说书人，一唱曲人，全不见一士大夫，表此七人者，愧天下之士大夫也。”（《余韵》眉批）这七人，在国家危亡之际，全都作出了奋斗和牺牲，表现了凛然的风骨。张瑶星宁肯舍弃官禄而绝不“助纣为虐”，蔡益所从容下狱而不避生死，卞玉京、丁继之不慕荣华拒不入宫，柳敬亭冒死传檄讨奸，苏昆生千里跋涉寄扇，全都甚为突出。相比之下，那些士大夫反倒显得黯然无光。孔尚任从士庶身上才看到了希望的曙光，在他们身上寄托了自己的理想，进而认识到理想的出路就是归隐而入桃源。

孔尚任看到，明末清初，有些明朝的孤臣如锦衣卫张瑶星、太常寺老赞礼，有些清流儒士如名士侯方域、画士蓝田叔、书商蔡益所，有些下层市民如说书者柳敬亭、唱曲者苏昆生、歌妓李香君、卞玉京、清客丁继之等，在明亡之后，“旧恨填胸”，彷徨苦闷，不知所

从，属于“末世”的迷途之人。而第一个找到出路并引导他人的就是张瑶星。历史上的此人，曾以父职荫袭锦衣卫千户。李自成起义军攻破北京之后，宁死不降。明亡之后，隐居不出。剧中，写他在南明建立之后，仍补旧缺。因权奸当道，朝局日非，而中夜踌躇。当马、阮重兴党祸，陷周、雷于冤狱时，他不愿助纣为虐，便毅然挂冠，到栖霞山为“高隐”去了。他是第一个“世外桃源”的奠基者。他为别人指引的也是这条隐居之途。

老赞礼则是熟悉弘光遗事并激发作者创作激情的南部曹孔尚则的化身。明亡之后，他隐居不出，把酒狂歌，与遗老唱和。剧中，他是张瑶星归隐桃源的积极赞助者。明亡之后，那些坚守民族气节，不愿做逆子贰臣的明之官吏，大都与他们感情相通。

而那些侯方域一类的清流儒士，明末曾参加过抗清运动，或为之出谋划策；明清易代之后，又有过拒绝入仕的表现。他们相率结为诗社，以抒写其旧国旧君之感，也是大江南北经常见到的。侯方域随张瑶星入道，也具有这种性质。“荒山之上，既可读书，又可卧游”，“远远闻得吟诗之声，不在水边，定在林下”。（《余韵》）借隐居来抒发亡国遗恨也是一种无可奈何的归宿。

至于那些说唱卖笑的歌儿舞女等下层市民，明亡之后，失去了昔日赖以谋生的环境和手段，又不愿意为统治者歌舞升平，因此，或渔樵江渚，或出家修行，憧憬一处既可躲避战乱又可“大家度日”的世外桃源，也是合乎情理之事。剧中的结局，正是上述三类人生活道路的真实写照。

全剧自始至终都在暗示和强调归隐入桃源之途。第一出中，柳敬亭唱云：“但是桃花误处，问俺渔郎。”眉批曰：“此《桃花扇》大旨也，细心领略，莫负渔郎指引之意。”柳敬亭是作者心目中具有侠肝义胆的英雄，既是曾为侯生投书辕门以解南明倒悬之危而身陷囹圄的义士，同时，又是引导侯生逃向栖霞山隐居的向导。正如《桃花源记》中所说的发现“桃花源”的“渔人”，他的经历就是发现“桃花源”的过程。蓝田叔则是为张瑶星画桃源图的画士，侯生正是在其画图上题了“路取桃源好避秦”的诗句，可谓与张瑶星心有灵犀一点通，因而张才将他开释出狱。故眉批又曰：“桃花源图有深意存焉。”柳敬亭、侯方域等志同道合者一起在狱中步月，柳因不忘桃源仙境，故唱道：“看月圆，却也似武陵桃洞。”眉批曰：“说的高兴，似见道者。”诸如此类，所谓深意，所谓见道之语，无非是指这些人在经历了国破家亡、功名心绝、花月情断之后，终于在栖霞山这个既可读书吟诗、渔樵度日，又可继续抒发亡国之恨的世外桃源里找到了自己的归宿。全剧写的就是他们寻找桃源的艰难历程。隐居之地是栖霞山，入道、结社、渔樵，自来自去，避秦火，躲战乱，哀江南，悼南明，是他们隐居的主要内容和形式。张瑶星是建立这一圣境的奠基人，老赞礼是志同道合的赞助者。柳敬亭、苏昆生是引导他人登此圣境彼岸的过渡者，侯、李、卞、丁、蓝等人是这一桃源的主要成员。这就是作者给剧中全部迷途之人安排的出路。故最后一出尾评中，作者画龙点睛曰：“谱《桃花扇》之笔，即记桃花源之笔也。”心血所染的桃花扇本身被揉碎，但这血的代价并没白费，那就是发现了迷津，进入了世外桃源。

孔尚任入仕前曾在石门山隐居数年。在写作《桃花扇》过程中，他也常处于仕宦与归隐的矛盾斗争之中，将归隐作为理想境界，也是他对人生旅途沉痛反思的结果。

第三章　艺术成就

孔尚任于其《桃花扇》中，在形象塑造、情节构思、语言运用等诸多方面，也取得了杰出艺术成就。

第一节　形象塑造

《桃花扇》之所以能够成为明清历史剧的代表作，关键还在于这部剧作塑造了前所未有的独具特色的人物形象，积累了塑造历史人物形象的实践经验。

一、人物个性独具特色

剧中的侯方域、李香君、柳敬亭、杨龙友等，都是独具特色的人物形象，特别是侯方域的塑造，尤能显示作者可贵的创造性。

孔尚任对笔下正面主人公并没有美化。侯方域第一次和观众见面，就是愁容满面地出场。在明室危亡之际，封建知识分子的软弱性决定了他的徘徊彷徨，不能立即担当救亡图兴的重任，而只是在“看春光”、“访佳丽”中聊以抒情而已。他清明访翠、扇坠打彩、饮酒赋诗、初识香君即被其吸引，无非是因其“妙龄绝色”。《访翠》中所谓“柔肠乱”、“心头痒”，《眠香》出中“渴病急”、“情无限”云云，足见此时他与香君之间，仍不过是才子佳人之间一见倾心式的情爱。仅此而论，他与以前的风流才子并没有什么不同。脱胎于旧母体中的新生儿原本带有先天之不足。然而，孔尚任也赋予了他一些前所未有的特点：

其一，侯生将香君视为“畏友”而真情相爱。把“烟花贱质”提到“畏友”的高度是前所未有的。侯生毕竟是进步文人，当香君“却奁”之后，他为之赞不绝口：“好，好，好!这等见识，我倒不如，真乃侯生畏友也!”“我若依附权奸，那时群起来攻，自救不暇，焉能救人乎?”“俺看香君，天姿国色，换上荆衣布裙，十分容貌，又添十分，更觉可爱!”正是侯生对李香君高洁磊落品质的由衷赞美。这正是他们爱情的基础，其中包含“知己之爱”的成分。侯生敬重香君见识高卓，讲求名节；香君看重侯生清高义气，“知名节，非泛常”。却奁拒阮实为侯、李齐心协力的结果，而非一厢情愿的行动。应该说，由容貌之爱到知己之爱，是中国爱情文艺的一个崭新高度。

其二，侯生不是汲汲于求科举功名的才子，他与香君的爱情故事同科考成败没有任何联系。这也是前所罕见的。侯方域之前的文人学士，往往是既关心功名富贵又重视爱情。他们与歌妓的恋爱，仅只是追求功名富贵生涯中的一个片段，常以能否高中为其爱情能否如愿的杠杆和动力。侯生南闱下第暂寓莫愁湖畔，因而结识秦淮名妓，遂有此本传奇。据此开端，作者也很容易将侯生写成洞房花烛与科举及第双喜庆的团圆俗套。但此剧除第一出侯生自我介绍身世时简单说了句“南闱下第”之外，从此再未提及科举之事，也没有穿插任何有关科举的描写。因为作者心目中的侯生与之前的文士有所不同，也不等于历史上曾参加过清廷乡试的侯方域。

其三，侯、李爱情与政治斗争紧密相连。侯、李悲欢离合的命

运，与有明兴亡变乱福祸相依，而且前者为后者所决定和制约。剧中侯方域是关心并积极参加政治斗争的进步文人。当左良玉要移兵东下有可能危及有明政权时，他当即代父修札予以阻止。当马、阮权奸要拥立荒淫贪婪、祸国殃民的福王为帝时，他提出“三大罪五不可立”之说，予以反对。在任史可法军中参谋时，他及时指出四镇不和势必内讧的危机，并帮助出谋调停，因而颇受史可法倚重和信任。作者之所以将历史上万元吉出面调停四镇之争的功劳加在侯生身上，将历史上周仲驭等人提出的“七不可立”之说移花接木在侯生名下，无疑是要突出侯生的政治才能。以前的文艺作品中那些只关心个人情爱而不关心不参加政治斗争的文人才子与侯生是不可同日而语的。

其四，侯方域对李香君的爱情带有现代的性爱性质。现代的性爱，以所爱者的互爱为前提。侯、李相爱之初，虽然是以“梳拢”的形式开始，而且又是在鸨母李贞丽和纤客杨龙友的撮合下进行的，带有父母之命、媒妁之言的包办婚姻的成分，但是，这与侯、李双方个人意愿即倾心相爱是一致的。现代的性爱，男女地位平等，要征得女子的同意。作者之所以特意安排盒子会上侯、李“目挑心许”；在《閙榭》出，让复社领袖称赞香君为“复社朋友”，誉之为“社嫂”；在马、阮恶仆抢亲，香君拒不下楼时，写李贞丽愿意冒名顶替等，也含有尊重香君意愿的成分。而却奁、辞院均从香君主动提议写起，更说明香君在爱情的离合中所起的主导作用。现代的性爱，男女双方为了结合，甘愿冒很大的危险，甚至拿生命孤注一掷。剧中所写香君，拒媒、守楼、骂宴，矛头所向是马、阮权奸，随时都有生命危险。其血溅诗扇、骂马斥阮时的激烈之举，也有孤注一掷的念头存于胸中。她为爱情所付出的代价，在古代妓女中是罕见的。而侯生于此，也完全可以与之相辉映。辞院时，缇骑即刻登门搜捕，但他念念不忘重逢香君；在史公营中避难，依然牵挂香君；高杰死后，兵荒马乱，他随时都有生命危险，但他毅然只身要回南京，重访媚香楼；舟中偶逢故人，听贞丽叙述香君被马士英恶仆抢亲时的“大惊”，闻香君碰“死”在地时的“大哭”；而得知香君未死时的“一喜”，以及复见定情诗扇之后便要“趁早开船”以尽快与香君相会的急切心情，都极为真切地表现了他对爱情的至诚和专一。他为爱情所付出的代价，绝非以前的才子佳人所能比拟的。这类独具特色的人物形象，也是以前文艺作品中罕见的。

二、在尖锐的矛盾冲突中，刻画人物个性，使人物形象血肉丰满，塑造了一个中国古代下层妇女完美无瑕的不朽典型

李香君迥异于其他“绝代佳人”的根本特点，就在于她是外在美与内在美浑然一体的化身。作者虽然也突出过她的容貌之美，但没有浓墨重彩地正面描绘；虽然也描绘过她的阴柔之美，亦即对侯方域的缠绵笃厚、深挚情意，但并没有作为描绘的重点。因为侯、李之爱的小小桃源，只是封建末世的暂时避风港，正处于大明政权摇摇欲坠、李自成义军渐逼京师、“大事已不可问”的严酷现实之中，自然是“怕遇着狂风吹荡”。爱情双方都面临着一个何去何从、生死存亡的严重问题。这温柔乡的美梦根本不可能天长地久，其爱情势必受兴亡变乱的制约。因此，作者没有在描绘其缠绵不尽之情上过多着墨，而是着力表现其阳刚之美，亦即突出她与阉党权奸顽强不屈的斗争精神。在斗争中，其眼光之锐利，头脑之清醒，态度之明朗，所表现的独特美质亦即阳刚之美，不但是亘古以来的绝代佳人所无可比配，即使是某些佼佼须眉也难以媲美。《却奁》、《守楼》、

《骂筵》三出便是表现其品格的重场戏。

在新婚燕尔之际，她并没有完全陶醉在“销魂滋味”之中，而是及时提出杨龙友为何轻掷金钱“来填烟花之窟”的问题，要“问个明白”。而一旦听了杨龙友“代为分辨”及侯方域“即为分解”的许诺，她便怒不可遏，当面指责新婚之夫：“他人攻之，官人救之，官人自处何等也?”并进而直接点破侯方域的内心世界：“官人之意，不过因他助俺妆奁，便要徇私废公，那知道这几件钗钏衣裙，原放不到我香君眼里!”理直气壮的慷慨陈词，拔簪卸妆的果断行动，将其公而忘私的义肝忠肠，超俗拔尘的刚烈个性尽皆画出，形象顿时光彩夺目。因为其真正美质在于富而不淫、穷而有志的纯洁灵魂，在于其“布荆自香”，既贞且丽，能比较自觉地将爱情与“妇人女子”、“复社文人”共同反对马、阮权奸的斗争紧密联系在一起，并且把爱情置于这个斗争之下，所以，赢得了复社的敬重和信赖。《闹榭》中复社领袖陈定生、吴次尾称其“复社朋友”、“老社嫂”，与之一起观灯赏船的风流佳会，无疑是对权奸斗争取得初步胜利的庆功会。

作者在塑造李香君这一艺术形象时，始终将其置身于与权奸的矛盾斗争中，形成尖锐激烈的戏剧冲突。并且，紧紧围绕其顽强斗争精神这一总的个性特点，既有联系又有区别地重点突现了她这一个性特点的各个方面。《却奁》重在突出其对权奸斗争的无畏、果敢，《辞院》则重在突出其对权奸斗争的从容镇定。当马、阮以私通左良玉之名要捉拿侯方域，侯眷恋新婚燕尔而不能当即出走时，她正色以激：“官人素以豪杰自命，为何学儿女子之态”；而当侯在临别之际仍是念念不忘“后会”时，她清醒地认识到“满地烟尘，重来亦未可必也”，其态度是更为现实的。至于《拒媒》出，香君的斗争既针锋相对，又极有分寸。对金钱富贵的诱劝，她是正面表明心迹，说明“定情诗扇抵过万两雪花银”，不愿入“朱门”，表示了理所当然的蔑视。对严刑威吓，则严辞以绝：“信你吓唬，奴的主意已定了。”柔中有刚，从容中带着坚毅。而到《守楼》，当马、阮命恶仆登门倚势强娶时，她的大胆反抗便主要表现为决绝的行动。

此书中，作者精心设计了香君的三个连续动作：取扇说理，挥扇自卫，血溅诗扇。面对昔日媒妁，她取出定情信物诗扇，当面质问：“当日杨老爷作媒，妈妈主婚，把奴嫁于侯郎，满堂宾客，谁没看见？”“难道忘了不成？”以封建伦理反诘封建婚姻的虚伪，是极为犀利的。正是在这种理直气壮的斗争中，她的坚贞不渝、光明磊落得以集中体现。而以定情诗扇作为防身利剑，“前后乱打”，形象地说明这是捍卫爱情的一场短兵相接的交手战。不过，这是一场寡不敌众的较量，自然使香君由愤怒之极转向悲不欲生：撞坏花容，血溅诗扇。此举有力地说明，当反对权奸的斗争与既保容貌又保贞操发生矛盾的时候，当她处于要么屈服权奸保存表面之美，要么自毁其容而保存心灵之美的紧急关头，她毅然选择了宁为玉碎而不为瓦全的道路，集中体现了下层妇女可贵的斗争精神。

作者始终将女主人公置于矛盾冲突的浪口刀尖之上，接受那接踵而来、越发尖锐激烈的矛盾斗争的考验。《骂宴》一出，就是描写香君同马、阮权奸矛盾冲突走向高潮的一出好戏。当李香君被押上赏心亭，一听说马、阮之流要前来宴饮听曲，便决心要做个“女祢衡”，进行直接斗争。接着，她像一名威武斗士，以所唱三曲向权奸掷出了唇枪舌剑，揭露其祸国殃民的罪行：“出身希贵宠，创业选声容，后庭花，又添几种”，“干儿义子从新用，绝不了魏家种”，刨祖坟，挖老底，对权奸愤怒声讨和严厉审判。她虽然被踩入雪中，遭受踢打，但那坚贞不屈的斗争精神，犹如出污泥而不染的香花奇葩，映

着白雪，更加绚烂。

正是因为作者善于在尖锐激烈的矛盾冲突中塑造人物形象，所以整个剧情能够波澜迭起，引人入胜，人物形象个性鲜明，勃勃欲生。

三、积累了塑造历史人物形象的具体经验

《桃花扇》作为历史剧作，如何塑造历史人物形象，是其成败的关键。对此，作者的基本指导思想和创作原则是“朝政得失，文人聚散，皆确考时地，全无假借。至于儿女钟情，宾客解嘲，虽稍有点染，亦非乌有子虚之比。”(《桃花扇凡例》)具体说来，又有不同的处理方式。

其一，基本情节是历史真实的再现，即使在个别细节上稍有点染，也并非子虚乌有而是有案可稽的。这就使剧中人物的言行建立在真实的客观基础之上，保证了历史剧作本质特点的集中体现。例如，柳敬亭为左良玉传檄讨奸之事。孔尚任创作时所参考的《宁南侯传》中有如此记载：“燕京陷，江南立弘光帝，马士英、阮大铖乱启，良玉乃兴兵清君侧，欲废弘光帝，立楚世子。”这与《明史·左良玉传》所记“良玉反意乃决，传檄讨马士英”全然一致，都证明确有传檄讨奸之事。而作者在《草檄》出写檄文由敬亭传送，亦并非捕风捉影地任意杜撰，因为他确实见过柳敬亭调停左良玉与马、阮矛盾的记载。吴梅村《柳敬亭传》云：“阮司马大铖，生(即敬亭)旧识也，与左郗，而新用事。生还南中，请左曰：‘见阮云何？’左无文书，即令口报阮，以捐弃故嫌，图国事于司马也。生归，对如宁南指，且约结还报。及闻坂矶筑城，则顿足曰：‘此示西备，疑必起矣。’后果如其虑焉。”黄宗羲《柳敬亭传》亦云：“(柳)尝奉命至金陵。是时朝中皆畏宁南，闻其使人来，莫不倾动加礼，宰执以下，俱使之南面上坐，称柳将军。敬亭亦无所不安也。”由此可见，根据上述历史事实写成的《草檄》并不是虚构的。作者只是着意渲染了非柳生莫属的紧张气氛。在左良玉不知“怎么处”时，柳生毅然提出“倒是老汉去走走”的建议，突出了他见义勇为的主动精神。作者严谨执著的现实主义创作原则，是使柳生传檄情节具有真实性特点的根本原因。

其二，基本以历史事实为基础，加以演绎推理，推导出说明人物个性特点的关键情节，进而虚构出具体细节，以突出人物品格的主动性和自觉性。剧中所写柳生矢志不做阮大铖门客之事，即是如此处理的。阮大铖本属崔魏余孽，被罢职后，仍是结交朝绅，网罗亲信，“招纳游侠为谈兵说剑，觊以边才招”(《明史·阮大铖传》)。而聚集在南京的复社清流名士，“恶大铖甚，作《简都防揭》逐之”，“大铖惧，乃闭门谢客”(《明史·阮大铖传》)。这就是孔尚任所知阮大铖的历史事实。另一方面，从孔尚任的《桃花扇考据》即写作此剧的参考书目中，可以看出，他还知道，历史上的曹逢春即柳敬亭确曾出入于缙绅之家，“奋袂以登王侯卿相之座”(钱谦益:《为柳敬亭募葬疏》)，“游于金陵，吴桥范司马、桐城何相国，引为上客”(余怀:《板桥杂记》)，“之金陵，所至，与其豪长相接”，“阮司马大铖，生相识也”(吴梅村:《柳敬亭传》)，实为权贵豪绅之家的清客。就是根据这些历史事实，孔尚任自然可以合乎逻辑地这样推理:既然阮大铖招纳过宾客，柳敬亭好结交豪绅，又与阮大铖是旧识，那么柳生也可能是阮门宾客，既然阮大铖闭门谢客，柳敬亭自然也是其中之一。于是，《听稗》出便有了这样虚构的情节：柳敬亭新做了阮大铖门客，吴应箕等人“做了一篇留都防乱的揭帖”，公讨阮大铖罪恶，其属下门客“才晓得他是崔魏逆党，不待曲终，拂衣散尽。这柳麻子也在其内，岂不可敬!”这种虚构合情入理，符合客观事物发展的一般

规律，又突出了柳敬亭不愿为帮闲清客的主动性和自觉性，集中体现了他出污泥而不染的高贵品质。

其三，为突出全剧主旨，根据剧本故事情节和人物性格发展的逻辑，采取移花接木、张冠李戴的方式，将历史上实有的他人他事移植到所写人物名下，以突出其性格的丰富性和生动性。作者在《听稗》出，写柳敬亭所说之书，并非一般艺人所说演义盲词之类，而是演说《论语·微子》篇中的《太师挚适齐》，表白其离阮而去的义举。并且将父辈友人贾凫西的个性特点移植到了柳生身上。贾凫西号称“木皮散客”，为退职县令，狂放不羁，常将嬉笑怒骂之情借稗官鼓词痛快淋漓地表露无遗。“凡与臣言忠，与子言孝，皆以稗词证，不屑引经史。经史中帝王将相，别有评驳，与诸儒不同。闻者咋舌，以为怪物，终无能出一语折之。”“临别，讲《论语》数折，皆翻案语。”(《木皮散客传》)要把柳敬亭塑造成一个不同凡俗的艺人，而其桀骜不驯又正与贾凫西不无相似，故而柳生所说五段鼓词全由贾氏《木皮散人鼓词》脱化而来。作者热情洋溢地歌颂了他厌恶世俗的清高节操。所唱《鼓词五》更是翻案文章：“全要打破纸窗看世界，亏了那位神灵提出俺火坑。凭世上沧海变田田变海，俺那老师父，只管矇瞪着两眼定六经。”既揭示了其他乐工未能真正跳出“火坑”的原因，又包含着对孔丘不识时务没看清历史发展变化的否定之情。语虽激愤，但“说出过化存神之妙”，“令人猛省”(《眉批》)。而这正是柳生高明之所在，非同凡俗的独特性之所在。

其四，完全根据剧本本身的需要，大胆虚构典型情节，揭示人物品格的复杂性。据黄宗羲《柳敬亭传》记载，左良玉去世之后，柳敬亭“时复上街头，理其旧业”，重新以说书为生，并不像剧中所写他因传檄而身入牢狱。而虚构的《入狱》以及其中乐观豪放的描写，却从另一个侧面反映了柳生的个性特点，突出了他处逆境遭酷刑情景下的达观豪雄，使人物形象更加丰满。

正是因为作者在艺术上取得了上述杰出成就，使历史真实与艺术真实融为一体，所以，《桃花扇》能“列之案头，歌之场上，可感可兴，令人击节叹赏”（《桃花扇凡例》）。

第二节　情节构思

《桃花扇》之所以能够借儿女之情，抒兴亡之感，列之案头，歌之场上，令人击节叹赏，是与其结构谨严、针线细密紧密相关的。

首先，孔尚任是根据《易经》的辩证思想构思全剧的。

在《桃花扇》试一出《先声》中，孔尚任曾经借老赞礼之口表白，他创作此剧的“祖传”、“庭训”就是包括《易经》在内的“四书五经”之类。康熙二十三年（1684 年），为给祭孔的康熙讲解经义，他曾写过《易经》的讲义即《易义》，受到了侍读学士的称赏。其后，也因此被康熙破格擢拔为国子监博士。他对《易经》是十分熟悉的，其时，他已经创作了《桃花扇》初稿，对全剧的“纲领”已经了然于胸。其后所写且赫然置于剧首的《桃花扇纲领》，其指导思想正是与《易义》的基本观点全然一致。《易经》对立统一的朴素辩证观点，对其全剧构思具有重要意义。

第一，根据《易经》的“阴阳说”，设置阴阳对立的人物。

孔尚任在其《易义》中认为，宇宙有天地，八卦分阴阳。乾为天，坤为地，天尊地卑，贵贱高低由此确定。同理，人以类聚，物以群分，善恶由此而生。人心向善，而众善成集；一念向恶，而众恶皆归。善与善交而不入于恶，恶与恶交而不入于善。这就是“一阴一阳之为

道”。而他在《桃花扇》中划分善恶、忠奸、君子小人的理论根据，就是《易义》中的上述观点。

孔尚任要在剧中“借离合之情，写兴亡之感”（试一出《先声》），为此，他将与儿女之情和兴亡之感有关的剧中人物分为色、气两类。其《桃花扇纲领》云：“色者，离合之象也。男有其俦，女有其伍，以左右别之。”左右两部，各分为正、间、合、润四色，共16人，阴阳对照，对待整齐。“气者，兴亡之数也。君子为朋，小人为党，以奇偶计之”，奇偶两部，各分为中、戾、余、煞四气。奇部4人与偶部8人也是两相对照，阴阳相当。作者以兴亡之感即气为经，让方外人士张道士加以总结，故称经星。以儿女之情为纬，让无名氏老赞礼细参，故称纬星。经、纬也是阴阳对照。全剧30人，“明如鉴，平如衡，名为传奇，实一阴一阳之为道矣。”这是孔尚任区分人物美丑善恶的主要根据，是全剧结构美学原则的指导思想。

第二，根据《易经》的“阴阳说”，构思全剧的基本矛盾冲突。

孔尚任在其《易义》中认为，一阴一阳，矛盾对立，又可以互相转化，阴阳交替，相合相生，又相合相反，相互消长。正是基于这种认识，孔尚任构思了全剧的基本矛盾冲突。贯串全剧的基本矛盾冲突是忠奸斗争。这种斗争的发展过程，在剧中可以分为五个部分。

第一部分，是写明亡之前的忠奸斗争，即前八出戏。主要表现为魏阉余孽阮大铖与以侯方域为代表的复社文人之间的矛盾斗争。崇祯朝廷摇摇欲坠之际，以侯方域为代表的复社清流名士不满现实，却又无法只手回天，只好沉醉于观花听稗、寻访佳丽中，抒发闲情逸致，故有盒子会上名士美人目挑心许，秦淮旧院温玉眠香，儿女之情由离至合。但是，这种儿女之情势必受政治斗争的制约和影响。魏阉余孽阮大铖心怀叵测，便竭力攀附复社清流，故有助奁、与祭、赠戏之举。但复社清流诸君坚决拒绝，故閧丁殴阮，借戏骂阮，閙榭逐阮。斗争的双方，前者是企图推翻崇祯朝"钦定逆案"，否认奸佞之名；后者则是坚持此案，仍以奸佞视之。对崇祯朝的忠奸亦由此可见。在这八出戏中，复社一方，对奸阮既打且骂，既逐又拒，节节胜利，扬眉吐气；而奸佞阮大铖则接连败北，垂头丧气，可谓阳胜于阴。

第二部分，即第九出至第十六出，出现了阴阳消长的新格局。因为孔尚任认为，阳盈不可长久，阳极则阴生，阴长则阳消。复社清流对奸佞阮大铖"持之过急，绝之过严，使之流芳路塞，遗臭心甘"（顾彩:《桃花扇序》），所以，奸阮要寻隙报复。侯生修札阻止左兵一事，为奸阮造成可乘之机。他勾结权奸凤阳总督马士英，诬陷侯方域，使侯生顾不上新婚燕尔而仓皇投奔史公。奸阮阴谋得逞，呈现阴盛阳衰之势。特别是崇祯朝的崩溃又成为奸佞马、阮借拥立以窃权的有利机遇，围绕拥立而起的忠奸斗争便随之开始。《阻奸》出，侯生代史公倡言弘光有三大罪五不可立之说，而马、阮却奔走钻营，勾结四镇军事头目，竭力要立弘光。治乱关头，贤奸争胜，未判阴阳。但史公优柔寡断，马、阮之流奸才奸识争先，于是迎驾弘光得逞。"此折有佞无忠，阴盛于阳矣。"（第十五出《迎驾》尾评）

第三部分，即第十七出至第二十四出中，重在叙写南明草创阶段奸佞得志后偷安宴游之情和争权夺利之状。孔尚任根据《易经》，认为八卦相荡，刚柔相摩，阴阳相生，阳盛不可即止，阴盛不可即竭。马、阮借拥立窃夺朝纲，排挤史公，任用同党，荒淫奢侈，征歌邀舞，因而逼香君改嫁田仰，侍宴相府，故有香君拒媒之坚，守楼之贞，骂宴之烈，寄扇之诚。此是以右部正色香君为线，重在叙写南明朝中奸佞当道。而史公被排挤出朝去督守扬州之后，其属下四镇为私而争，史公无计可施，侯生心尽力竭，和之不成，则移高兵，移高

兵则侯生相随，便不能与香君相会。儿女之情由合至离。此是以左部侯生为线叙写，重在突出军中忠臣无用。正所谓“朝中军中，无处不难；佞臣忠臣，无人可用”（《争位》尾评）。南明之亡，已势所必然。而兴亡之乱决定了儿女之情，造成侯、李天各一方。虽然二人尽皆拿住情根不放，但却无法相合。可见，这一部分总是奸佞小人得志，忠贤君子含冤，阴盛阳消之势，有增无减。

第四部分，即第二十五出至第三十三出，重在叙演南明建立之后，昏君佞臣所行亡国之政。首先是奸佞挟党报复，逮捕复社清流名士。故有侯生重回南京寻找香君不遇而身陷囹圄。《易经》曰：“亢龙有悔，穷之灾也。”君子处于穷极之地而不知变化，必然招致灾难。此时，复社文人侯方域一辈，对待已是兵权在握的奸佞阮大铖，还是仅以口诛笔伐为战，“扯他到朝门外，讲讲他的素行去”，自然难免锒铛入狱之厄。而“入狱”导致左兵传檄讨奸，引起马、阮勾结刘黄三镇堵截。阴阳争胜，矛盾激化。

第五部分，即第三十四出至续第四十出，重在突出矛盾冲突的结果即南明灭亡。马、阮“不耻不仁，不畏不义”，索性倒行逆施，置江防于不顾，调刘黄三镇堵截左兵。清兵乘虚南下，扬州失守，史公因而沉江而亡，弘光被虏，黄得功自刎而逝。有明三忠，相继死去。阳尽阴极，南明焉得不亡！但孔尚任据《易经》认为，“积善之家，必有馀庆；积不善之家，必有馀殃”，故写为明亡而殉难忠臣升仙成神，奸佞马、阮却不得善终。正所谓“恶有恶报”，“善有善果”，“天理昭彰”（第四十出《入道》）。明之覆亡也使侯生与香君顿时醒悟，认识到无国则无家也无爱情可言，于是双双入道，将儿女之情归结为兴亡之叹。就这样作者以“一阴一阳之为道”作为构思全剧矛盾冲突的指导思想，叙演了阳尽阴盛终至明亡的变乱过程，揭示了权奸亡国的主旨。

第三，根据“一阴一阳之为道”的指导思想，在安排人物的出场或下场时，使用了“天然对待法”（第八出《闹榭》尾评）。这就是使有关色类的人物，男与女，左部与右部，两相对照；有关气类的人物，忠与奸，奇部与偶部，阴阳对照。具体说来，主要有以下几种方式：

一是在同一出戏中，天然对待法明显，即让忠奸相反的人物同时出场。第十二出，一忠一奸的二相史可法与马士英同时上场。一个将剪除侯生之议视为“邪人无正论，公议总私情”，拂袖而去；一个却是对阮大铖的诬陷深信不疑，即刻令人捉拿侯生。一个忠直可鉴，一个狠毒可恶。邪正判然，阴阳昭彰。通过对比，人物个性益发显明，矛盾冲突更为尖锐激烈。

二是在紧临的前后两出戏中，以男女主人公为中心，运用天然对待出场法。即在上出戏中，以男主人公为中心，率先出场。与其关系亲密者接连出场；而下出则以女主人公为中心，率先出场后，与其关系亲密者也接连出场。两出戏的出场人物数目、地位、身份、出场顺序正相对应，阴阳对照。第一出《听稗》为正生家门，正生侯方域先出，陈定生、吴次尾是其陪宾，柳敬亭是其伴友，也相继早早出场。这是开章明义，使主要人物皆露头角，以为文章梁柱。相邻的第二出《传歌》为正旦家门，正旦李香君率先出场，杨龙友、李贞丽是其陪宾，苏昆生是其业师，也相继早早出场，也是使主要人物早早亮相，以构筑文章主要框架。这两出戏中人物的出场，天然对照，阴阳相映。前者，柳敬亭出场说贾凫西鼓词；后者，苏昆生登场教汤显祖传奇妙曲。内容上的天然对照，与人物出场左右对等正相契合。

三是在相距较远的两出戏中，运用天然对待出场法，使传奇结构整齐匀称而又不至于板滞或雷同。例如，以丁继之为首的三清客和以卞玉京为首的三妓女在第七出《眠香》中出场是齐出齐下。他

们在梳拢宴会上帮闲凑趣，为名士佳人定情增光生辉，是正面烘托侯、李爱情的合情合理。而第十七出《拒媒》，又是这三清客、三妓女同时出场，齐来凑拍，为田仰说媒，是从反面衬托香君爱情的坚贞执著。同中有异，富于变化。

四是天然对待出场法还表现在人物明出与暗出的结合上。第一出，从柳敬亭口中道出同时背离阮大铖而去的还有苏昆生，不无赞美之意；第二出，由鸨妓口中道出马、阮二奸姓名，暗含贬斥之情。始终未出场的高弘图的升官与罢职，都从马、阮的密语中道出，也揭示了二奸的阴险。这种暗出与明出结合之后，也会具有阴阳对照的作用。第一出，由家童口中道出未出场的徐公子独占看花的跋扈，而最后一出让他以清朝皂隶的身份直接出场，正表明作者寄寓着亡国之情，对那些"开国元勋留狗尾"的遗老遗少不无谴责之意。

应该指出，作者在运用这种天然对待出场方式时，并非仅只以此追求结构上的对称美，而是为了进而突出人物的个性特点。例如，侯、李定情之先，生旦二人在卞玉京家目挑心许；二人合欢之后，又都在丁继之家水榭夫唱妇合。两出戏中，两家主人卞玉京、丁继之均不在场，从形式上看是天然对待整齐，而实际上作者正是以此暗示卞、丁二人不同于其他清客、妓女的独特个性：一个独来独往，一个自来自去。所以，尔后才能率先超尘拔俗，为道为尼。突出个性且为下文铺垫，正是天然对待出场法的重要意义之所在。这种出场法，作者运用得娴熟自如。即使同一人物出场，也具有这种特点。第十二出，文武百官集议军情，阮大铖本是废员闲宦，但其出场却在百官之前，因为"小人见事生风"（第十二出《辞宴》眉批），有空即钻是其本性，早出正是便于与马士英密谋。而第三十二出《拜坛》，作为兵部侍郎的阮大铖，祭奠崇祯，理应早到，但他却在"礼毕”之后才姗姗出场，装哭干号，连马士英也嗤之以鼻。前者早出要发言议政搞阴谋诡计是真，正笔写出；后者晚到干哭是假，以侧笔反衬。一阴一阳，皮里阳秋，在天然对照中揭示了阮大铖的“两面派”嘴脸。

同时，这种阴阳对待出场方式，还表现在他写出了人物非上场或非下场不可的必然性，阴阳转化的客观性。剧中人物的阴阳对待出场，与这些人物个性的忠奸正邪判然可见，清流与魏阉、忠良与奸邪矛盾斗争的壁垒分明、息息相关，并非作者有意强拉硬拽，逼其上下，而是有其必然性在内。第三十一出，侯生入狱后，苏昆生赴左营报信，请求援救。但他匆忙而去，口说无凭，非须人证不可。而他与柳敬亭有旧交，柳已在左营，早有伏笔交代，故此时左良玉提出让柳相公出来相认，合情入理。柳敬亭出场与苏昆生偶然相会便令人置信不疑。同时，又为柳生东去传檄、苏氏坐守宁南张本前呼后应，上贯下联，确乎严谨无缝。

《桃花扇》结构艺术的创新，也是孔尚任不断总结和借鉴传统戏曲经验、力避陈规滥套的结果。

其一，全剧中心故事情节非奇不传。

孔尚任说过，所谓传奇，非奇不传。《桃花扇》奇在何处?妓女之扇，荡子之题，游客之画，事之鄙者。为知己而嫠面誓志，事之细者；借血染花，事之轻者。私物表情，密缄寄书，亦是猥亵之事，未必堪足称道。然而，桃花扇乃是美人之血渲染而成，其血痕之中凝聚着歌妓“守贞待字碎首淋漓不肯辱于权奸”的斗争精神，而这权奸正是“进声色，罗货利，结党复仇，隳三百年帝基”使有明亡国的千古罪人。《桃花扇》奇就奇在颂扬这种斗争精神和点出权奸误国的题旨，可以惊世易俗，惩创人心，“为末世之一救”。所写儿女之情不同

于一般的才子佳人之恋，而是与兴亡之叹密切关联。

其二，在《桃花扇》中，“排场有起伏，俱独辟境界，突如而来，倏然而去，令观者不能预拟其局面。凡局面可拟者，即厌套也”（《桃花扇凡例》）。之所以如此，并非作者人为地任意驱遣，或故弄玄虚，而是反映了他对社会变乱的辩证唯物观点。他在剧中，曾借柳敬亭之口，总结出“热闹局就是冷淡的根芽，爽快事就是纠缠的枝叶”。剧中人物悲喜感情的变化，冷热场面的处理，喜悦或悲凄气氛的渲染，人物命运安危否泰的安排，之所以跌宕腾挪，相反相成，错落有致，又别出心裁，不落陈套，也据此而来。即如前八出戏，写复社清流与魏阉余孽奸阮的斗争。初在文庙，复社后生一顿鸡肋拳揎，打得他臂伤腰颠，胡须也被拉扯，连老赞礼也揎拳出手，确实是“替东林雪耻，为南监生光，好不痛快”（第三出《閧丁》）。而侦戏之骂，揭老底，刨祖坟，直如祢衡渔阳三挝，又是何等痛快淋漓！接着在丁家水榭，名士美人文酒之会，致使奸佞夜游熄灯，灰溜溜逃走，又是何等大快人心！观众何曾想到接踵而至的却是诬陷之祸，入狱之灾。然而其中又包含着福兮祸伏、乐极生悲的哲理。如阻止左兵东下之举，先有杨龙友热情奔走请札，继有侯生欣然命笔书札，还有柳老慷慨投札，看来此举定然大功告成。情节进展，犹如万丈瀑布，直下平川，何等畅快！当左军补充了粮饷之后，左氏又加官晋爵，故有设宴黄鹤楼饮酒看江之雅兴。“三都云物归胸次，万里风涛到眼中”，激动得左良玉满心快意，“忽惊魂悸魄”（第二十出《哭主》尾评），顿时，黄鹤之宴又成为举哀恸哭的祭坛，虚假的“太平景象”昙花一现便倏忽不见，满城喧哗，顷刻乱生，又是迥然而异的另一番景象。这种大起大落的变幻格局，观者的确难以预拟。但是倘若联系前文所谓“大事已不可问”云云，确实又是尽在情理之中，偶然之中暗含着必然的因素。

《桃花扇》情节结构之所以能变化奇突，毫无雷同之感，就是因为作者善于阴阳结合，虚实并举，善于使用直笔，也善于运用幻笔，即使同类事件，也能写出同中之异。柳敬亭投奔左良玉是靠舌辩，假戏真演，慷慨陈词中更多的是谈笑风生诙谐智趣；苏昆生投奔左良玉则是依其善讴绝技有意冒犯军纪，爽快问答中更多的是义正词严。两人的精神世界尽皆勃勃欲现。同是为救侯生，同是与侯生不期而遇，但是《舟逢》与《会狱》有别。前者是因为侯生一心系念香君，夜不能寐，故而侯生先发现昆生；后者因为柳老乃系重囚，枷锁在身，起居不便，故而要人帮助，自然先发现侯生。同而有变，方谓之奇。“所谓奇缘奇事。传奇者，传此耳!”(第三十三出《会狱》尾评)有明三忠，皆非临敌不屈就义，而全都写得轰轰烈烈，犹如国殇阵亡者。但三者之死，各不相同，“左宁南死于气，自气也；黄将军死于刃，自刃也；史阁部死于溺，自溺也”(第三十八出《沉江》尾评)。这三位忠于明廷的血性男儿为明朝出尽了血汗之力，“而无如元气久弱，止成一失血之病，奈何!”(第三十七出《劫宝》尾评)说明明之亡国的必然无疑。这比仅正面描写死于战场的忠烈之士的旧传奇更为深刻含蓄。而且使人想不到，猜不着，洗尽窠臼，摆脱了陈规。

综上所述，可以说，《桃花扇》结构艺术的创新既受了《易经》哲学思想的深刻影响，又是在继承借鉴古代优秀传统基础上独出机杼的结果。

第三节　语言运用

《桃花扇》之所以为人称赏，与作者在语言运用方面侧重典雅

而不失其真，雅而不失其俗，不无关系。

一、侧重典雅

孔尚任是按着严格的现实主义原则创作《桃花扇》的。剧中朝政得失，文人聚散，皆确考时地，全无假借，至于儿女钟情，宾客解嘲，虽稍有点染，亦非乌有子虚之比。这种历史真实和艺术真实结合在一起的指导思想，是规定和制约其语言风格的前提和基础。因此，要使剧中人物的语言风格与其身世地位、文化修养、所处环境协调一致，贴切自然。而剧中主要人物，或为复社文人领袖如侯方域，属于"当今才子"；或为秦淮名妓如李香君，色艺俱佳；或是博古通今的艺人如说书之柳敬亭、唱曲之苏昆生；或是精通文墨的"书画传人"如杨龙友、蓝田叔。至于位居上层者，忠奸二相史可法、马士英及权奸阮大铖都是进士出身，谈吐崇尚典雅是其共同特点。为他们填词制曲，设计宾白，势必要侧重于此，才能自然贴切。即以男主人公侯方域而言，在剧中所唱曲子，十之八九为清词雅调。《题画》一出，连用十支典雅南曲，淋漓尽致地刻画其重赴旧院欲会香君之复杂心情，人称"整练出色之文"（第二十四出《题画》尾评）。女主人公李香君也唱过不少雅词丽曲，如第二十三出《寄扇》中所唱〔驻马听〕，前四句"绣户萧萧，鹦鹉呼茶声自巧；香闺悄悄，雪狸偎枕睡偏牢"，以动衬静，独卧青楼之孤寂心情，全在字里行间。"榴裙裂破舞风腰，鸾鞾翦碎凌波靿"二句，化用晏几道小词《鹧鸪天》之句反用其意，确系雅词丽曲。

同时，明迄清初，戏剧语言是大半重雅轻俗，尤其重视曲之典雅。曲在不少文人手中，竭力要向诗词靠拢，以作诗填词之法制曲，或将曲写成雅诗丽词，以提高其地位。《桃花扇》中词曲侧重典雅，大都典丽工致，或似温韦花间绝调，或如西昆体诗，或系哀婉宫词，或为秦柳词，多是雅曲而非俗语。第二出《传歌》，李贞丽所唱〔秋夜月〕：深画眉，不把红楼闭；长板桥头垂杨细，丝丝牵惹游人骑。以雅秀之词，将烟花旧院旖旎风光、撩人春意尽皆画出。而写景手法，则是由近及远，意境渐阔，是古诗词中常用手法。这与第二十三出《寄扇》中所唱〔北新水令〕（冻云残雪阻长桥，闭红楼冶游人少。栏杆低雁字，簾幙挂冰条；炭冷香消，人瘦晚风峭）则迥然而异。镜头是由远而近，意境渐小，最后凝聚到主人公身上。这也是古人诗词中常用之法，用的也是雅词丽句。

而且，明迄清初，由于崇尚典雅而轻俚俗，故曲中多有骈词丽句。《桃花扇》亦难免受此影响，其中有两句、四句、六句相对者，也有将不同格式的对句连用者，而且连宾白中对句也时而可见。这都是侧重典雅的结果。

二、重雅而不失其真

《桃花扇》的语言因受人物文化素养、身世地位限制和时尚风气影响而偏重典雅，只是一个方面。另一个方面，作者为达到"惩创人心，为末世之一救"的目的，就必须塑造典型形象，使人物个性鲜明，"须眉毕现"，"勃勃欲生"，才具有真实感人的艺术魅力。因此，其语言必须典雅而不失其真才能收到预期的效果。即如作者使曲如诗词，也并非是徒博典雅，以谐时尚，而是重在逼真地刻画人物性格。李贞丽所唱〔秋夜月〕支曲的写景手法，是由近及远，乃是因为此曲出自鸨儿之口，"门户人家，歌袖舞裙，吃饭庄屯"，浓妆艳抹，畅开楼门，招徕王孙公子，恰是烟花本等，写景由近及远，正是为显出她手在画眉，却心系游客而向远方含情顾盼卖弄风骚的情

景。而李香君所唱〔北新水令〕中写景却是由远而近，乃是因为此景此情由孤守妆楼的香君口中道出，显然与彼时彼地贞丽眼中之景有天壤之别。写景由远而近，正是为了突出她由盼望侯郎早归到坚持自我节操的心理变化过程。运用不同手法，以诗情画意为景曲，不仅典雅清丽，实在还是服从于逼真刻画人物个性之需要。

再如，为使词曲或宾白典雅，作者曾用骈俪对句，而且大都用得恰当无误。第十出《修札》中，柳敬亭唱道："你那里下笔为文，我这里胸中画策。舌战群雄，让俺不才；柳毅传书，何妨下海！"是以合璧对与联璧对相结合，正是为了突出柳敬亭的才学不凡、胆识过人。这种个性特点，作者在《听稗》等出中早就有所渲染，读者对其博古通今早已留下深刻印象，所以，此处写他口出对句，才感到真实可信。剧中，即使在人物宾白中运用对句，也能口吻毕肖，个性明显，"无不人人活现"（刘中柱：《桃花扇题辞》）。第四出《侦戏》，阮大铖上场后，便以骈俪典雅的独白自报家门：

下官阮大铖，别号圆海。词章才子，科第名家；正做着光禄吟诗，恰合着步兵爱酒。黄金肝胆，指顾中原；白雪声名，驱驰上国。可恨身家念重，势利情多，偶投客、魏之门，便入儿孙之列。那时权飞烈焰，用着他当道豺狼；今日势败寒灰，剩了俺枯林鸮鸟。人人唾骂，处处击攻。细想起来，俺阮大铖也是读破万卷之人，什么忠佞贤奸，不能辨别？彼时既无失心之疯，又非汗邪之病，怎的主意一错，竟做了一个魏党？

整段独白，基本由四六对句组成，犹如辞赋，典雅工致，且无晦涩古奥之弊。而出自进士阮大铖之口，也真实可信，贴切自然。

《桃花扇》中的语汇来路甚广。或从古书中引用诗词歌赋，或引用古文古事，运用成语典故，或化用古书精神旨趣，加工锤炼，或独抒机杼，自铸伟词新语，不仅能使曲白文采缤纷，典丽雅正，更能与真实地描写人物个性和谐一致。第二出《传歌》中，李香君学歌时，作者引用的是《牡丹亭》的几段艳曲，因为女主人公在向往自由、追求爱情方面与杜丽娘确有一致之处；苏昆生行令时，作者引用了《西厢记》中丽句，暗含以莺莺之娇美比喻香君之意，自是恰如其分；第六出《眠香》，侯生所写定情之诗，出自《四忆堂诗集》，用以赞美香君丽冠群芳，确当中肯；同出《催妆诗》，原是并非剧中人物的余怀所作，被杨龙友顺手拈来，形容香君婀娜娇小，既生动有趣，也显出杨之个性圆滑。又如第三十一出《草檄》，苏昆生所唱〔念奴娇〕三曲，本是《琵琶记》中蔡伯喈中秋玩月唱词，而其中蔡之思念发妻、盼望“人月双清”的心情恰与昆生思挂侯生、盼其早出囹圄也能“人月双清”的心意默然契合，真实地揭示了苏氏重友情的可贵品质。剧中这些出自古书中的名曲佳诗，并非随意借用，聊以塞责，而是精心选择，已成为剧中故事情节和刻画人物性格的重要组成部分，不仅使语言清丽典雅，着实增色，而且读来也全无游离隔膜之感。剧中所用成语典故大都为古书中常见者，绝少冷典僻事。而且，“信手拈来，不露饾饤之痕。化腐为新，易板为活，点鬼垛尸，必不取也”（《桃花扇凡例》）。复社领袖吴次尾斥骂大铖所唱〔千秋岁〕，揭露奸阮趋炎附势、迫害贤良的罪行，骂得痛快淋漓，却无一句粗鄙之词。这就真实地揭示了复社领袖疾恶如仇的个性特点。因为勾践尝粪、邓通吮痈、张彖以杨国忠为靠山等一连串典故，出自满腹才学的复社领袖之口，在场的又都是文人学士，观众自然感到真实自然。不过，更多情况下，作者只是化用古书语言，掇取精神，发其旨

趣，没有因袭之痕，甚至“不用书中一个字”，但仍然能够真切描画人物个性，最为论者所称道。第一出《听稗》，化用贾凫西《木皮鼓词》之句，成为柳敬亭的五段唱曲，人称“千古绝调”（《眉批》），就是因为借以表白柳生志向，恰如其分；第三出《閧丁》，“俱自《史记》脱化”，人称“奇文”，就是因为此曲“慷慨激昂，如见须眉”（《尾评》）；第四出《侦戏》，宾白“俱自《左传》脱化”，人称“妙文”，就是因为“拟议顿挫，如闻口吻”（《尾评》）。

三、雅而不卑其俗

在处理语言的雅与俗的关系方面，孔尚任也表现了创造才能。他不像旧剧作者那样，将“街谈巷议”视为“不可作语”而摈弃不用，而是既以古代优秀文学作品为借鉴，“凡古三百篇，汉魏乐府，唐诗，宋词，元曲，莫不细读其文”（孔尚任：《蘅皋词序》），从书中汲取精华；同时，也不忽视现实生活中的街谈巷议、里乡土语。《桃花扇》中也有一些方言、土语、歇后语、笑语、谑语、嗑语、市语、偈语，而且，大都能成为叙述故事情节和刻画人物性格的重要组成部分。《投辕》出故意摔杯、饿急内食之举，讽刺左良玉东下就食之误，实际上就是将“是人都是心做主”这句俗语加以形象化、动作化的精彩表演。《閧丁》出，老赞礼投身殴阮行列，脱口而出“打你个知和而和的”这句邹鲁乡谈，逼真地刻画出老人疾恶如仇的个性，通俗而饶有情趣。《眠香》出，清客妓女所说嗑语，《却奁》出保儿毒骂嫖客的顺口溜，似乎是鄙言俚词，却能反衬出侯、李爱情的纯洁真挚。

孔尚任作《桃花扇》时，曾明确提出，所作之曲，“全以词意明亮为主”，革除“南曲艰涩扭挪，令人不解”之弊；“说白则抑扬铿锵，语言整练”，上下场之诗句，也不用“旧句俗句，草草塞责”（《桃花扇凡例》)，而是俱为独创。因此，在雅俗两类人物出场的情况下，基本是雅人雅语，俗人俗话，使场面的冷与热、氛围的庄与谐、语言的雅与俗相辅相成，和谐统一，从而达到雅俗共赏的目的。如第六出《眠香》，当秦淮旧院准备新婚宴席时，杨龙友来送妆奁，所唱〔一枝花〕秾丽秀艳，自是典雅之曲。而庸役保儿开口即俗。当新郎侯生同陪客登门成亲时，侯之上场诗，对众妓的评语，尽皆典雅，与其才子身份相称。而陪客歌妓之间的打情骂俏、相互嘲谑则全是俗言俗语，与其帮闲凑趣身份也正相合。当众人吃喜酒时，侯生所写定情诗，表白迫不及待心情的二曲，都是清词丽句，而丑角郑妥娘的自嘲和趣话又都是俗人俗语。当欢送新人进入洞房时，侯生所唱〔节节高〕，充满诗情画意。尤其〔尾声〕一曲，遣词婉丽，脂粉气浓，与柳耆卿的"浅斟低唱"极为相似。但作者在二曲中间穿插了清客妓女"配成对儿"之类科诨语，于是，在典雅之中增添了俚俗成分。整出戏中，雅人与俗人，或先或后或同时、同场演出。骈词俪句，鄙俚俗语，交错间出，熔为一炉。因为观众有高低贵贱之别，也总会各有所好的。同时，孔尚任也努力使剧中人物中的每一个人都有雅俗两种语言，交错使用，相互映照，既突出人物本质属性制约下的不同个性侧面，不至使人物个性分裂，强调了人物语言的可变性和差异性，又能使雅士俗子都可赏心悦目，"上不悖清议之是非，下可以供儿女之笑噱"(梦鹤居士:《桃花扇序》)。此可谓孔尚任在戏剧语言艺术方面更深一层的可贵探讨。

以史阁部而言，主要是以典雅之曲突出其耿耿忠心。南明建后，他以阁部而督师扬州，分明是明升暗降，他却全不介意，仍以操兵防江为务，"忠肝义胆，人所难能"(第十八出《争位》眉批)，故出场即唱〔北点绛唇〕，词气激励，用语典雅古朴。在与四镇军事头目

商议军情时，他又满怀激情地唱〔混江龙〕曲，连用古人古事，排比成语典故，语豪气雄，词华顿宕，与其儒将风度和主帅气概正相适宜。至于在劝说高杰时所唱〔煞尾〕，以作者亲游熟知之扬州美景之名组合成清词丽句，华而不艳，婉则不哀，而又寄予谆谆劝诫之意，堪称高雅之曲。而突出史公刚正倔犟之处，则全用朴直率真之语。然而，史公毕竟难有回天之力，而终于山河破碎，落得个悲剧结局。此是表现史公品质感人至深之处，定要观者入耳动心不可，故以雅俗共赏之语，濡血蘸泪地道出："撇下俺断篷船，丢下俺无家犬，叫天呼地千百遍。归无路，进又难前。累死英雄，到此日，看江山换主，无可留恋。"这是史公以身殉国之前的沉痛哀歌，又是尽节忠臣的热情颂歌。曲中有生动比喻，有典故活用，语若贯珠，可歌可诵。

由此可见，作者运用雅俗共赏之语妙处全在于与人物所处环境、社会地位、人际关系、性格变化等和谐一致。词曲、宾白都有这种特点。当史公与其参谋侯生谈弘光不可拥立的五大罪状时，两人对白典雅端庄，因为这是两个文人聚谈严肃的社稷大事，自应如此。而《阻奸》出史公斥责阮大铖之白，却又是那样明白畅晓。奸阮昏夜扣门，阴谋拥立弘光，纠缠不休，"定要一见，要说极有趣的话"，当即遭到史公叱骂："哇，放屁!国破家亡之时，还有什么趣话?赶出去，闭上宅门!"通过貌似粗俗实则决绝之语，将史公疾恶如仇的个性生动写出。当扬州岌岌可危，作为主帅激励士卒时的道白却又是那样慷慨激昂，气势充沛，给人以一字千钧之感。而且杂以排比对仗，读来铿锵有声，一字一句都迸发出扬州将士同仇敌忾、气壮山河的英雄气概。如此文字，大雅不觉其直，平人不嫌其雅，才是真正的本色当行。其实，不仅是重要人物，即使出场不多的次要人物的语言亦非同一声腔，能够令人信服其雅俗变化的原因。当弘光监国时，还没忘记“高皇旧宇”、“祖德重光”，因此开口庄重。当大臣劝其称帝时，他嘴上还以“才德凉薄”为由谦辞不就，故所唱〔本序〕二曲，“词意冠冕”，尽皆典雅之词。及至荒淫误国，便服出逃，心知皇帝已难坐稳，却本性难移，仍是心系嫔妃时，故所唱〔香柳娘〕曲仍是婉丽香艳之词。而到乞食村庄，成为无处容留的丧家犬时，一见黄得功，便只好首先低声下气地问道：“黄将军一向好吗？”不能不纯是大白话了。成了降将手中俘虏，昔日那称孤道寡的文言词语便丢得一干二净，只剩了徒然挣扎和粗直问话：“你背俺到何处去？”雅俗之不同，正是形势使之然。

当然，《桃花扇》的语言，也有典雅有余、本色不足之弊，其“宁不通俗，不肯伤雅”的偏颇主张也限制了其在通俗方面的努力。在音韵与词谱曲调方面，也有不当之处。然而瑕不掩瑜，《桃花扇》语言的雅俗共赏，也是其广为流传的重要原因。

第四章　流传与影响

《桃花扇》成书后，先以抄本流传。付梓刻印后，又有不同版本。尽管观者、读者对其评价有所不同，但其影响却是深远的。

第一节　版本流传

孔尚任写成《桃花扇》后，无力付梓，仅以抄本流传。到康熙四十七年（1708 年），天津佟鋐助金刊刻，始有刻本问世。其后，屡有刻印。主要版本有：康熙戊子本、西园本、兰雪堂本、海陵本、暖红室本、扫叶山房本、梁启超本、王季思本等。

康熙戊子本，为《桃花扇》最早版本，现藏北京图书馆善本部。孔尚任《桃花扇本末》云："《桃花扇》钞本久而漫灭，几不可识。津门佟蔗村者，诗人也……薄游东鲁，过予舍，索钞本读之，才数行，击节叫绝。倾囊橐五十金，付之梓人。计其竣工也，尚难于百里之半，灾梨真非易事也。"佟助金刊刻本，即康熙戊子本。刻版原藏孔尚任故居曲阜湖上村，"文化大革命"中，被视为"四旧"，焚之一火。

西园本，据康熙戊子本重刻。校审不细，脱文伪字并非罕见。曲牌间见舛误，序跋题词亦有移易。

兰雪堂本，以西园本为据，校审粗疏，尤过于西园本。"至各出

标目下误书时代，眉批存不逾半，总评亦有阕文，全书一无圈点，则兰雪堂本并不如西园本之完善。”（刘世珩：《重刻桃花扇识》）

海陵本，为海陵沈默、沈成垣据西园本重新刻印，校订粗漏处一并继承，只是增添两篇跋语，有助于理解原作。

暖红室本，乃1914年贵池暖红室刘世珩据西园本、兰雪堂本等重新厘定校刊，又经吴梅、李详校正，刻为《增图校正桃花扇》印行。较之他本，校审比较认真。江苏广陵古籍刻印社据以校订，于1979年影印出版。

梁启超校注本，侧重注释史实，对理解剧本内容、背景，多所裨益。注者前言亦是有价值的论文。文学古籍刊行社于1954年据中华书局纸型重印。

王季思本，人民文学出版社1959年9月出版。是王季思、苏寰中、杨德平以兰雪堂本、西园本、暖红室本、梁启超本互校，再以康熙戊子本校订讹误，且加标点、注释，指出作者用意。是较前完善的版本，其《前言》也有一定影响。

徐振贵校注本，见徐振贵主编《孔尚任全集辑校注评》（齐鲁书社2004年10月版）第一册戏剧。以康熙戊子本为底本，参以他本校正讹误，且加标点、注释，对唱词有诗歌形式译文，便于读者理解。

第二节　主要影响

《桃花扇》的影响，主要有以下三个方面：

第一，借以抒发兴亡之感，总结历史的经验教训。

《桃花扇》写成之后，王公缙绅便传抄不已，“时有纸贵之誉”。甚至宫廷内使也要索取剧本，“午夜进之直邸，遂入内府”（孔尚任：

《桃花扇本末》)。“相传圣祖最喜此曲,内廷宴集,非此曲不奏……每至《设朝》、《选优》诸折,辄皱眉顿足曰:‘弘光弘光,虽欲不亡,岂可得乎!’往往为之罢酒也。”(吴梅:《顾曲麈谈》)显然是以之作为历史鉴戒,告诫臣属毋蹈南明覆辙的。

同时,在府邸演出《桃花扇》的也有达官贵族。“己卯除夜,李木庵总宪,遣使送岁金,即索《桃花扇》为围炉下酒之物。开岁灯节,已买优扮演矣。其班名‘金斗’,出之李相国湘北先生宅,名噪时流,唱《题画》一折,尤得神解。庚辰四月,予已解组,木庵先生招观《桃花扇》。一时翰部台垣,群公咸集,让余独居上座,命诸伶更番进觞,邀余品题。座客啧啧指顾,颇有凌云之气。”(孔尚任:《桃花扇本末》)康熙朝都察院最高长官左都御史李柟,不惜重金,聘请吏部尚书、武英殿大学士李天馥的私家戏班金斗班来自家演出《桃花扇》,并邀请翰林院学士及各部大臣也来欣赏演出。这是与其生平思想有关的。柟父李清原是明朝崇祯进士,弘光朝任大理寺丞。入清后,隐居不仕。康熙中,征修明史,以年老为由,拒不赴召。著有《南渡录》、《三垣笔记》等,多有兴亡之慨,寄寓其中。李柟从其父口中获知了弘光王朝的遗事,还曾向清廷进献过其父遗著《南渡录》和《三垣笔记》,目的是要清王朝由此总结南明覆亡的经验教训,以之作为鉴戒,因而对“不及兴亡扇底传”的《桃花扇》还是充分肯定的。其所写《桃花扇跋》云:“先生胸中眼中,光明洞达,其是非褒贬,虽自成一家言,实天下后世之公言,所谓游、夏不能赞一词也。观《桃花扇》者,如睹祥麟瑞凤,当平恕其心,欢喜赞叹,即感慨亦多事,况议论乎?”认为不应该对《桃花扇》横加议论和讥评,因为孔尚任剧中的一家之言,也是天下后世的公言,完全是充分肯定其思想观点的。

孔尚任在其《桃花扇本末》中还说过:“长安之演《桃花扇》者,

岁无虚日,独寄园一席,最为繁盛。名公巨卿,墨客骚人,骈集者座不容膝。张施则锦天绣地,胪列则珠海珍山。选优两部,秀者以充正色,蠢者以供杂脚。凡砌末诸物,莫不应手裕如。优人亦感其厚赐,亦极力描写,声情俱妙……”演出地点是清初宰相李霨的别墅寄园,观众是名公巨卿、墨客骚人,演员是挑选的两部优伶,足见演出盛况。而“笙歌靡丽之中,或有掩袂独坐者,则故臣遗老也;灯灺酒阑,唏嘘而散”(《桃花扇本末》)。因为这是“借儿女之情,写兴亡之感”的历史剧,剧中悼挽南明覆亡的民族情绪,歌颂有明三忠爱国思想的感情,使这些故臣遗老产生了共鸣,故有欷歔感泣、不忍再睹之举。可以说,在佟蔗村助金付梓《桃花扇》之前,这部剧作,无论是朝廷内府的供皇帝观赏,还是王公巨卿府内的演出,抑或是远在湖北鹤峰县即容美土司为顾彩的演出,还是河北真定府中为欢迎孔尚任的演出,都能看出《桃花扇》的影响主要是在演出中体现的,演出中激发汉族文人学士特别是故臣遗老的兴亡之感,更是显而易见的。

但在《桃花扇》刊刻之后,由于康熙朝文字狱迭起,诛连甚广,孔尚任的去官又与此剧不无关系,再加“通本乏耐唱之曲”(吴梅:《中国戏曲概论》卷下《清人传奇》),《桃花扇》的演出便不免有些冷落。不过,到乾隆年间,清人王昶作有《观剧六绝》,其中就有观演《桃花扇》的诗句。左都御史金德英亦作有《观剧绝句三十首》,其中也有描叙观演《桃花扇》中《投辕》出的诗句。同治年间,邗江小游仙客所作《菊部群英》中也曾记载,当时昆曲旦角周琴芳、朱莲芬擅长演《寄扇》中李香君,老生曹春山善演此出中的杨龙友。直到近代,《桃花扇》也并没有在舞台上消失,但毕竟是冷落得多了,所演者也仅是《访翠》、《寄扇》、《题画》等少数几出而已。而嘉庆、道光、咸丰

时期，连演这几出的记载也极为罕见。

但是，也不能说《桃花扇》的影响到此为止了。因为这种影响的另一条重要渠道是阅读剧本，将其作为案头文学来欣赏的。清代不少文人墨客，如宋荦、田雯、金埴、吴陈琰、王特选、孔传志、厉鹗、杨芳灿、张问陶、舒位、文廷式、廖桂蘅等人都留下了阅读《桃花扇》的诗词。这些诗词，有的是咏赞剧中人物，如称道侯方域，"中原公子说侯生，文笔曾高复社名"（宋荦：《题桃花扇》）；赞颂李香君，"香娥不比圆圆妓，门闭秦淮古渡头"（田雯：《题桃花扇》）；歌颂史可法，"却教世俗思忠义，曾许他年社稷臣"（王特选：《题桃花扇》）；颂扬柳敬亭，"气压宁南惟倜傥，书投光禄杂诙谐"（宋荦：《题桃花扇》）。但大多数是借以抒发兴亡之叹，对南明之亡不无悼挽之情。田雯《题桃花扇》六首中，其一曰："一例降旗出石头，乌啼枫落秣陵秋。南朝剩有伤心泪，更向胭脂井畔流。"化用唐刘禹锡《西塞山怀古》诗中"千寻铁锁沉江底，一片降幡出石头"之句，指出南明也和东吴、陈朝、南唐一样，走上投降之路，令人伤心落泪。其二曰："江湖无赖弄潺湲，一载春风化杜鹃。却怪齐梁痴帝子，莫愁湖上住年年。"把弘光比做齐东昏侯、梁敬帝等齐梁昏君，予以鞭挞。其三曰："商丘公子多情意，水调词头吊六朝。眼底忽成千载恨，酒钩歌扇总无聊。"当年写过《过江秋咏八首》以凭吊六朝的侯方域，国破家亡后，歌舞饮酒都无法消除其千载遗恨了。其五曰："锦瑟消沉怨夕阳，低徊旧院断人肠。寇家姊妹知何处，更惜风流郑妥娘。"《桃花扇》中所写秦淮旧院名妓寇白门、郑妥娘等人如今早已风流云散，这同《桃花扇》续四十出《余韵》苏昆生所唱"旧红板没一条"，"无非是枯井颓巢"，"当年粉黛，何处笙箫"等句一样，都是借凭吊旧院，抒发兴亡之感。舒位《书〈桃花扇〉乐府后》诗亦云："粉墨南朝史，丹铅北曲伶。重来非旧院，相对有新亭。构党干戈接，填词笔砚灵。匆匆不能唱，肠断柳条青。”唯是南明亡后，旧院不存，物是人非，作者才会有晋末丞相王导新亭宴泣的慨叹“风景不殊，正自有山河之异”。何以这些诗人重读《桃花扇》时，情不自禁地要伤心落泪，“使院每闻歌一阙，红颜白发暗伤神”（吴陈琰：《题桃花扇》），因为“南朝轶事断人魂，重展香君便面痕”（金埴：《东鲁春日展〈桃花扇〉传奇悼岸堂先生作》），因为“悲欢聚散寻常事，话到沧桑发深唱”，“三寸苏张舌辩锋，一腔信国忧时泪”（孔传志：《题桃花扇歌》），因为作者像信国公文天祥一样，有忧时忧国的沉痛情感。因为故国不存，只剩了伤心哀怨之泪，“百年剩有伤心月，还照清溪半里桥”（张问陶：《读〈桃花扇传奇〉偶题十绝句》），因为“春灯影里山河改，泣断江楼燕子声”（廖树蘅：《题云亭山人〈桃花扇〉传奇》），正是南明统治者大演权奸阮大铖之《春灯谜》、《燕子笺》等，舆图换稿，江山易姓了。尽管这些诗的作者，其生平经历、思想情趣有所不同，但在民族矛盾长期未能缓和的清代，他们内心深处大都有程度不同的故国之思亡国之恨，便很容易借着阅读这抒发兴亡之叹的《桃花扇》激发出来。

第二，《桃花扇》的影响，还在于被改编为不同体裁的文学作品，促进了原著的流传。

最早改编《桃花扇》的，是孔尚任的友人顾彩，于康熙四十五年（1706 年）改编为《南桃花扇》。较之原著，最大的改变是“令生旦当场团圆”（孔尚任：《桃花扇本末》）。原著是以男女主人公“入道”收煞。张瑶星于白云庵登坛建醮，追奠明之亡帝故臣，侯方域、李香君先后前往问道，彼此相遇，恋恋不舍。经张当头棒喝，二人幡然醒悟，便割断情丝，各自入道修持，一去北山，一去南山，“两分襟不把

临去秋波掉”。而顾彩却改为“方域既出，遍访香君，遇苏昆生，乃知其处。于是挈归故里，永偕伉俪焉”（黄文旸：《曲海总目提要》）。这就落入了才子佳人当场团圆的俗套，违背了作者“借儿女之情，写兴亡之感”的主旨。所以，孔尚任对于如此改编，并不满意，说顾氏“令生旦当场团圆”，仅是“以快观者之目”（《桃花扇本末》）。“入道”一出，“离合之情，兴亡之感，融洽一处，细细归结，最散，最整，最幻，最实，最曲迂，最直接。此灵山一会，是人天大道场。而观者必使生旦同堂科舞，乃为团圆，何其小家子样也”（《入道》尾评）。其后，清人梁廷楠、梁启超，近人吴梅等都对改为“当场团圆”持否定态度。

但是，《南桃花扇》毕竟“其关目与孔本相同”（黄文旸：《曲海总目提要》卷二十四），除结局外，从侯方域南闱下第，侨寓莫愁湖畔，与复社文人陈定生、吴次尾同访柳敬亭听书，阮大铖助奁侯方域，香君毅然却奁，一直到清兵南下，扬州失守，马、阮之流奔逃，侯方域乱中出狱，于栖霞山避难，香君乱中出宫，暂栖葆真庵。这些主要情节，两本完全相同，只是词句略有差别。而且，孔尚任原著《桃花扇》“通本乏耐唱之曲，除《访翠》、《眠香》、《寄扇》、《题画》外，恐亦寥寥不足动听矣。马阮诸曲，固不必细腻，而生旦则不能草草也。《眠香》、《却奁》诸折，世皆目为妙词，而细唱曲不过一二支，亦太简矣”（吴梅：《中国戏曲概论》卷下《清人传奇》）。在精通乐律方面，顾彩则比孔尚任略高一筹，除与孔尚任合谱过《小忽雷传奇》外，还作有传奇剧《后琵琶记》、《楚辞谱》等。孔尚任尝称道后者“顾郎新谱楚辞成，南雅清商绝妙声”（《燕台杂兴四十首》）。孔氏原著，主要是多用北曲，而顾彩尤善南曲，且素多文彩，所谓“顾氏仙才，填词雅秀”（镜庵居士：《小忽雷传奇序》），所以，孔尚任也称赞顾氏所改《南桃花扇》“词华精警，追步临川”（《桃花扇本末》）。以南曲演唱

《南桃花扇》，势必使更多观众了解了"桃花扇"的故事，促进了孔氏原著更为广泛的流传，扩大了它的影响。

近人改编《桃花扇》者，较早的有谷斯范，于1947年写成历史小说《新桃花扇》。小说有意削弱原作儿女之情一线，不但写侯方域和李香君，也着重描写了以黄宗羲、吴次尾为代表的爱国志士和复社进步文人的抗清活动；比较真实地描绘了奸相马士英的专横刚愎、魏阉余孽阮大铖的阴险毒辣，对原本未出场的田仰，也揭露其贪婪鄙劣、附庸风雅，对以建安王镇国中尉朱统錤为代表的朱氏贵族的飞扬跋扈、腐朽无能，也作了生动描绘。尽管与原著体例不同，艺术魅力也有所削弱，但是，作者借古讽今，影射现实的意义却是不可忽视的。因为，作者于1946年至1947年间改编时，"正是蒋介石集团统治下最黑暗的年代，政治腐败，特务横行，那批祸国殃民的官僚、卖国贼，本质上与三百年前南明社会的腐败统治集团，极有相似之处"，所以作者要"借古喻今，通过人物的描绘，给以无情的鞭挞，为那令人咒诅的社会制度撞一次最后的丧钟"。(《新桃花扇》1957年版，《后记》)"利用南明小朝廷的腐朽来讽刺国民党反动统治"(《新桃花扇》1981年重版，黎澍序言)。所以，才在改编中有意增加了一些明讽暗讥、以影射和讽谕现实的描写。不过，随着历史的演变，这种影射会使读者难以索解而减弱其讽谕意义。所以于1957年、1981年两次重版时，作者先后删去六七万字，以减少头绪，增强艺术魅力。

在抗日战争期间，艺术家欧阳予倩将《桃花扇》改编为话剧；新中国成立后，珠江制片厂拍摄过电影《桃花扇》，都是旨在抨击投降卖国，宣扬爱国主义。尤其是结尾，大都与原著的"入道"作结有所不同。小说《新桃花扇》是侯生找到香君之后，想伴之以束装回乡，

隐居田园，诗酒自娱。而香君则毅然焚扇，离侯而去，与之绝交。侯生在风雪交加中昏厥过去。话剧则是香君见侯生归来，惊喜非常。及至见其头梳清人大辫，身着旗装，知他已获清廷功名，便气愤晕倒在地，继之是斥其卖国降敌，丧志失节。电影亦基本是如此处理的。在抗日为主要斗争任务时期，在国民党黑暗统治时期，这种写法，无疑是对逃避政治斗争行为的鄙弃和否定，是对汉奸投降派卖国行径的直接抨击。对于进行爱国主义教育确曾产生过不可忽视的促进作用。

第三，影响后世戏剧作者的创作方法。

孔尚任《桃花扇》之所以盛演一时，又长期为文人学士作为案头文学欣赏称道，与其谨严的现实主义写作态度、创作方法不无关系。他几乎是以历史学家作考证文章的态度来从事历史剧创作的。这对后人从事历史剧作，确实产生了直接影响。例如，清人董榕于乾隆十七年(1752年)所写的《芝龛记》传奇，尽管旨在颂扬“纯忠奇孝”，立意并不高明，但其写作态度、创作方法却是有意仿效孔尚任及其《桃花扇》。董榕在《凡例》中也明确表示，剧中所有人物都是实有之人；剧中主要情节，都是有案可稽的历史事实，都是“前朝旧事”，“三生石轶事记芝龛”(第一出《开宗》)。何东评曰：“《明史》特为秦良玉立传，且著于群臣列传中，表纯忠也。记本此，而考据更博。”甚至连剧本结尾也要仿照《桃花扇》，“也附渔樵稗语，曲终雅奏见阳和”。《桃花扇》结末以“哀江南”曲作长歌当哭，哀悼南明之亡；《芝龛记》第五十七出亦有“悼南都《渔歌》三折”，仿效的痕迹是非常明显的。所以黄叔琳在序中，曾称道作者“惨淡经营，洵乎以曲为史矣”。甚至有人赞其“思精藻密，足为龟鉴，当与谷应泰《明鉴纪事本末》并传不朽”(转引自周妙中：《清代戏曲史》)，这同论者称道

《桃花扇》"谱成抵得南朝史"也是相同的。不过在艺术上,《桃花扇》中儿女之情与兴亡之叹两线结合相当紧密,情节紧凑,少见旁逸斜出之枝蔓。而《芝龛记》则取材芜杂,头绪太多,难与《桃花扇》相媲美。故杨恩寿评之曰:"论者谓'轶《桃花扇》而上'则非蒙所敢知也。"(《词馀丛话》)以写作史书的谨严态度创作历史剧未尝不可,但一走向繁琐考证之途,便会大大削弱其艺术魅力。所以,孔尚任《桃花扇》脍炙人口,而《芝龛记》则罕为人知。而康熙四十七年(1708 年)东海徐子超所作传奇《千钟录》,则是在参考《明史》及其"野史稗乘"卷基础上,穿插了一些子虚乌有的情节人物,仅以二十五出,生动写出了明末建文帝流亡之事,则是真正继承了《桃花扇》历史真实与艺术真实相结合的创作方法的,因而同样长期流传。

总之,《桃花扇》的影响是多方面的,即使今人也可以借鉴和继承。不少地方戏中,据孔尚任《桃花扇》改编的同名剧作一直盛演不衰。电影、电视、网络戏曲更扩大了《桃花扇》的流传和影响。

第五章 《桃花扇》研究

《桃花扇》问世以来，对这部剧作的研究经历了不同历史阶段。

第一节 侧重评点阶段

在《桃花扇》以抄本流传期间，就已经有了借读者的评点。“读《桃花扇》者，有题辞，有跋语，今已录于前后。又有批评，有诗歌，其每折之句批在顶，总批在尾，忖度予心，百不失一，皆借读者信笔书之，纵横满纸，已不记出自谁手。今皆存之，以重知己之爱。至于投诗赠歌，充盈箧笥，美且不胜收矣，俟录专集。”（孔尚任：《桃花扇本末》）为《桃花扇》题辞者，有田雯、陈于玉、王苹、唐肇、朱永龄、宋荦、吴陈琰、王特选、侯铨、金埴等人。为之作序者，有顾彩、吴穆等。作跋者，有黄元治、刘中柱、李相、陈四如、刘凡、叶藩、沈默、沈成垣等。作尾评眉批者，或言出自尚任自己手笔，或言借读者所写。共有尾评 44 则，眉批 779 条。上述批评，虽然还是属于评点式的，但已称得上《桃花扇》初步研究的开端。其中不乏真知灼见。例如顾彩序中指出：“当其时也，伟人欲扶世祚，而权不在己；宵人能覆鼎餗，而溺于宴安；扼腕时艰者，徒属之席帽青鞋之士，时露热血者，或反在优伶口技之中，斯乾坤何等时耶?”这对理解原作热情歌颂柳敬亭、苏昆生、李香君等下层市民在兴亡变乱中的品行，且与士大夫清流文人加以比较的深层内涵极具启迪意义。再如刘中柱跋曰:“一部传奇描写五十年前遗事，君臣将相，无不人人活现，遂成天地间最有关系之文章，往昔之汤临川，近今之李笠翁皆非敌手”，肯定其人物塑造的特点，且与明清名剧比较评论，亦是中肯之言。再者，清代康、雍时人金埴所作《巾箱说》、《不下带编》、《壑门诗带》中，曾有十数处论及《桃花扇》。清乾隆时人李调元于其《雨村曲话》中也有《桃花扇》“所写南渡诸人，而口吻毕肖”的评论。但总的看来，上述评点，还多是某个方面的一得之见，而并非对《桃花扇》系统研究的全面评价。

第二节　偏重考证阶段

从近代至1949年，对孔尚任及其《桃花扇》的研究可谓冷清中有所发展。尽管王西征、董治康、萨孟武、田意、絜因、商鸿逵、梁乐三、吴仁昌、蒴伯赞等人写过一些有关文章，涉及孔尚任的生平思想、戏剧创作、剧中人物等问题，但是大都写得比较简略，缺乏翔实论证。直到两部著作的问世，才突破了前段桃花扇研究的局限。一是梁启超《桃花扇》注解本，侧重剧中人物本事的考稽，史料宏富，引证翔实，注中亦有评语，对读者了解剧作的时代背景、历史事件从而研究剧作的现实主义创作方法，确有重要价值。二是容肇祖1934年于《岭南学报》发表的《孔尚任年谱》，第一次较为详细地记述了孔尚任的生平经历，创作《桃花扇》的原始本末。其所根据，主要是孔继汾刊于乾隆二十七年(1762年)的《阙里文献考》中的有关

传记。然而,汾作各传失之简略,且有错误之处,例如所记孔尚任两次迁官时间就明显有误。容氏年谱所见文献有限,未能对汾作疏误予以辨正。但是,梁注本和容氏谱毕竟为后人研究孔尚任及其《桃花扇》提供了极有价值的史料。

第三节 拓宽研究阶段

从1949年到1966年,对孔尚任及《桃花扇》的研究进入了初步发展的新阶段。无论是横向的拓宽,还是纵深的开掘,都是以前的研究无可比拟的。

其一,陆续出版了影响较大的孔尚任诗集、桃花扇注本、孔尚任年谱。1958年,汪蔚林出版了多年搜集整理的《孔尚任诗集》,辑录孔尚任各体诗近1500首,是国内第一部比较齐全的孔尚任诗集。1959年,王季思等人出版了新注本《桃花扇》,易于为广大读者阅读研究,惠及一代学人。1962年,袁世硕出版了《孔尚任年谱》。是谱按年纪事,以前人研究为基础,以新见资料为依据,排比订正,编制而成。对容谱之误多有辨证,新见资料,引征甚多。所附《孔尚任交游考》,考证了与孔尚任具有密切关系的20人的生平、思想、著述,"来探索《桃花扇》创作思想根源和材料来源,为解决孔尚任怎样能够创作出《桃花扇》来的这个问题,提供许多新的材料"(袁世硕:《孔尚任交游考小引》),确实具有重要意义。同年,汪蔚林在《孔尚任诗集》基础上补辑散文近500篇,诗歌百余首,出版了《孔尚任诗文集》,较前更加完备。

其二,20世纪60年代初,《桃花扇》也被搬上了舞台和银幕,《小忽雷传奇》也被编为越剧演出。既扩大了《桃花扇》的影响,也引起了如何改编孔尚任原作等有关问题的热烈讨论。

其三，发表了一批质量较高的论文，围绕孔尚任及《桃花扇》的诸多方面展开了热烈争鸣。其中，争论的焦点是对《桃花扇》思想内容的评价，是歌颂爱国主义的剧作，还是适应清统治者政治需要的作品。多数论者认为，孔尚任具有"怀明反清"的爱国主义思想或民族意识，"借着对故国的追怀、对民族烈士的凭吊、对时政的讥讽来抒发他的民族意识"，是《桃花扇》的基本思想，这是"汉族反抗异族压迫的优良传统精神的表现。"（马雍：《孔尚任及其桃花扇》）由于这部戏曲"强烈的爱国主义精神"，"立即引起了广大读者的注意"。（王季思 1959 年版《桃花扇》校注本《前言》）"《桃花扇》无疑是一部爱国主义的剧作。"（袁世硕《孔尚任交游考小引》）与之不同的观点有二说，一是认为孔尚任既怀念明朝，也肯定清朝。《桃花扇》"在客观上是一部反映了爱国思想的作品"，但孔尚任"并不一定有民族思想"，倒似乎是有"对清统治者的感激和歌颂。"（胡念贻：《关于古典文学研究中民族思想的争论问题》）二是否认《桃花扇》有爱国思想、民族意识。认为剧中所写阉党与东林复社之争，以及对马、阮权奸"背公误国"的谴责，与康熙重视修《明史》、所写《过金陵论》等中的观点是一致的，剧中"贯串清朝的正统观点"（陈毓熊：《应该正确评价孔尚任的〈桃花扇〉》）。"《桃花扇》从创作到演出，都符合于清初封建统治者的利益，适应了他们的政治需要"，孔尚任"甘心处于供封建统治者驱使的爪牙的地位"。（刘世德：《〈桃花扇〉的出现适应了清初封建统治者的政治需要》）孔尚任"当时创作《桃花扇》的真正目的，乃是为如何巩固清代政权总结出两点历史教训，供其借鉴：一是必须坚决镇压农民起义；二是权奸可以隳国、亡国。而后一点在当时又起到肯定清代统治的正统地位的作用"（刘辉、文初

《〈桃花扇〉是伟大的爱国主义作品吗?》)。与此有关者,对孔尚任罢官原因究竟是因为写作《桃花扇》还是因为任监铸时表现不好,也有不同看法。

这个阶段的研究成绩不可否定,但有的对《桃花扇》评价过高,忽视其局限性;有的则偏重批判,有以今人苛求古人之偏颇,甚至在经过“反右”等政治运动之后,干脆完全否定《桃花扇》的思想内容和艺术成就,不承认其文学史上的应有地位。

第四节　研究遭受摧残阶段

“文化大革命”期间,孔尚任及其《桃花扇》研究无法正常进行。孔尚任成了美化投降派侯方域的反动文人,《桃花扇》成了歌颂清统治者的反动戏曲,肯定其思想性艺术性的文章著作成了“大毒草”,不少研究者被打成了“资产阶级学术权威”、“反动文人”、“牛鬼蛇神”,而被揪斗、批判、迫害。《桃花扇》研究遭到了摧残,以至于长期中断,无法进行。

第五节　全面研究的发展时期

1978 年以后,孔尚任及其《桃花扇》研究所取得的丰硕成果是前所未有的。首先是出版了一些专著。继 1979 年江苏广陵古籍刻印社据贵池刘世珩暖红室校刻本《桃花扇》影印后,王季思《桃花扇》注本多次重印,至 1980 年已重印六次。1982 年,王季思等人出版的《中国十大悲剧集》中第九种即《桃花扇》,除注解外,还作了眉批和提要。1987 年,袁世硕《孔尚任年谱》修订本出版。是谱据新见材料特别是孔尚任佚文近四十篇，加以修订，字数增加一倍以上。对新附《孔尚任交游考》也作了补充，增加了与《桃花扇》有关的张敏、顾彩二人。较之前谱充实、详细，为研究者提供了大量资料。1988年，戴胜蓝、徐振贵出版了《小忽雷传奇》校注，作者据暖红室本、曲阜师范大学清康熙抄本、山东省博物馆本校勘，并作标点注释，每出都有出评，是《小忽雷传奇》较好的版本。1990年，徐振贵《孔尚任评传》出版，对孔尚任的人生坎坷旅途、思想的矛盾统一，代表作《桃花扇》的主旨、纲领、人物、结构、语言以及其他著述作了系统评述。袁世硕《序言》认为，此传"是潜心研究的结果，很有些独到的新意"，"对全面地认识和评价剧作家孔尚任，无疑是很有意义、足资参考的"。在这个阶段中，台湾出版了《孔尚任研究资料集》四卷百万余言，资料宏富，对孔尚任研究亦是足资参考的。

其次，发表了一批高质量的论文，使孔尚任及《桃花扇》研究不断向纵深发展。有的虽然坚持的是过去的观点，力主"爱国主义民族意识"说，但论证比较全面，少有片面性。如说，足以"证明孔尚任的爱国主义立场和《桃花扇》的爱国主义精神"（王毅：《侯方域的艺术形象和〈桃花扇〉的结尾》）；"《桃花扇》是一部反映当时民族矛盾和民族悲剧、表达了民族悲愤和民族遗憾，具有强烈反清爱国精神的剧本"（张海琛：《民族的悲剧，爱国的挽歌》）；《桃花扇》涉及汉族和清朝统治者的斗争，"表现了反对民族压迫的光辉思想"（洪柏昭：《应该恢复〈桃花扇〉的本来面目》）。而更多的论文，则是从新的角度，深入开掘，提出了言之成理的新颖独到见解。例如，有的论者从孔尚任友人王源、李塨与王学左派关系分析，论证了孔尚任的民主思想（黄天骥：《孔尚任与〈桃花扇〉》）；有的从哲学史角度，探索孔尚任的创作意图，认为《桃花扇》是形象的"过明论"（张乘健：

《〈桃花扇〉的发微》);有的则从孔尚任所写《桃花扇小引》、《小识》、《本末》中,研究出《桃花扇》的主旨是为明亡后清初那些不知去向的"末世"之人指出"迷津","指明出路"(徐振贵:《〈桃花扇〉的主旨与纲领》),《桃花扇》的结构"受《易经》很大影响"(徐振贵:《〈桃花扇〉结构新探》)。也有的学者对孔尚任的诗文、书札、文艺批评作了发人深省的独到评价。

另外,有的研究者如刘辉、黄立振、徐振贵等人发现孔尚任佚文数十篇,包括佚著、佚文,诸如墓志铭、墓表、传记、碑记、序跋、书札、诗词、散文等等,对研究孔尚任及《桃花扇》提供了弥足珍贵的新资料,对订正以往著述之误提供了有力根据。

2000年6月,徐振贵《孔尚任评传》由南京大学出版社出版。该书是系统论述传主生平经历、思想演变、文艺贡献的新著。特别是对《桃花扇》的思想蕴含、艺术造诣及其深远影响,对孔尚任政治思想、哲学伦理观点的分析评述深刻透辟。所据资料,不少为他人所未见。2004年10月,徐振贵主编的《孔尚任全集集校注评》由齐鲁书社出版。这是孔尚任的第一部全集,收录孔尚任著述23种,乃集其作品之大成。其中包括他书"未见"的《圣门乐志》、《阙里新志》、《画林雁塔》、《莱州府志》、《平阳府志》。注释准确、全面。戏曲唱词,也以诗歌形式译出,便于理解。2007年2月,中央电视台戏曲频道摄制组拍摄了大型彩色纪录片《南洪北孔》,由周育德、徐振贵、俞为民三位教授主讲。2008年1月,上海人民出版社出版了蒋星煜的《桃花扇研究与欣赏》,也有新颖独到见解。

孔尚任及《桃花扇》,在国外也有一定影响。现已出版的《桃花扇》译文有:陈世骧与哈罗德·阿克顿合译英文本、徐仲年《守楼》折法文本、程守林选译德文本、金东光日文本、盐谷温译注日文本、山口刚日文本等。国外《桃花扇》研究论著主要有：(美)理查德·斯特拉斯伯格《中国戏剧中的人的磨炼》、(日)饭冢郎《桃花扇》、(俄)古谢娃《孔尚任〈桃花扇〉序言》、《孔尚任剧本〈桃花扇〉之命运》、《孔尚任〈桃花扇〉剧本的主要角色》、《孔尚任剧本〈桃花扇〉的民族传统》等。古谢娃认为，孔尚任"代表着对中国戏曲中的保守陈旧事物持否定态度的一派"，"写出了一场古典主义式的冲突，同时反映出社会政治斗争中一个特别尖锐的时刻"。

孔尚任及《桃花扇》研究，正向纵深发展。

第四篇　遗迹　遗存

孔尚任去世近300年了，但其《桃花扇》仍在舞台上演出不衰，并在广大读者中广泛流传。而且，还有一些与他有关的文化遗迹、遗存，也是中国古代优秀文化遗产的重要组成部分。

第一章 遗 迹

与孔尚任有关的文化遗迹，主要有孔尚任故居、石门草堂、孔尚任墓等。

第一节 孔尚任故居

孔尚任家有宅院四处，其一在曲阜城里五马祠街路北。青砖灰瓦瓦房，一进三出院落，“客厅后，绿竹可爱”(孔尚任:《木皮散客传》),距孔府、孔庙仅半里之地，是谓孔尚任祖父所居之地。他在37岁之前，除曾在石门山隐居著书4年之外，也经常住于此处。所住房舍，今已不存，遗址处已为旅舍。其二，在苗孔村，位于曲阜城西二里处。《乾隆曲阜县志》卷五十一《古迹二》载:“长松亭在苗孔村。明孔贞璠别墅中，有长松一株，作亭临之。”又，孔尚任《阙里新志》卷六《名胜》四《居停》八亦载“长松亭，在城西苗孔村内，明孝义先生孔贞璠别业也。有古松一株，本高数丈，怪藤修竹掩映池馆，芍药半亩，槿蓠一带中有长松亭，为文人觞咏之所”。今亭、树均已不存，遗址处已为工厂。其三，在曲阜东南20里处的湖上村，村东头路南。原为孔子五十五代孙孔克中任曲阜令时所买，瓦房独院。旧房已经翻修，尚有北房四间，厢房六间。今为孔尚任十世孙孔庆霖所

住。其四,在曲阜城北 24 里外尚庄,孔克中所置。旧院处盖有新房,为孔尚任后人所住。

第二节　石门草堂

石门草堂,即石门山孤云草堂,是孔尚任隐居读书著述之处。石门山在曲阜城东北 50 里处。史称少昊氏都于曲阜,葬于云阳,故此山古称云山。因山有二峰对峙,状如石门,又名石门山。山多洞壑,以及清泉佳木,风景优美,故迹甚多。相传古之晨门吏曾经于此隐居。唐人张叔明也曾卜宅其麓。诗圣杜甫于此访问过张氏,写有《访张氏隐居诗》、《与刘九法曹郑瑕丘石门宴集诗》。诗仙李白也曾游过此山,写有《鲁城东石门送杜甫诗》。山上还有孔子学《易》之处,子路宿于石门之处等名胜古迹。

康熙十七年(1678 年)九月十二日,孔尚任约集族弟孔莓垣、孔敬思同游石门山,为其景色吸引,便洒酒为盟,决定于此隐居。山有小鲁峰、玉笋峰、虎峰、摩青峰、涵峰等十四峰。其中,山之右侧主峰,名为涵峰,海拔 406 米,青翠耸削,石面孤悬,犹如巨掌,昔人读书之屋正是建此巨石之上,但已破旧不堪。于是,孔尚任将此书屋重新修葺,建成孤云草堂三间,安置木榻布帘,茗碗炉香,隐居读书。孔尚任于此住有 4 年之久。

此后,孤云草堂日渐倾颓。曲阜解放时,已只剩断墙败瓦。新中国成立后,封山育林,石门山受到保护。改革开放以来,石门山中水雪洞、蟠龙洞、石门月霁等二十四景,泉清林葱,已成为旅游胜地。1992 年国家林业部定为国家级森林公园。“孤云草堂”也已在原址重新修复,并建有“孔尚任展览室”,展有孔尚任塑像、孔尚任著述、

孔尚任研究资料等。

第三节 孔尚任墓

孔尚任于康熙五十七年(1718 年)正月上元前,卒于家,葬于曲阜孔林内环林道北侧。墓高约 3 米,直径约 6 米。墓两侧各有古柞一棵。其子孔衍谱、孔衍志为其墓前立碑一幢。石碑高 3.6 米,宽 0.93 米,雕龙碑头上书“大清”二字,碑文为“奉直大夫户部广东清吏司员外郎东塘先生之墓”,由“赐进士出身诰受奉直大夫,原任巡抚山东等处地方督理营田、兼理军务督察院右副都御史年家眷侄陈世倌拜题”,下署“雍正十三年岁次乙卯四月谷旦”,均为楷书。碑前设石供案。

第二章　遗　存

由于孔尚任逝后家道衰落等原因，与其有关的文物保存至今的并不多，主要有小忽雷等。

第一节　小忽雷

孔尚任遗存的文物中，最主要的是唐代乐器小忽雷。这原是唐人韩滉于建中二年（781年）制成，献于唐德宗李适，因而保存在内府的。唐元和九年（814年），发生了李训、郑注之乱，小忽雷流落民间。清康熙三十年（1691年），孔尚任在京都从一举子手中购得此器，并作有《咏小忽雷》绝句二首，镌于小忽雷牙轸之上，且因此写有《小忽雷传奇》。

孔尚任去世之后，小忽雷落入太守孔泗源手中。桂馥（1736—1805）《小忽雷记》云："民部既殁，其子携以入都，遗于道左。王观察斗南得之，赠孔太守泗源。"记中所说孔泗源得到小忽雷，不详何年，当是孔尚任逝世后数十年之事了。

尔后，小忽雷辗转传入刘燕庭之手。《小忽雷传奇》后附《刘燕庭农部自记》云："唐小忽雷……后归长白继莲龛方伯，携至秣陵。余访之，未获睹也。时方伯辄许相赠，旋又移节桂林。盖三年于兹矣。今夏，函致，赠余媵以岸堂传奇一册，余属南叔拓其形，装池为帧，并补原叙一通于帧端，且以诗志之，属同好和焉。时嘉庆庚辰七月中元日也。东武刘喜海燕庭父书于都门黄华坊嘉荫簃。”由此可知，刘燕庭是清嘉庆二十五年(1820 年)得到小忽雷的，距孔尚任逝世已经 102 年了。

“其后，燕庭嫁女于华阳卓氏，用作妆奁。宣统二年，刘葱石(世珩)连器带谱，从卓家购得，拿精校刻出，编为暖红室传奇汇刻之第二十四种。”(梁启超:《桃花扇著者略历及其他著作》)可知刘世珩得到小忽雷是在 1910 年，距孔尚任逝世已经将近 200 年了。

小忽雷现存于故宫博物院古乐器部。状如琵琶，长 0.65 米，龙头瓠体，木色紫黝，坚如金石。龙首凤臆，腹蒙蟒皮。两弦穿其下，各入龙口，一珠中含。项下刻有“小忽雷”三篆字，项后刻有正书“臣骧手制恭献建中辛酉春”十一字。龙首之下，有二牙轸，镌有尚任二诗，一曰:“古塞春风远，空营夜月高。将军多少恨?须是问檀槽。”一曰:“中丞唐女部，手底旧双弦。内府歌筵罢，凄凉九百年。”弹之，其声忽忽如雷。大忽雷也存于故宫博物院，与小忽雷均为国家一级文物。

第二节　其他遗存

孔尚任去世之后，家道愈加衰落，因而遗存文物甚少。最宝贵的是刻印《桃花扇》的木制原版，足有十拉车之多，以及旧书两箱，可惜都在“文化大革命”中被视为“四旧”烧掉。现存者有:

一是康熙封赠孔尚任及其妻秦氏诏书,原文为:

奉天承运,皇帝制曰:足国赡民,庶政重度支之寄;分猷亮采,诸曹需主计之贤。尔户部福建清吏司主事孔尚任,经画多才,恪勤奉职,出纳裕公私之积,权衡佐军国之需,劳绩有成,新纶宜沛。兹以覃恩授尔为承德郎,锡之敕命。于戏,酌盈即以剂虚,当念生财之道;益上常虞损下,勉惟制用之规。初任国子监博士,二任今职。

制曰:勤宣声绩,聿徵服采之才;茂著规型,式奖同心之媺。尔户部福建清吏司主事孔尚任妻秦氏,夙谙内则,作配名门,训典娴明,克协珩璜之度;礼仪纯备,克彰蘋藻之风。兹以覃恩封尔为安人。于戏,荷天宠以流芳,鱼轩焕采;被国恩尔永誉,象服增荣。

康熙三十六年七月十九日

(钦命之宝　　右满文)

诏书现存济宁市文物局。

二是康熙封赠孔尚任父母诏书,原文为:

奉天承运,皇帝制曰:考绩疏庸,特种推恩之典;服官资敬,聿推式毂之功。尔孔贞璠,乃户部福建清吏司主事孔尚任之父,世礼清门,代传素业。家风淳厚,垂弓治之良模;庭训方严,启诗书之令绪。兹以覃恩,赠尔为承德郎,户部福建清吏司主事,锡之敕命。于戏,薄篚金而示诲,世泽常足;锡鞶带以加荣,天休弗替。

制曰:勤劳克著,国恩爰沛于联常;爱敬同资,母道无殊于前后。尔户部福建清吏司主事孔尚任前母李氏,女仪素备,妇顺攸彰。珩瑀和鸣,早振柔明之誉;怀捲整洁,犹传慈淑之风。兹以覃恩,赠

尔为安人。于戏，善必弥亲，渊母仪尔如在；贵因从子，被天泽以长新。

制曰：官学方成，读父书而继业；爱劳交备，禀母训以扬名。尔户部福建清吏司主事孔尚任母吕氏，克树芳型，尤多慈教。著承筐之雅范，早知率礼无衍；寓徙宅之深心，果见克家有子。兹以覃恩，封尔为太安人。于戏，彤毫洒润，爰推顾后之恩；彩翟流芳，弥振贤明之誉。

康熙三十六年七月十九日

诏书现存济宁市文物局。

三是孔尚任遗墨：

孔尚任手书《会心录》

孔尚任手书张继诗

孔尚任手书大痴山水题字

孔尚任手书《明大名兵备道朱公专祠记》

孔尚任手书《评志操》批语

（以上现存济宁文物局）

孔尚任手书《孔贞选墓碑》（现存曲阜孔林）

孔尚任手书《孔贞緃墓碑》（现存曲阜孔林）

四是尚任用过的一方砚台，一个笔筒，一张大理石桌，一个手抄《八卦册》，现存济宁市文物局。

参考书目

《孔尚任年谱》,容肇祖,《岭南学报》1934 年 4 月 3 卷 2 期。

《桃花扇》,王季思等注,人民文学出版社 1959 年版。

《孔尚任研究》,陈万鼐,台湾商务印书馆 1971 年版。

《孔尚任年谱》,袁世硕,齐鲁书社 1987 年版。

《孔尚任与桃花扇》,洪柏昭,广东人民出版社 1988 年版。

《小忽雷传奇》,戴胜蓝、徐振贵校注,齐鲁书社 1988 年版。

《孔尚任评传》,徐振贵,山东大学出版社 1991 年版。

《中国古代戏剧统论》,徐振贵,山东教育出版社 1997 年版。

《孔尚任评传》,徐振贵,南京大学出版社 2000 年版。

《孔尚任全集辑校注评》,徐振贵主编,齐鲁书社 2004 年版。

《孔尚任新阙里志校注》,徐振贵、孔祥林编注,吉林人民出版社 2004 年版。

《孔尚任与桃花扇》,徐振贵,山东文艺出版社 2004 年版。

《桃花扇研究与欣赏》,蒋星煜,上海人民出版社 2008 年版。

附录 《桃花扇》

闫昭典 整理编校

《桃花扇》序

尝怪百子山樵所作传奇四种，其人率皆更名易姓，不欲以真面目示人。而《春灯谜》一剧，尤致意于一错二错，至十错而未已，盖心有所歉，词辄因之。乃知此公未尝不知其生平之谬误，而欲改头易面以示悔过。然而清流诸君子持之过急，绝之过严，使之流芳路塞，遗臭心甘，城门所殃，洊至荆棘铜驼而不顾。祸虽不始于夷门，夷门亦有不得谢其责者。呜呼!气节伸而东汉亡，理学炽而南宋灭。胜国晚年，虽妇人女子，亦知向往东林，究于天下事奚补也?当其时：伟人欲扶世祚，而权不在己；宵人能覆鼎悚，而溺于宴安；扼腕时艰者，徒属之席帽青鞋之士；时露热血者，或反在优伶口技之中。

斯乾坤何等时耶?既无龙门、昌黎之文，以淋漓而发挥之；又无太白、少陵之诗，以长歌而痛哭之。何意六十载后，云亭山人以承平圣裔、京国闲曹，忽然兴会所至，撰出《桃花扇》一书。上不悖于清议之是非，下可以供儿女之笑噱。吁，异乎哉!当日皖城自命以填词擅天下，讵意今人即以其技，还夺其席，而且不能匿其瑕，而且几欲褫其魄哉!虽然，作者上下千古，非不鉴于当日之局，而欲铺东林之馀糟也，亦非有甚慨于青盖黄旗之事，而为“狡童”“黍离”之悲也。徒以署冷官闲，窗明几净，胸有勃勃欲发之文章，而偶然借奇立传云尔。斯时也，适然而有却奁之义姬，适然而有掉舌之二客，适然而事

在兴亡之际，皆所谓奇可以传者也。彼既奔赴于腕下，吾亦发抒其胸中，可以当长歌，可以代痛哭，可以吊零香断粉，可以悲华屋山邱。虽人其人而事其事，若一无所避忌者，然不必目为词史也。

犹记岁在甲戌，先生指署斋所悬唐朝乐器小忽雷，令余谱之。一时刻烛分笺，叠鼓竞吹，觉浩浩落落，如午夜之联诗，而性情加鬯。翌日而歌儿持板待韵，又翌日而旗亭已树赤帜矣。斯剧之作，亦犹是焉。为有所谓乎?无所谓乎?然读至卒章，见“板桥残照”、“杨柳弯腰”之语，虽使柳七复生，犹将下拜；而谓千古以上，千古以下，有不拍案叫绝，慷慨起舞者哉?妙矣至矣!蔑以加矣!若夫夷门复出应试，似未足当高蹈之目；而桃叶却聘一事，仅见之与中丞一书：事有不必尽实录者。作者虽有轩轾之文，余则仍视为太虚浮云、空中楼阁云尔。

梁溪梦鹤居士(顾彩)撰

《桃花扇》小识

传奇者，传其事之奇焉者也。事不奇则不传。《桃花扇》何奇乎？妓女之扇也，荡子之题也，游客之画也，皆事之鄙焉者也；为悦己容，甘剺面以誓志，亦事之细焉者也；伊其相谑，借血点而染花，亦事之轻焉者也；私物表情，密缄寄信，又事之猥亵而不足道者也。《桃花扇》何奇乎？其不奇而奇者，扇面之桃花也；桃花者，美人之血痕也；血痕者，守贞待字，碎首淋漓不肯辱于权奸者也；权奸者，魏阉之馀孽也；馀孽者，进声色，罗货利，结党复仇，隳三百年之帝基者也。帝基不存，权奸安在？惟美人之血痕，扇面之桃花，啧啧在口，历历在目，此则事之不奇而奇，不必传而可传者也。人面耶？桃花耶？虽历千百春，艳红相，问种桃之道士，且不知归何处矣。

康熙戊子三月云亭山人（孔尚任）漫书

《桃花扇》凡例

一、剧名《桃花扇》，则桃花扇譬则珠也，作《桃花扇》之笔譬则龙也。穿云入雾，或正或侧，而龙睛龙爪，总不离乎珠。观者当用巨眼。

一、朝政得失、文人聚散，皆确考时地，全无假借。至于儿女钟情、宾客解嘲，虽稍有点染，亦非乌有子虚之比。

一、排场有起伏转折，俱独辟境界。突如而来，倏然而去，令观者不能预拟其局面。凡局面可拟者，即厌套也。

一、每出脉络联贯，不可更移，不可减少。非如旧剧，东拽西牵，便凑一出。

一、各本填词，每一长折，例用十曲，短折例用八曲。优人删繁就减，只歌五六曲，往往去留弗当，辜作者之苦心。今于长折，止填八曲，短折或六或四，不令再删故也。

一、曲名不取新奇，其套数皆时流谙习者，无烦探讨，入口成歌。而词必新警，不袭人牙后一字。

一、词曲皆非浪填，凡胸中情不可说、眼前景不能见者，则借词曲以咏之。又一事再述，前已有说白者，此则以词曲代之。若应作说白者，但入词曲，听者不解，而前后间断矣。其已有说白者，又奚必重入词曲哉？

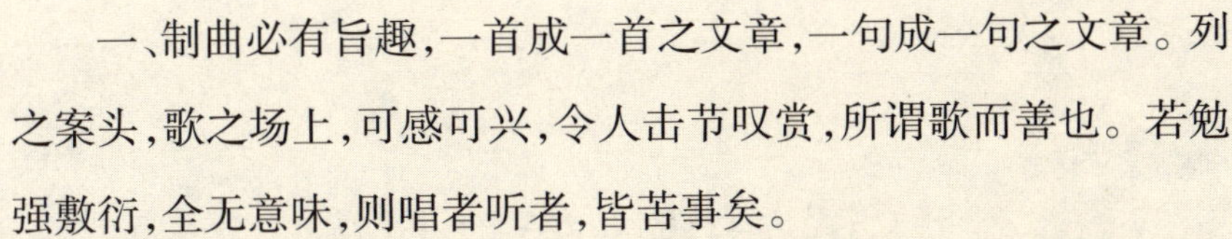

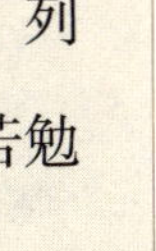

一、制曲必有旨趣，一首成一首之文章，一句成一句之文章。列之案头，歌之场上，可感可兴，令人击节叹赏，所谓歌而善也。若勉强敷衍，全无意味，则唱者听者，皆苦事矣。

一、词曲入宫调，叶平仄，全以词意明亮为主。每见南曲艰涩扭挪，令人不解，虽强合丝竹，止可作工尺字谱，何以谓之填词耶！

一、词中所用典故，信手拈来，不露饾饤堆砌之痕。化腐为新，易板为活。点鬼垛尸，必不取也。

一、说白则抑扬铿锵，语句整练，设科打诨，俱有别趣。宁不通俗，不肯伤雅，颇得风人之旨。

一、旧本说白，止作三分，优人登场，自增七分；俗态恶谑，往往点金成铁，为文笔之累。今说白详备，不容再添一字。篇幅稍长者，职是故耳。

一、设科之嬉笑怒骂，如白描人物，须眉毕现，引人入胜者，全借乎此。今俱细为界出，其面目精神，跳跃纸上，勃勃欲生，况加以优孟摹拟乎！

一、脚色所以分别君子小人，亦有时正色不足，借用丑净者。洁面花面，若人之妍媸然，当赏识于牝牡骊黄之外耳。

一、上下场诗，乃一出之始终条理，倘用旧句、俗句，草草塞责，全出削色矣。时本多尚集唐，亦属滥套。今俱创为新诗，起则有端，收则有绪，著往饰归之义，仿佛可追也。

一、全本四十出。其上本首试一出，末闰一出；下本首加一出，末续一出。又全本四十出之始终条理也。有始有卒，气足神完，且脱去离合悲欢之熟径，谓之戏文，不亦可乎？

云亭山人（孔尚任）偶拈

试一出　先　声

康熙甲子八月

【蝶恋花】〔副末毡巾、道袍、白须上〕古董先生谁似我？非玉非铜，满面包浆裹。剩魄残魂无伴伙，时人指笑何须躲。旧恨填胸一笔抹，遇酒逢歌，随处留皆可。子孝臣忠万事妥，休思更吃人参果。

日丽唐虞世，花开甲子年；山中无寇盗，地上总神仙。老夫原是南京太常寺一个赞礼，爵位不尊，姓名可隐。最喜无祸无灾，活了九十七岁，阅历多少兴亡，又到上元甲子。尧舜临轩，禹皋在位，处处四民安乐，年年五谷丰登。今乃康熙二十三年，见了祥瑞一十二种。〔内问介〕请问那几种祥瑞？〔屈指介〕河出图，洛出书，景星明，庆云现，甘露降，膏雨零，凤凰集，麒麟游，蓂荚发，芝草生，海无波，黄河清。件件俱全，岂不可贺！老夫欣逢盛世，到处遨游。昨在太平园中，看一本新出传奇，名为《桃花扇》，就是明朝末年南京近事。借离合之情，写兴亡之感，实事实人，有凭有据。老夫不但耳闻，皆曾眼见。更可喜把老夫衰态，也拉上了排场，做了一个副末脚色。惹的俺哭一回，笑一回，怒一回，骂一回。那满座宾客，怎晓得我老夫就是戏中之人！〔内〕请问这本好戏，是何人著作？〔答〕列位不知，从来填词名家，不著姓氏。但看他有褒有贬，作《春秋》必赖祖传；可咏可歌，正雅颂岂无庭训！〔内〕这等说来，一定是云亭山人了。〔答〕你道是那个来？〔内〕今日冠裳雅会，就要演这本传奇。你老既系旧人，又且听过新曲，何不把传奇始末，预先铺叙一番，大家洗耳？〔答〕有张道士的“满庭芳”词，歌来请教罢：

【满庭芳】公子侯生，秣陵侨寓，恰偕南国佳人。谗言暗害，鸾凤一宵分。又值天翻地覆，据江淮、藩镇纷纭。立昏主，征歌选舞，党祸起奸臣。　良缘难再续，楼头激烈，狱底沉沦。却赖苏翁柳老，解救殷勤。半夜君逃相走，望烟波、谁吊忠魂？桃花扇，斋坛揉碎，我与指迷津。

〔内〕妙！妙！只是曲调铿锵，一时不能领会，还求总括数句。〔答〕待我说来：

奸马阮中外伏长剑，巧柳苏往来牵密线；

侯公子断除花月缘，张道士归结兴亡案。

道犹未了，那公子早已登场，列位请看。

第一出　听　稗

崇祯癸未二月

【恋芳春】〔生儒扮上〕孙楚楼边，莫愁湖上，又添几树垂杨。偏是江山胜处，酒卖斜阳，勾引游人醉赏，学金粉南朝模样。暗思想，那些莺颠燕狂，关甚兴亡！

〔鹧鸪天〕院静厨寒睡起迟，秣陵人老看花时；城连晓雨枯陵树，江带春潮坏殿基。伤往事，写新词，客愁乡梦乱如丝。不知烟水西村舍，燕子今年宿傍谁？小生姓侯，名方域，表字朝宗，中州归德人也。夷门谱牒，梁苑冠裳。先祖太常，家父司徒，久树东林之帜；选诗云间，征文白下，新登复社之坛。早岁清词，吐出班香宋艳；中年浩气，流成苏海韩潮。人邻耀华之官，偏宜赋酒；家近洛阳之县，不愿栽花。自去年壬午，南闱下第，便侨寓这莫愁湖畔。烽烟未靖，家信难通，不觉又是仲春时候。你看碧草粘天，谁是还乡之伴；黄尘匝地，独为避乱之人。〔叹介〕莫愁！莫愁！教俺怎生不愁也！幸喜社友陈定生、吴次尾，寓在蔡益所书坊，时常往来，颇不寂寞。今日约到冶城道院，同看梅花，须索早去。

【懒画眉】乍暖风烟满江乡，花里行厨携着玉缸；笛声吹乱客中肠，莫过乌衣巷，是别姓人家新画梁。

〔下〕〔末、小生儒扮上〕

【前腔】王气金陵渐凋伤，鼙鼓旌旗何处忙？怕随梅柳渡春江。〔末〕

小生宜兴陈贞慧是也。〔小生〕小生贵池吴应箕是也。〔末问介〕次兄可知流寇消息么？〔小生〕昨见邸抄，流寇连败官兵，渐逼京师。那宁南侯左良玉，还军襄阳。中原无人，大事已不可问，我辈且看春光。**〔合〕无主春飘荡，风雨梨花催晓妆。**

〔生上相见介〕请了，两位社兄，果然早到。〔小生〕岂敢爽约！〔末〕小弟已着人打扫道院，沽酒相待。〔副净扮家僮忙上〕节寒嫌酒冷，花好引人多。禀相公，来迟了，请回罢！〔末〕怎么来迟了？〔副净〕魏府徐公子要请客看花，一座大大道院，早已占满了。〔生〕既是这等，且到秦淮水榭，一访佳丽，倒也有趣！〔小生〕依我说，不必远去，兄可知道泰州柳敬亭，说书最妙，曾见赏于吴桥范大司马、桐城何老相国。闻他在此作寓，何不同往一听，消遣春愁？〔末〕这也好。〔生怒介〕那柳麻子新做了阉儿阮胡子的门客，这样人说书，不听也罢了！〔小生〕兄还不知阮胡子漏网余生，不肯退藏；还在这里蓄养声伎，结纳朝绅。小弟做了一篇留都防乱的揭帖，公讨其罪。那班门客才晓得他是崔魏逆党，不待曲终，拂衣散尽。这柳麻子也在其内，岂不可敬！〔生惊介〕阿呀！竟不知此辈中也有豪杰，该去物色的。〔同行介〕

【前腔】仙院参差弄笙簧，人住深深丹洞旁，闲将双眼阅沧桑。〔副净〕此间是了，待我叫门。〔叫介〕柳麻子在家么？〔末喝介〕[illegible]！他是江湖名士，称他柳相公才是。〔副净又叫介〕柳相公开门。〔丑小帽、海青、白髯，扮柳敬亭上〕**门掩青苔长，话旧樵渔来道房。**

〔见介〕原来是陈、吴二位相公，老汉失迎了！〔问生介〕此位何人？〔末〕这是敝友河南侯朝宗，当今名士，久慕清谈，特来领教。〔丑〕不敢不敢！请坐献茶。〔坐介〕〔丑〕相公都是读书君子，甚么《史记》、《通鉴》，不曾看熟，倒来听老汉的俗谈。〔指介〕你看：

【前腔】废苑枯松靠着颓墙，春雨如丝宫草香，六朝兴废怕思量。鼓板轻轻放，沾泪说书儿女肠。

〔生〕不必过谦，就求赐教。〔丑〕既蒙光降，老汉也不敢推辞；只怕演义盲词，难入尊耳。没奈何，且把相公们读的《论语》说一章罢。〔生〕这也奇了，《论语》如何说的？〔丑笑介〕相公说得，老汉就说不得？今日偏要假斯文，说他一回。〔上坐敲鼓板说书介〕问余何事栖碧山，笑而不答心自闲。桃花流水杳然去，别有天地非人间。〔拍醒木说介〕敢告列位，今日所说不是别的，是申鲁三家欺君之罪，表孔圣人正乐之功。当时鲁道衰微，人心僭窃，我夫子自卫反鲁，然后乐正。那些乐官恍然大悟，愧悔交集，一个个东奔西走，把那权臣势家闹烘烘的戏场，顷刻冰冷。你说圣人的手段利害呀不利害？神妙呀不神妙？〔敲鼓板唱介〕

〔鼓词一〕自古圣人手段能，他会呼风唤雨，撒豆成兵。见一伙乱臣无礼教歌舞，使了个些小方法，弄的他精打精。正排着低品走狗奴才队，都做了高节清风大英雄！

〔拍醒木说介〕那太师名挚，他第一个先适了齐。他为何适齐，听俺道来！〔敲鼓板唱介〕

〔鼓词二〕好一个为头为领的太师挚，他说："咳！俺为甚的替撞三家景阳钟？往常时瞎了眼睛在泥窝里混，到如今抖起身子去个清。大撒脚步正往东北走，合伙了个敬仲老先才显俺的名。管喜的孔子三月忘肉味，景公擦泪侧着耳听；那贼臣就吃了豹子心肝熊的胆，也不敢到姜太公家里去拿乐工。"

〔拍醒木说介〕管亚饭的名干，适了楚；管三饭的名缭，适了蔡；管四饭的名缺，适了秦。这三人为何也去了？听我道来！〔敲鼓板唱介〕

〔鼓词三〕这一班劝膳的乐官不见了领队长，一个个各寻门路奔前程。亚饭说:“乱臣堂上掇着碗,俺倒去吹吹打打伏侍着他听;你看咱长官此去齐邦谁敢去找?我也投那熊绎大王,倚仗他的威风。”三饭说:“河南蔡国虽然小,那堂堂的中原紧靠着京城。”四饭说:“远望西秦有天子气,那强兵营里我去抓响筝。”一齐说:“你每日倚着塞门桩子使唤俺,今以后叫你闻着俺的风声脑子疼。”

〔拍醒木说介〕击鼓的名方叔,入于河;播鞉的名武,入于汉;少师名阳,击磬的名襄,入于海。这四人另有个去法,听俺道来!〔敲鼓板唱介〕

〔鼓词四〕这击磬擂鼓的三四位,他说:“你丢下这乱纷纷的排场俺也干不成。您嫌这里乱鬼当家别处寻主,只怕到那里低三下四还干旧营生。俺们一叶扁舟桃源路,这才是江湖满地,几个渔翁。”

〔拍醒木说介〕这四个人,去的好,去的妙,去的有意思。听他说些甚的?〔敲鼓板唱介〕

〔鼓词五〕他说:“十丈珊瑚映日红,珍珠捧着水晶宫,龙王留俺宫中宴,那金童玉女不比凡同。凤箫象管龙吟细,可教人家吹打着俺们才听。那贼臣就溜着河边来赶俺,这万里烟波路也不明。莫道山高水远无知己,你看海角天涯都有俺旧弟兄。全要打破纸窗看世界,亏了那位神灵提出俺火坑。凭世上沧海变田田变海,俺那老师父只管矇瞪着两眼定六经。”

〔说完起介〕献丑!献丑!〔末〕妙极!妙极!如今应制讲义,那能如此痛快,真绝技也!〔小生〕敬亭才出阮家,不肯别投主人,故此现身说法。〔生〕俺看敬亭人品高绝,胸襟洒脱,是我辈中人,说书乃其余技耳。

【解三醒】〔生、末、小生〕暗红尘霎时雪亮,热春光一阵冰凉,清白人会算糊涂账。〔同笑介〕这笑骂风流跌宕,一声拍板温而厉,三下渔

阳慨以慷!〔丑〕重来访,但是桃花误处,问俺渔郎。

〔生问介〕昨日同出阮衙,是那几位朋友?〔丑〕都已散去,只有善讴的苏昆生,还寓比邻。〔生〕也要奉访,尚望同来赐教。〔丑〕自然奉拜的。

〔丑〕歌声歇处已斜阳,〔末〕剩有残花隔院香。

〔小生〕无数楼台无数草,〔生〕清谈霸业两茫茫。

第二出　传　歌

癸未二月

【秋夜月】〔小旦倩妆扮鸨妓李贞丽上〕深画眉，不把红楼闭；长板桥头垂杨细，丝丝牵惹游人骑。将筝弦紧系，把笙囊巧制。

梨花似雪草如烟，春在秦淮两岸边。一带妆楼临水盖，家家分影照婵娟。妾身姓李，表字贞丽，烟花妙部，风月名班；生长旧院之中，迎送长桥之上，铅华未谢，丰韵犹存。养成一个假女，温柔纤小，才陪玳瑁之筵；宛转娇羞，未入芙蓉之帐。这里有位罢职县令，叫做杨龙友，乃凤阳督抚马士英的妹夫，原做光禄阮大铖的盟弟，常到院中夸俺孩儿，要替他招客梳拢。今日春光明媚，敢待好来也。〔叫介〕丫鬟，卷帘扫地，伺候客来。〔内应介〕晓得！〔末扮杨文骢上〕三山景色供图画，六代风流入品题。下官杨文骢，表字龙友，乙榜县令，罢职闲居。这秦淮名妓李贞丽，是俺旧好，趁此春光，访他闲话。来此已是，不免竟入。〔入介〕贞娘那里？〔见介〕好呀！你看梅钱已落，柳线才黄，软软浓浓，一院春色，叫俺如何消遣也。〔小旦〕正是。请到小楼焚香煮茗，赏鉴诗篇罢。〔末〕极妙了。〔登楼介〕帘纹笼架鸟，花影护盆鱼。〔看介〕这是令爱妆楼，他往那里去了？〔小旦〕晓妆未竟，尚在卧房。〔末〕请他出来。〔小旦唤介〕孩儿出来，杨老爷在此。〔末看四壁上诗篇介〕都是些名公题赠，却也难得。〔背手吟哦介〕

【前腔】〔旦艳妆上〕香梦回,才褪红鸳被。重点檀唇胭脂腻,匆匆挽个抛家髻。这春愁怎替,那新词且记。

〔见介〕老爷万福!〔末〕几日不见,益发标致了。这些诗篇赞的不差。〔又看惊介〕呀呀!张天如、夏彝仲这班大名公,都有题赠,下官也少不的和韵一首。〔小旦送笔砚介〕〔末把笔久吟介〕做他不过,索性藏拙,聊写墨兰数笔,点缀素壁罢。〔小旦〕更妙。〔末看壁介〕这是蓝田叔画的拳石。呀!就写兰于石旁,借他的衬贴也好。〔画介〕

【梧桐树】绫纹素壁辉,写出骚人致。嫩叶香苞,雨困烟痕醉。一拳宣石墨花碎,几点苍苔乱染砌。〔远看介〕也还将就得去;怎比元人潇洒墨兰意,名姬恰好湘兰佩。

〔小旦〕真真名笔,替俺妆楼生色多矣。〔末〕见笑。〔向旦介〕请教尊号,就此落款。〔旦〕年幼无号。〔小旦〕就求老爷赏他二字罢。〔末思介〕《左传》云:"兰有国香,人服媚之。"就叫他香君何如?〔小旦〕甚妙!香君过来谢了。〔旦拜介〕多谢老爷。〔末笑介〕连楼名都有了。〔落款介〕崇祯癸未仲春,偶写墨兰于媚香楼,博香君一笑。贵筑杨文骢。〔小旦〕写画俱佳,可称双绝。多谢了!〔俱坐介〕〔末〕我看香君国色第一,只不知技艺若何?〔小旦〕一向娇养惯了,不曾学习。前日才请一位清客,传他词曲。〔末〕是那个?〔小旦〕就叫甚么苏昆生。〔末〕苏昆生,本姓周,是河南人,寄居无锡。一向相熟的,果然是个名手。〔问介〕传的那套词曲?〔小旦〕就是玉茗堂四梦。〔末〕学会多少了?〔小旦〕才将《牡丹亭》学了半本。〔唤介〕孩儿,杨老爷不是外人,取出曲本快快温习。待你师父对过,好上新腔。〔旦皱眉介〕有客在坐,只是学歌怎的。〔小旦〕好傻话,我们门户人家,舞袖歌裙,吃饭庄屯。你不肯学歌,闲着做甚。〔旦看曲本介〕

【前腔】〔小旦〕生来粉黛围,跳入莺花队,一串歌喉,是俺金钱地。莫将红豆轻抛弃，学就晓风残月坠；缓拍红牙，夺了宜春翠，门前系住王孙辔。

〔净扁巾、褶子，扮苏昆生上〕闲来翠馆调鹦鹉，懒去朱门看牡丹。在下固始苏昆生是也，自出阮衙，便投妓院，做这美人的教习，不强似做那义子的帮闲么。〔竟入见介〕杨老爷在此，久违了。〔末〕昆老恭喜，收了一个绝代的门生。〔小旦〕苏师父来了，孩儿见礼。〔旦拜介〕〔净〕免劳罢。〔问介〕昨日学的曲子，可曾记熟了？〔旦〕记熟了。〔净〕趁着杨老爷在坐，随我对来，好求指示。〔末〕正要领教。〔净、旦对坐唱介〕

【皂罗袍】原来姹紫嫣红开遍，似这般都付与断井颓垣。良辰美景奈何天，〔净〕错了错了，美字一板，奈字一板，不可连下去。另来另来！良辰美景奈何天，赏心乐事谁家院。朝飞暮卷，云霞翠轩；雨丝风片，〔净〕又不是了，丝字是务头，要在嗓子内唱。雨丝风片，烟波画船，锦屏人忒看得这韶光贱。〔净〕妙妙！是的狠了，往下来。

【好姐姐】遍青山啼红了杜鹃，荼蘼外烟丝醉软。牡丹虽好，他春归怎占得先。〔净〕这句略生些，再来一遍。牡丹虽好，他春归怎占得先。闲凝眄，生生燕语明如剪，呖呖莺声溜的圆。

〔净〕好好！又完一折了。〔末对小旦介〕可喜令爱聪明的紧，不愁不是一个名妓哩。〔向净介〕昨日会着侯司徒的公子侯朝宗，客囊颇富，又有才名，正在这里物色名姝。昆老知道么？〔净〕他是敝乡世家，果然大才。〔末〕这段姻缘，不可错过的。

【琐窗寒】破瓜碧玉佳期，唱娇歌，细马骑。缠头掷锦，携手倾杯；催妆艳句，迎婚油壁。配他公子千金体，年年不放阮郎归，买宅桃叶春水。

〔小旦〕这样公子肯来梳栊，好的紧了。只求杨老爷极力帮衬，成此好事。〔末〕自然在心的。

【尾声】〔小旦〕掌中女好珠难比，学得新莺恰恰啼，春锁重门人未知。

如此春光，不可虚度，我们楼下小酌罢。〔末〕有趣。〔同行介〕

〔末〕苏小帘前花满畦，〔小旦〕莺酣燕懒隔春堤。

〔旦〕红绡裹下樱桃颗，〔净〕好待潘车过巷西。

第三出　哄　丁

癸未三月

〔副净、丑扮二坛户上〕〔副净〕俎豆传家铺排户，〔丑〕祖父。〔副净〕各坛祭器有号簿，〔丑〕查数。〔副净〕塑望开门点蜡炬，〔丑〕扫路。〔副净〕跪迎祭酒早进署，〔丑〕休误。怎么只说这样没体面的话。〔副净〕你会说，让你说来。〔丑〕四季关粮进户部，〔副净〕夸富。〔丑〕红墙绿瓦阖家住，〔副净〕娶妇。〔丑〕干柴只靠一把锯，〔副净〕偷树。〔丑〕一年到头不吃素，〔副净〕腌胙。〔丑〕啐！你接得不好，到底露出脚色来。〔同笑介〕咱们南京国子监铺排户，苦熬六个月，今日又是仲春丁期。太常寺早已送到祭品，待俺摆设起来。〔排桌介〕〔副净〕栗、枣、芡、菱、榛。〔丑〕牛、羊、猪、兔、鹿。〔副净〕鱼、芹、菁、笋、韭。〔丑〕盐、酒、香、帛、烛。〔副净〕一件也不少，仔细看着，不要叫赞礼们偷吃，寻我们的晦气呀。〔副末扮老赞礼暗上〕啐！你坛户不偷就够了，倒赖我们。〔副净拱介〕得罪得罪！我说的是那没体面的相公们，老先生是正人君子，岂有偷嘴之理。〔副末〕闲话少说，天已发亮，是时候了，各处快点香烛。〔丑〕是。〔同混下〕

【粉蝶儿】〔外冠带执笏，扮祭酒上〕**松柏笼烟，两阶蜡红初剪。排笙歌，堂上宫悬。捧爵帛，供牲醴，香芹早荐。**〔末冠带执笏，扮司业上〕**列班联，敬陪南雍释奠。**

〔外〕下官南京国子监祭酒是也。〔末〕下官司业是也。今值文庙

丁期，礼当释奠。〔分立介〕

【四园春】〔小生衣巾，扮吴应箕上〕楹鼓逢逢将曙天，诸生接武杏坛前。〔杂扮监生四人上〕济济礼乐绕三千，万仞门墙瞻圣贤。〔副净满髯冠带，扮阮大铖上〕净洗含羞面，混入几筵边。

〔小生〕小生吴应箕，约同杨维斗、刘伯宗、沈昆铜、沈眉生众社兄，同来与祭。〔杂四人〕次尾社兄到的久了，大家依次排起班来。〔副净掩面介〕下官阮大铖，闲住南京，来观盛典。〔立前列介〕〔副末上，唱礼介〕排班，班齐。鞠躬，俯伏、兴，伏俯、兴，俯伏、兴，伏俯、兴。〔众依礼各四拜介〕

【泣颜回】〔合〕百尺翠云巅，仰见宸题金匾，素王端拱，颜曾四座冠冕。迎神乐奏，拜彤墀齐把袍笏展。读诗书不愧胶庠，畏先圣洋洋灵显。

〔拜完立介〕〔唱礼介〕焚帛，礼毕。〔众相见揖介〕

【前腔】〔外、末〕北面并臣肩，共事春丁荣典；趋跄环佩，鹓班鹭序旋转。〔小生等〕司笾执豆，鲁诸生尽是瑚琏选。〔副净〕喜留都、散职逍遥，叹投闲、名流谪贬。

〔外、末下〕〔副净拱介〕〔小生惊看，问介〕你是阮胡子，如何也来与祭？唐突先师，玷辱斯文。〔喝介〕快快出去！〔副净气介〕我乃堂堂进士，表表名家，有何罪过，不容与祭？〔小生〕你的罪过，朝野俱知，蒙面丧心，还敢入庙。难道前日防乱揭帖，不曾说着你病根么！〔副净〕我正为暴白心迹，故来与祭。〔小生〕你的心迹，待我替你说来：

【千秋岁】魏家干，又是客家干，一处处儿字难免。同气崔田，同气崔田，热兄弟粪争尝，痈同吮。东林里丢飞箭，西厂里牵长线，怎掩旁人眼。〔合〕笑冰山消化，铁柱翻掀。

〔副净〕诸兄不谅苦衷，横加辱骂，那知俺阮圆海原是赵忠毅先生的门人。魏党暴横之时，我丁艰未起，何曾伤害一人，这些话都从何处说起。

【前腔】飞霜冤，不比黑盆冤，一件件风影敷衍。初识忠贤，初识忠贤，救周魏，把好身名，甘心贬。前辈康对山，为救李空同，曾入刘瑾之门。我前日屈节，也只为着东林诸君子，怎么倒责起我来？春灯谜谁不见，十错认无人辩，个个将咱谴。〔指介〕恨轻薄新进，也放屁狂言！

〔小生〕好骂好骂！〔众〕你这等人，敢在文庙之中公然骂人，真是反了。〔副末亦喊介〕反了反了！让我老赞礼，打这个奸党。〔打介〕〔小生〕掌他的嘴，挦他的毛。〔众乱采须，指骂介〕

【越恁好】阉儿珰子，阉儿珰子，那许你拜文宣。辱人贱行，玷庠序，愧班联。急将吾党鸣鼓传，攻之必远；屏荒服不与同州县，投豺虎只当闲猪犬。

〔副净〕好打好打！〔指副末介〕连你这老赞礼，都打起我来了。〔副末〕我这老赞礼，才打你个知和而和的。〔副净看须介〕把胡须都采落了，如何见人，可恼之极！〔急跑介〕

【红绣鞋】难当鸡肋拳揸，拳揸。无端臂折腰攧，腰攧。忙躲去，莫流连。〔下〕〔小生〕〔众〕分邪正，辨奸贤，党人逆案铁同坚。

【尾声】当年势焰掀天转，今日奔逃亦可怜。儒冠打扁，归家应自焚笔砚。

〔小生〕今日此举，替东林雪愤，为南监生光，好不爽快。以后大家努力，莫容此辈再出头来。〔众〕是是！

〔众〕堂堂义举圣门前，〔小生〕黑白须争一着先，

〔众〕只恐输赢无定局，〔小生〕治由人事乱由天。

第四出 侦 戏

癸未三月

【双劝酒】〔副净扮阮大铖忧容上〕前局尽翻，旧人皆散，飘零鬓斑，牢骚歌懒。又遭时流欺谩，怎能得高卧加餐。

下官阮大铖，别号圆海。词章才子，科第名家，正做着光禄吟诗，恰合着步兵爱酒。黄金肝胆，指顾中原；白雪声名，驱驰上国。可恨身家念重，势利情多，偶投客、魏之门，便入儿孙之列。那时权飞烈焰，用着他当道豺狼；今日势败寒灰，剩了俺枯林鸮鸟。人人唾骂，处处击攻。细想起来，俺阮大铖也是读破万卷之人，什么忠佞贤奸，不能辨别？彼时既无失心之疯，又非汗邪之病，怎的主意一错，竟做了一个魏党？〔跌足介〕才题旧事，愧悔交加。罢了罢了！幸这京城宽广，容的杂人，新在这裤子裆里买了一所大宅，巧盖园亭，精教歌舞。但有当事朝绅肯来纳交的，不惜物力，加倍趋迎。倘遇正人君子，怜而收之，也还不失为改过之鬼。〔悄语介〕若是天道好还，死灰有复燃之日，我阮胡子呵，也顾不得名节，索性要倒行逆施了。这都不在话下。昨日文庙丁祭，受了复社少年一场痛辱，虽是他们孟浪，也是我自己多事。但不知有何法儿，可以结识这般轻薄。〔搔首寻思介〕

【步步娇】小子翩翩皆狂简，结党欺名宦，风波动几番。捋落吟须，捶折书腕。无计雪深怨，叫俺闭户空羞赧。

〔丑扮家人持帖上〕地僻疏冠盖，门深隔燕莺。禀老爷，有帖借戏。〔副净看帖介〕通家教弟陈贞慧拜。〔惊介〕呵呀！这是宜兴陈定生，声名赫赫，是个了不得的公子，他怎肯向我借戏？〔问介〕那来人如何说来？〔丑〕来人说，还有两位公子，叫什么方密之、冒辟疆，都在鸡鸣埭上吃酒，要看老爷新编的《燕子笺》，特来相借。〔副净吩咐介〕速速上楼，发出那一副上好行头；吩咐班里人梳头洗脸，随箱快走。你也拿帖跟去，俱要仔细着。〔丑应下〕〔杂抬箱，众戏子绕场下〕〔副净唤丑介〕转来。〔悄语介〕你到他席上，听他看戏之时议论什么，速来报我。〔丑〕是。〔下〕〔副净笑介〕哈哈！竟不知他们目中还有下官，有趣有趣！且坐书斋，静听回话。〔虚下〕〔末巾服扮杨文骢上〕周郎扇底听新曲，米老船中访故人。下官杨文骢，与圆海笔砚至交，彼之曲词，我之书画，两家绝技，一代传人。今日无事，来听他燕子新词，不免竟入。〔进介〕这是石巢园，你看山石花木，位置不俗，一定是华亭张南垣的手笔了。〔指介〕

【风入松】花林疏落石斑斓，收入倪黄画眼。〔仰看，读介〕“咏怀堂，孟津王铎书。”〔赞介〕写的有力量。〔下看介〕一片红毹铺地，此乃顾曲之所。**草堂图里乌巾岸，好指点银筝红板。**〔指介〕那边是百花深处了。**为甚的萧条闭关，敢是新词改，旧稿删。**

〔立听介〕隐隐有吟哦之声，圆老在内读书。〔呼介〕圆兄，略歇一歇，性命要紧呀！〔副净出见，大笑介〕我道是谁，原来是龙友。请坐！请坐！〔坐介〕〔末〕如此春光，为何闭户。〔副净〕只因传奇四种，目下发刻，恐有错字，在此对阅。〔末〕正是，闻得《燕子笺》已授梨园，特来领略。〔副净〕恰好今日全班不在。〔末〕那里去了？〔副净〕有几位公子借去游山。〔末〕且把钞本赐教，权当《汉书》下酒罢。〔副净唤介〕叫家僮安排酒酌，我要和杨老爷在此小饮。〔内〕晓得。〔杂

上排酒果介]〔末、副净同饮,看书介]

【前腔】〔末]新词细写乌丝阑,都是金淘沙拣。簪花美女心情慢,又逗出烟慵云懒。看到此处,令人一往情深。这燕子衔春未残,怕的杨花白,人鬓斑。

〔副净]芜词俚曲,见笑大方。〔让介]请干一杯。〔同饮介]〔丑急上]传将随口话,报与有心人。禀老爷,小人到鸡鸣埭上,看着酒斟十巡,戏演三折,忙来回话。〔副净]那公子们怎么样来?〔丑]那公子们看老爷新戏,大加称赞。

【急三枪】点头听,击节赏,停杯看。〔副净喜介]妙妙!他竟知道赏鉴哩。〔问介]可曾说些什么?〔丑]他说真才子,笔不凡。〔副净惊介]阿呀呀!这样倾倒,却也难得。〔问介]再说什么来?〔丑]论文采,天仙吏,谪人间。好教执牛耳,主骚坛。

〔副净佯恐介]太过誉了,叫我难当,越往后看,还不知怎么样哩。〔吩咐介]再去打听,速来回话。〔丑急下]〔副净大笑介]不料这班公子,倒是知己。〔让介]请干一杯。

〔风入松]俺呵!南朝看足古江山,翻阅风流旧案,花楼雨榭灯窗晚,呕吐了心血无限。每日价琴对墙弹,知音赏,这一番。

〔末]请问借戏的是那班公子?〔副净]宜兴陈定生、桐城方密之、如皋冒辟疆,都是了不得学问,他竟服了小弟。〔末]他们是不轻许可人的,这本《燕子笺》词曲原好,有什么说处。〔丑急上]去如走兔,来似飞鸟。禀老爷,小的又到鸡鸣埭,看着戏演半本,酒席将完,忙来回话。〔副净]那公子又讲些什么?〔丑]他说老爷呵!

【急三枪】是南国秀,东林彦,玉堂班。〔副净佯惊介]句句是赞俺,益发惶恐。〔问介)还说些什么?〔丑]他说为何投崔、魏,自摧残。〔副净皱眉,拍案恼介]只有这点点不才,如今也不必说了。〔问介]还讲些什么？〔丑〕话多着哩，小人也不敢说了。〔副净〕但说无妨。〔丑〕他说老爷呼亲父，称干子，忝羞颜，也不过仗人势，狗一般。

〔副净怒介〕阿呀呀！了不得，竟骂起来了。气死我也！

【风入松】平章风月有何关，助你看花对盏，新声一部空劳赞。不把俺心情剖辩，偏加些恶谑毒讪，这欺侮受应难。

〔末〕请问这是为何骂起。〔副净〕连小弟也不解，前日好好拜庙，受了五个秀才一顿狠打。今日好好借戏，又受这三个公子一顿狠骂。此后若不设个法子，如何出门。〔愁介〕〔末〕长兄不必吃恼，小弟倒有个法儿，未知肯依否？〔副净喜介〕这等绝妙了，怎肯不依。〔末〕兄可知道，吴次尾是秀才领袖，陈定生是公子班头，两将罢兵，千军解甲矣。〔副净拍案介〕是呀！〔问介〕但不知谁可解劝？〔末〕别个没用，只有河南侯朝宗，与两君文酒至交，言无不听。昨闻侯生闲居无聊，欲寻一秦淮佳丽。小弟已替他物色一人，名唤香君，色艺皆精，料中其意。长兄肯为出梳栊之资，结其欢心，然后托他两处分解，包管一举双擒。〔副净拍手，笑介〕妙妙！好个计策。〔想介〕这侯朝宗原是敝年侄，应该料理的。〔问介〕但不知应用若干。〔末〕妆奁酒席，约费二百余金，也就丰盛了。〔副净〕这不难，就送三百金到尊府，凭君区处便了。〔末〕那消许多。

〔末〕白门弱柳许谁攀，〔副净〕文酒笙歌俱等闲。

〔末〕惟有美人称妙计，〔副净〕凭君买黛画春山。

第五出　访　翠

癸未三月

【缑山月】〔生丽服上〕金粉未消亡，闻得六朝香，满天涯烟草断人肠。怕催花信紧，风风雨雨，误了春光。

小生侯方域，书剑飘零，归家无日。对三月艳阳之节，住六朝佳丽之场，虽是客况不堪，却也春情难按。昨日会着杨龙友，盛夸李香君妙龄绝色，平康第一。现在苏昆生教他吹歌，也来劝俺梳栊；争奈萧索奚囊，难成好事。今日清明佳节，独坐无聊，不免借步踏青，竟到旧院一访，有何不可。〔行介〕

【锦缠道】望平康，凤城东、千门绿杨。一路紫丝缰，引游郎，谁家乳燕双双。〔丑扮柳敬亭上〕黄莺惊晓梦，白发动春愁。〔唤介〕侯相公何处闲游？〔生回头见介〕原来是敬亭，来的好也。俺去城东踏青，正苦无伴哩。〔丑〕老汉无事，便好奉陪。〔同行介〕〔丑指介〕那是秦淮水榭。〔生〕隔春波，碧烟染窗；倚晴天，红杏窥墙。〔丑指介〕这是长桥，我们慢慢的走。〔生〕一带板桥长，闲指点茶寮酒舫。〔丑〕不觉来到旧院了。〔生〕听声声卖花忙，穿过了条条深巷。〔丑指介〕这一条巷里，都是有名姊妹家。〔生〕果然不同，你看黑漆双门之上，插一枝带露柳娇黄。

〔丑指介〕这个高门儿，便是李贞丽家。〔生〕我问你，李香君住在那个门里？〔丑〕香君就是贞丽的女儿。〔生〕妙妙！俺正要访他，恰好到此。〔丑〕待我敲门。〔敲介〕〔内问介〕那个？〔丑〕常来走动的老柳，陪着贵客来拜。〔内〕贞娘、香姐，都不在家。〔丑〕那里去了？〔内〕在卞姨娘家做盒子会哩。〔丑〕正是，我竟忘了，今日是盛会。〔生〕为何今日做会？〔丑拍腿介〕老腿走乏了，且在这石磴上略歇一歇，从容告你。〔同坐介〕〔丑〕相公不知，这院中名妓结为手帕姊妹，就像香火兄弟一般，每遇时节，便做盛会。

【朱奴剔银灯】结罗帕，烟花雁行；逢令节，齐门新妆。〔生〕是了，今日清明佳节，故此皆去赴会，但不知怎么叫做盒子会。〔丑〕赴会之日，各携一副盒儿，都是鲜物异品，**有海错、江瑶、玉液浆。**〔生〕会期做些甚么？〔丑〕大家比较技艺，**拨琴阮，笙箫嘹亮。**〔生〕这样有趣，也许子弟入会么？〔丑摇手介〕不许不许！最怕的是子弟混闹，深深锁住楼门，只许楼下赏鉴。〔生〕赏鉴中意的如何会面？〔丑〕若中了意，便把物事抛上楼头，他楼上也便抛下果子来。**相当，竟飞来捧觞，密约在芙蓉锦帐。**

〔生〕既然如此，小生也好走走了。〔丑〕走走何妨。〔生〕只不知卞家住在那厢？〔丑〕住在暖翠楼，离此不远，即便同行。〔行介〕〔生〕扫墓家家柳。〔丑〕吹饧处处箫。〔生〕莺花三里巷。〔丑〕烟水两条桥。〔指介〕此间便是，相公请进。〔同入介〕〔末扮杨文骢、净扮苏昆生迎上〕〔末〕闲陪簇簇莺花队，〔净〕同望迢迢粉黛围。〔见介〕〔末〕侯世兄怎肯到此，难得难得！〔生〕闻杨兄今日去看阮胡子，不想这里遇着。〔净〕特为侯相公喜事而来。〔丑〕请坐。〔俱坐〕〔生望介〕好个暖翠楼！

【雁过声】端详，窗明院敞，早来到温柔睡乡。〔问介〕李香君为何不见？〔末〕现在楼头。〔净指介〕你看，楼头奏技了。〔内吹笙、笛介〕〔生听介〕**鸾笙凤管云中响，**〔内弹琵琶、筝介〕〔生听介〕**弦悠扬，**〔内打

云锣介〕〔生听介〕玉玎珰，一声声乱我柔肠。〔内吹箫介〕〔生听介〕翱翔双凤凰。〔大叫介〕这几声箫，吹的我消魂，小生忍不住要打采了。〔取扇坠抛上楼介〕海南异品风飘荡，要打着美人心上痒！

〔内将白汗巾包樱桃抛下介〕〔丑〕有趣有趣！掷下果子来了。〔净解汗巾，倾樱桃盘内介〕好奇怪，如今竟有樱桃了。〔生〕不知是那个掷来的，若是香君，岂不可喜。〔末取汗巾看介〕看这一条冰绡汗巾，有九分是他了。〔小旦扮李贞丽捧茶壶，领香君捧花瓶上〕〔小旦〕香草偏随蝴蝶扇，美人又下凤凰台。〔净惊指介〕都看天人下界了。〔丑合掌介〕阿弥陀佛。〔众起介〕〔末拉生介〕世兄认认，这是贞丽，这是香君。〔生见小旦介〕小生河南侯朝宗，一向渴慕，今才遂愿。〕〔见旦介〕果然妙龄绝色，龙老赏鉴，真是法眼。〔坐介〕〔小旦〕虎邱新茶，泡来奉敬。〔斟茶〕〔众饮介〕〔旦〕绿杨红杏，点缀新节。〔众赞介〕有趣有趣！煮茗看花，可称雅集矣。〔末〕如此雅集，不可无酒。〔小旦〕酒已备下，玉京主会，不得下楼奉陪，贱妾代东罢。〔唤介〕保儿烫酒来！〔杂提酒上〕〔小旦〕何不行个令儿，大家欢饮？〔丑〕敬候主人发挥。〔小旦〕怎敢僭越。〔净〕这是院中旧例。〔小旦取骰盆介〕得罪了。〔唤介〕香君把盏，待我掷色奉敬。〔众〕遵令。〔小旦宣令介〕酒要依次流饮，每一杯干，各献所长，便是酒底。么为樱桃，二为茶，三为柳，四为杏花，五为香扇坠，六为冰绡汗巾。〔唤介〕香君敬侯相公酒。〔旦斟生饮介〕〔小旦掷色介〕是香扇坠。〔让介〕侯相公速干此杯，请说酒底。〔生告干介〕小生做首诗罢。〔吟介〕南国佳人佩，休教袖里藏；随郎团扇影，摇动一身香。〔末〕好诗！好诗！〔丑〕好个香扇坠，只怕摇摆坏了。〔小旦〕该奉杨老爷酒了。〔旦斟末饮介〕〔小旦掷介〕是冰绡汗巾。〔末〕我也做诗了。〔小旦〕不许雷同。〔末〕也罢，下官做个破承题罢。〔念介〕睹拭汗之物，而春色撩人矣。

夫汗之沾巾，必由于春之生面也。伊何人之面，而以冰绡拭之？红素相著之际，不亦深可爱也耶！〔生〕绝妙佳章。〔丑〕这样好文采，还该中两榜才是。〔旦斟丑酒介〕柳师父请酒。〔小旦掷色介〕是茶。〔丑饮酒介〕我道恁薄。〔小旦笑介〕非也，你的酒底是茶。〔丑〕待我说个张三郎吃茶罢。〔小旦〕说书太长，说个笑话更好。〔丑〕就说笑话。〔说介〕苏东坡同黄山谷访佛印禅师，东坡送了一把定瓷壶，山谷进了一斤阳羡茶。三人松下品茶，佛印说："黄秀才茶癖天下闻名，但不知苏胡子的茶量何如。今日何不斗一斗，分个谁大谁小。"东坡说："如何斗来？"佛印说："你问一机锋，叫黄秀才答。他若答不来，吃你一棒，我便记一笔：胡子打了秀才了。你若答不来，也吃黄秀才一棒，我便记一笔：秀才打了胡子了。末后总算，打一下吃一碗。"东坡说："就依你说。"东坡先问："没鼻针如何穿线？"山谷答："把针尖磨去。"佛印说："答的好。"山谷问："没把葫芦怎生拿？"东坡答："抛在水中。"佛印说："答的也不错。"东坡又问："虱在裤中，有见无见？"山谷未及答，东坡持棒就打。山谷正拿壶子斟茶，失手落地，打个粉碎。东坡大叫道："和尚记着，胡子打了秀才了。"佛印笑道："你听哄啷一声，胡子没打着秀才，秀才倒打了壶子了。"〔众笑介〕〔丑〕众位休笑，秀才利害多着哩。〔弹壶介〕这样硬壶子都打坏，何况软壶子。〔生〕敬老妙人，随口诙谐，都是机锋。〔小旦〕香君，敬你师父。〔旦斟净饮介〕〔小旦掷介〕是杏花。〔净唱介〕"晚妆楼上杏花残，犹自怯衣单。"〔旦向小旦介〕孩儿敬妈妈酒了。〔小旦饮干，掷介〕是樱桃。〔净〕让我代唱罢。〔唱介〕"樱桃红绽，玉粳白露，半晌恰方言。"〔丑〕昆生该罚了，唱的唇上樱桃，不是盘中樱桃。〔净〕领罚。〔自斟饮介〕〔小旦〕香君该自斟自饮了。〔生〕待小生奉敬。〔生斟旦饮介〕〔小旦掷介〕不消猜，是柳了，香君唱来。〔旦羞介〕〔小旦〕孩儿腼腆，

请个代笔相公罢。〔掷介〕三点，是柳师父。〔净〕好好！今日是他当值之日。〔丑〕我老汉姓柳，飘零半世，最怕的是"柳"字。今日清明佳节，偏把个柳圈儿套住我老狗头。〔众大笑介〕〔净〕算了你的笑话罢。〔生〕酒已有了，大家别过。〔丑〕才子佳人，难得聚会。〔拉生、旦介〕你们一对儿，吃个交心酒何如。〔旦羞，遮袖下〕〔净〕香君面嫩，当面不好讲得；前日所订梳栊之事，相公意下允否？〔生笑介〕秀才中状元，有甚么不肯处。〔小旦〕既蒙不弃，择定吉期，贱妾就要奉攀了。〔末〕这三月十五日，花月良辰，便好成亲。〔生〕只是一件，客囊羞涩，恐难备礼。〔末〕这不须愁，妆奁酒席，待小弟备来。〔生〕怎好相累。〔末〕当得效力。〔生〕多谢了。

【小桃红】误走到巫峰上，添了些行云想，匆匆忘却仙模样。春宵花月休成谎，良缘到手难推让，准备着身赴高唐。

〔作辞介〕〔小旦〕也不再留了。择定十五日，请下清客，邀下姊妹，奏乐迎亲罢。〔小旦下〕〔丑向净介〕阿呀！忘了，忘了，咱两个不得奉陪了。〔末〕为何？〔净〕黄将军船泊水西门，也是十五日祭旗，约下我们吃酒的。〔生〕这等怎处？〔末〕还有丁继之、沈公宪、张燕筑，都是大清客，借重他们陪陪罢。

〔净〕**暖翠楼前粉黛香，**〔末〕**六朝风致说平康；**

〔丑〕**踏青归去春犹浅，**〔生〕**明日重来花满床。**

第六出　眠　香

癸未三月

【临江仙】〔小旦艳妆上〕**短短春衫双卷袖，调筝花里迷楼。今朝全把绣帘钩，不教金线柳，遮断木兰舟。**

妾身李贞丽，只因孩儿香君，年及破瓜，梳栊无人，日夜放心不下。幸亏杨龙友，替俺招了一位世家公子，就是前日饮酒的侯朝宗，家道才名，皆称第一。今乃上头吉日，大排筵席，广列笙歌，清客俱到，姊妹全来，好不费事。〔唤介〕保儿那里？〔杂扮保儿搧扇慢上〕席前搀趣话，花里听情声。妈妈唤保儿那处送衾枕么？〔小旦怒介〕啐！今日香姐上头，贵人将到，你还做梦哩。快快卷帘扫地，安排桌椅。〔杂〕是了。〔小旦指点排席介〕

【一枝花】〔末新服上〕**园桃红似绣，艳覆文君酒，屏开金孔雀，围春昼。涤了金瓯，点着喷香兽。这当垆红袖，谁最温柔，拉与相如消受。**

下官杨文骢，受圆海嘱托，来送梳栊之物。〔唤介〕贞娘那里？〔小旦见介〕多谢作伐，喜筵俱已齐备。〔问介〕怎么官人还不见到？〔末〕想必就来。〔笑介〕下官备有箱笼数件，为香君助妆，教人搬来。〔杂抬箱笼、首饰、衣物上〕〔末吩咐介〕抬入洞房，铺陈齐整着！〔杂应下〕〔小旦喜谢介〕如何这般破费，多谢老爷！〔末袖出银介〕还有备席银三十两，交与厨房；一应酒肴，俱要丰盛。〔小旦〕益发当不起了。〔唤介〕香君快来！〔旦盛妆上〕〔小旦〕杨老爷赏了许多东西，上

前拜谢。〔旦拜谢介〕〔末〕些须薄意，何敢当谢。请回，请回。〔旦即入介〕〔杂急上报介〕新官人到门了。〔生盛服从人上〕虽非科第天边客，也是嫦娥月里人。〔末、小旦迎见介〕〔末〕恭喜世兄，得了平康佳丽。小弟无以为敬，草办妆奁，粗陈筵席，聊助一宵之乐。〔生揖介〕过承周旋，何以克当！〔小旦〕请坐，献茶。〔俱坐〕〔杂捧茶上，饮介〕〔末〕一应喜筵，安排齐备了么？〔小旦〕托赖老爷，件件完全。〔末向生拱介〕今日吉席，小弟不敢搀越，竟此告别，明日早来道喜罢。〔生〕同坐何妨。〔末〕不便，不便。〔别下〕〔杂〕请新官人更衣。〔生更衣介〕〔小旦〕妾身不得奉陪，替官人打扮新妇，撺掇喜酒罢。〔别下〕〔副净、外、净扮三清客上〕一生花月张三影，五字宫商李二红。〔副净〕在下丁继之。〔外〕在下沈公宪。〔净〕在下张燕筑。〔副净〕今日吃侯公子喜酒，只得早到。〔净〕不知请那几位贤歌来陪俺哩。〔外〕说是旧院几个老在行。〔净〕这等都是我梳栊的了。〔副净〕你有多大家私，梳栊许多。〔净〕各人有帮手，你看今日侯公子，何曾费了分文。〔外〕不要多话，侯公子堂上更衣，大家前去作揖。〔众与生揖介〕〔众〕恭喜！恭喜！〔生〕今日借光。〔小旦、老旦、丑扮三妓女上〕情如芳草连天醉，身似杨花尽日忙。〔见介〕〔净〕唤的那一部歌妓，都报名来。〔丑〕你是教坊司么，叫俺报名。〔生笑介〕正要请教大号。〔老旦〕贱妾卞玉京。〔生〕果然玉京仙子。〔小旦〕贱妾寇白门。〔生〕果然白门柳色。〔丑〕奴家郑妥娘。〔生沈吟介〕果然妥当不过。〔净〕不妥！不妥！〔外〕怎么不妥？〔净〕好偷汉子。〔丑〕呸！我不偷汉，你如何吃得恁胖。〔众诨笑介〕〔老旦〕官人在此，快请香君出来罢。〔小旦、丑扶香君上〕〔外〕我们做乐迎接。〔副净、净、外吹打十番介〕〔生、旦见介〕〔丑〕俺院中规矩，不兴拜堂，就吃喜酒罢。〔生、旦上坐〕〔副净、外、净坐左边介〕〔小旦、老旦、丑坐右边介〕〔杂执壶上〕

〔左边奉酒，右边吹弹介〕

【梁州序】〔生〕齐梁词赋，陈隋花柳，日日芳情迤逗。青衫偎倚，今番小杜扬州。寻思描黛，指点吹萧，从此春入手。秀才渴病急须救，偏是斜阳迟下楼，刚饮得一杯酒。

〔右边奉酒，左边吹弹介〕

【前腔】〔旦〕楼台花颤，帘栊风抖，倚着雄姿英秀。春情无限，金钗肯与梳头。闲花添艳，野草生香，消得夫人做。今宵灯影纱红透，见惯司空也应羞，破题儿真难就。

〔副净〕你看红日衔山，乌鸦选树，快送新人回房罢。〔外〕且不要忙，侯官人当今才子，梳栊了绝代佳人，合欢有酒，岂可定情无诗乎？〔净〕说的有理，待我磨墨拂笺，伺候挥毫。〔生〕不消诗笺，小生带有宫扇一柄，就题赠香君，永为订盟之物罢。〔丑〕妙！妙！我来捧砚。〔小旦〕看你这嘴脸，只好脱靴罢了。〔老旦〕这个砚儿，倒该借重香君。〔众〕是呀！〔旦捧砚，生书扇介〕〔众念介〕夹道朱楼一径斜，王孙初御富平车。青溪尽是辛夷树，不及东风桃李花。〔众〕好诗！好诗！香君收了。〔旦收扇袖中介〕〔丑〕俺们不及桃李花罢了，怎的便是辛夷树？〔净〕辛夷树者，枯木逢春也。〔丑〕如今枯木逢春，也曾鲜花着雨来。〔杂持诗笺上〕杨老爷送诗来了。〔生接读介〕生小倾城是李香，怀中婀娜袖中藏。缘何十二巫峰女，梦里偏来见楚王。〔生笑介〕此老多情，送来一首催妆诗，妙绝！妙绝！〔净〕"怀中婀娜袖中藏"，说的香君一搦身材，竟是个香扇坠儿。〔丑〕他那香扇坠，能值几文，怎比得我这琥珀猫儿坠。〔众笑介〕〔副净〕大家吹弹起来，劝新人多饮几杯。〔丑〕正是带些酒兴，好入洞房。〔左右吹弹，生、旦交让酒介〕

【节节高】〔生、旦〕金樽佐酒筹，劝不休，沈沈玉倒黄昏后。私携手，

眉黛愁，香肌瘦。春宵一刻天长久，人前怎解芙蓉扣。盼到灯昏玳筵收，宫壶滴尽莲花漏。

〔副净〕你听谯楼二鼓，天气太晚，撤了席罢。〔净〕这样好席，不曾吃净就撤去了，岂不可惜。〔丑〕我没吃够哩，众位略等一等儿。〔老旦〕休得胡缠，大家奏乐，送新人入房罢。〔众起吹打十番，送生、旦介〕

【前腔】〔合〕笙箫下画楼，度清讴，迷离灯火如春昼。天台岫，逢阮刘，真佳偶。重重锦帐香薰透，旁人妒得眉头皱。酒态扶人太风流，贪花福分生来有。

〔杂执灯，生、旦携手下〕〔净〕我们都配成对儿，也去睡罢。〔丑〕老张休得妄想，我老妥是要现钱的。〔净数与十文钱，拉介〕〔丑接钱再数，换低钱，诨下〕

【尾声】〔合〕秦淮烟月无新旧，脂香粉腻满东流，夜夜春情散不收。

〔副净〕江南花发水悠悠，〔小旦〕人到秦淮解尽愁，

〔外〕不管烽烟家万里，〔老旦〕五更怀里啭歌喉。

第七出　却奁

癸未三月

〔杂扮保儿搔马桶上〕龟尿龟尿，撒出小龟；鳖血鳖血，变成小鳖。龟尿鳖血，看不分别；鳖血龟尿，说不清白。看不分别，混了亲爹；说不清白，混了亲伯。〔笑介〕胡闹！胡闹！昨日香姐上头，乱了半夜；今日早起，又要刷马桶，倒溺壶，忙个不了。那些孤老、表子，还不知搂到几时哩。〔刷马桶介〕

【夜行船】〔末〕人宿平康深柳巷，惊好梦门外花郎。绣户未开，帘钩才响，春阻十层纱帐。

下官杨文骢，早来与侯兄道喜。你看院门深闭，侍婢无声，想是高眠未起。〔唤介〕保儿，你到新人窗外，说我早来道喜。〔杂〕昨夜睡迟了，今日未必起来哩。老爷请回，明日再来罢。〔末笑介〕胡说！快快去问。〔小旦内问介〕保儿！来的是那一个？〔杂〕是杨老爷道喜来了。〔小旦忙上〕倚枕春宵短，敲门好事多。〔见介〕多谢老爷，成了孩儿一世姻缘。〔末〕好说。〔问介〕新人起来不曾？〔小旦〕昨晚睡迟，都还未起哩。〔让坐介〕老爷请坐，待我去催他。〔末〕不必，不必。〔小旦下〕

【步步娇】〔末〕儿女浓情如花酿，美满无他想，黑甜共一乡。可也亏了俺帮衬，珠翠辉煌，罗绮飘荡，件件助新妆，悬出风流榜。

〔小旦上〕好笑！好笑！两个在那里交扣丁香，并照菱花，梳洗才

完，穿戴未毕。请老爷同到洞房，唤他出来，好饮扶头卯酒。〔末〕惊却好梦，得罪不浅。〔同下〕〔生、旦艳妆上〕

【沈醉东风】〔生、旦〕这云情接着雨况，刚搔了心窝奇痒，谁搅起睡鸳鸯。被翻红浪，喜匆匆满怀欢畅。枕上余香，帕上余香，消魂滋味，才从梦里尝。

〔末、小旦上〕〔末〕果然起来了，恭喜！恭喜！〔一揖，坐介〕〔末〕昨晚催妆拙句，可还说的入情么？〔生揖介〕多谢！〔笑介〕妙是妙极了，只有一件。〔末〕那一件？〔生〕香君虽小，还该藏之金屋。〔看袖介〕小生衫袖，如何着得下？〔俱笑介〕〔末〕夜来定情，必有佳作。〔生〕草草塞责，不敢请教。〔末〕诗在那里？〔旦〕诗在扇头。〔旦向袖中取出扇介〕〔末接看介〕是一柄白纱宫扇。〔嗅介〕香的有趣。〔吟诗介〕妙！妙！只有香君不愧此诗。〔付旦介〕还收好了。〔旦收扇介〕

【园林好】〔末〕正芬芳桃香李香，都题在宫纱扇上。怕遇着狂风吹荡，须紧紧袖中藏，须紧紧袖中藏。

〔末看旦介〕你看香君上头之后，更觉艳丽了。〔向生介〕世兄有福，消此尤物。〔生〕香君天姿国色，今日插了几朵珠翠，穿了一套绮罗，十分花貌，又添二分，果然可爱。〔小旦〕这都亏了杨老爷帮衬哩。

【江儿水】送到缠头锦，百宝箱，珠围翠绕流苏帐，银烛笼纱通宵亮，金杯劝酒合席唱。今日又早早来看，恰似亲生自养，陪了妆奁，又早敲门来望。

〔旦〕俺看杨老爷，虽是马督抚至亲，却也拮据作客，为何轻掷金钱，来填烟花之窟？在奴家受之有愧，在老爷施之无名。今日问个明白，以便图报。〔生〕香君问得有理，小弟与杨兄萍水相交，昨日承情太厚，也觉不安。〔末〕既蒙问及，小弟只得实告了。这些妆奁酒席，约费二百余金，皆出怀宁之手。〔生〕那个怀宁？〔末〕曾做过光禄的阮圆海。〔生〕是那皖人阮大铖么？〔末〕正是。〔生〕他为何这样周旋？〔末〕不过欲纳交足下之意。

【五供养】〔末〕羡你风流雅望，东洛才名，西汉文章。逢迎随处有，争看坐车郎。秦淮妙处，暂寻个佳人相傍，也要些鸳鸯被、芙蓉妆。你道是谁的，是那南邻大阮，嫁衣全忙。

〔生〕阮圆老原是敝年伯，小弟鄙其为人，绝之已久。他今日无故用情，令人不解。〔末〕圆老有一段苦衷，欲见白于足下。〔生〕请教。〔末〕圆老当日曾游赵梦白之门，原是吾辈。后来结交魏党，只为救护东林，不料魏党一败，东林反与之水火。近日复社诸生，倡论攻击，大肆殴辱，岂非操同室之戈乎？圆老故交虽多，因其形迹可疑，亦无人代为分辩。每日向天大哭，说道："同类相残，伤心惨目，非河南侯君，不能救我。"所以今日谆谆纳交。〔生〕原来如此，俺看圆海情辞迫切，亦觉可怜。就便真是魏党，悔过来归，亦不可绝之太甚，况罪有可原乎。定生、次尾，皆我至交，明日相见，即为分解。〔末〕果然如此，吾党之幸也。〔旦怒介〕官人是何说话！阮大铖趋附权奸，廉耻丧尽；妇人女子，无不唾骂。他人攻之，官人救之，官人自处于何等也？

【川拨棹】不思想，把话儿轻易讲。要与他消释灾殃，要与他消释灾殃，也提防旁人短长。官人之意，不过因他助俺妆奁，便要徇私废公；那知道这几件钗钏衣裙，原放不到我香君眼里。〔拔簪脱衣介〕脱裙衫，穷不妨；布荆人，名自香。

〔末〕阿呀！香君气性，忒也刚烈。〔小旦〕把好好东西，都丢一地，可惜！可惜！〔拾介〕〔生〕好！好！好！这等见识，我倒不如，真乃侯生畏友也。〔向末介〕老兄休怪，弟非不领教，但恐为女子所笑耳。

【前腔】平康巷,他能将名节讲;偏是咱学校朝堂,偏是咱学校朝堂,混贤奸不问青黄。那些社友平日重俺侯生者,也只为这点义气。我若依附奸邪,那时群起来攻,自救不暇,焉能救人乎。节和名,非泛常;重和轻,须审详。

〔末〕圆老一段好意,也还不可激烈。〔生〕我虽至愚,亦不肯从井救人。〔末〕既然如此,小弟告辞了。〔生〕这些箱笼,原是阮家之物,香君不用,留之无益,还求取去罢。〔末〕正是"多情反被无情恼,乘兴而来兴尽还"。〔下〕〔旦恼介〕〔生看旦介〕俺看香君天姿国色,摘了几朵珠翠,脱去一套绮罗,十分容貌,又添十分,更觉可爱。〔小旦〕虽如此说,舍了许多东西,到底可惜。

【尾声】金珠到手轻轻放,惯成了娇痴模样,辜负俺辛勤做老娘。

〔生〕些须东西,何足挂念,小生照样赔来。〔小旦〕这等才好。

〔小旦〕花钱粉钞费商量,〔旦〕裙布钗荆也不妨,

〔生〕只有湘君能解佩,〔旦〕风标不学世时妆。

第八出 闹 榭

癸未五月

【金鸡叫】〔末、小生扮陈贞慧、吴应箕上〕〔末〕贡院秦淮近，赛清衿，剩金零粉。〔小生〕节闹端阳只一瞬，满眼繁华，王谢少人问。

〔末唤小生介〕次尾兄，我和你旅邸抑郁，特到秦淮赏节，怎的不见同社一人？〔小生〕想都在灯船之上。〔指介〕这是丁继之水榭，正好登眺。〔场上搭河房一座，悬灯垂帘〕〔同登介〕〔末唤介〕丁继老在家么？〔杂扮小僮上〕榴花红似火，艾叶碧如烟。〔见介〕原来是陈、吴二位相公，我家主人赴灯船会去了。家中备下酒席，但有客来，随便留坐的。〔末〕这样有趣，〔小生〕可称主人好事矣。〔末〕我们在此雅集，恐有俗子阑入，不免设法拒绝他。〔唤介〕童子取个灯笼来。〔杂应下〕〔取灯笼上〕〔末写介〕"复社会文，闲人免进。"〔杂挂灯笼介〕〔小生〕若同社朋友到此，便该请他入会了。〔末〕正是。〔杂指介〕你听鼓吹之声，灯船早已来了。〔末、小生凭栏望介〕〔生、旦雅妆同丑扮柳敬亭、净扮苏昆生，吹弹鼓板坐船上〕

【八声甘州】〔末〕丝竹隐隐，载将来一队乌帽红裙。天然风韵，映着柳陌斜曛。名姝也须名士衬，画舫偏宜画阁邻。〔小生〕消魂，趁晚凉仙侣同群。

〔末指介〕那灯船上，好似侯朝宗。〔小生〕侯朝宗是我们同社，该请入会的。〔末指介〕那个女客便是李香君，也好请他么？〔小生〕

李香君不受阮胡子妆奁，竟是复社的朋友，请来何妨。〔末〕这等说来，〔指介〕那两个吹歌的柳敬亭、苏昆生，不肯做阮胡子门客，都是复社朋友了。请上楼来，更是有趣。〔小生〕待我唤他。〔唤介〕侯社兄，侯社兄！〔生望见介〕那水榭之上，高声唤我的，是陈定生、吴次尾。〔拱介〕请了。〔末招手介〕这是丁继之水榭，备有酒席，侯兄同香君、敬亭、昆生都上楼来，大家赏节罢。〔生〕最妙了。〔向丑、净、旦介〕我们同上楼去。〔吹弹上介〕

【排歌】〔生、旦〕**龙舟并，画桨分，葵花蒲叶泛金樽。朱楼密，紫障匀，吹箫打鼓入层云。**

〔见介〕〔末〕四位到来，果然成了个"复社文会"了。〔生〕如何是"复杜文会"？〔小生指灯介〕请看。〔生看灯笼介〕不知今日会文，小弟来的恰好。〔丑〕"闲人免进"，我们未免唐突了。〔小生〕你们不肯做阮家门客的，那个不是复社朋友？〔生〕难道香君也是复社朋友么？〔小生〕香君却奁一事，只怕复社朋友还让一筹哩。〔末〕已后竟该称他老社嫂了。〔旦笑介〕岂敢！〔末唤介〕童子把酒来斟，我们赏节。〔末、小生、生坐一边，丑、净、旦坐一边。饮酒介〕

【八声甘州】〔末、小生〕**相亲，风流俊品，满座上都是语笑春温。**〔丑、净〕**梁愁隋恨，凭他燕恼莺嗔。**〔生、旦〕**榴花照楼如火喷，暑汗难沾白玉人。**〔杂报介〕灯船来了，灯船来了。〔指介〕你看人山人海，围着一条烛龙，快快看来！〔众起凭栏看介〕〔扮出灯船，悬五色角灯，大鼓大吹绕场数回下〕〔丑〕你看这般富丽，都是公侯勋卫之家。〔又扮灯船悬五色纱灯，打粗十番，绕场数回下〕〔净〕这是些富商大贾，衙门书办，却也闹热。〔又扮灯船悬五色纸灯，打细十番，绕场数回下〕〔末〕你看船上吃酒的，都是些翰林部院老先生们。〔小生〕我辈的施为，到底有些"郊寒岛瘦"。〔众笑介〕〔合〕**纷纭，望金波天汉迷津。**

〔生〕夜阑更深，灯船过尽了，我们做篇诗赋，也不负会文之约。〔末〕是，是，但不知做何题目？〔小生〕做一篇哀湘赋，倒有意思的。〔生〕依小弟愚见，不如即景联句，更觉畅怀。〔末〕妙！妙！〔问介〕我三人谁起谁结？〔生〕自然让定生兄起结了。〔丑问介〕三位相公联句消夜，我们三个陪着打盹么？〔末〕也有个借重之处。〔净〕有何使唤？〔末〕俺们每成四韵，饮酒一杯，你们便吹弹一回。〔生〕有趣！有趣！真是文酒笙歌之会。〔末拱介〕小弟竟僭了。〔吟介〕赏节秦淮榭，论心剧孟家。〔小生〕黄开金裹叶，红绽火烧花。〔生〕蒲剑何须试，葵心未肯差。〔末〕辟兵逢彩缕，却鬼得丹砂。〔末、小生、生饮酒，丑击云锣，净弹月琴，旦吹箫一回介〕〔小生〕蜃市楼缥缈，虹桥洞曲斜。〔生〕灯疑羲氏驭，舟是豢龙拏。〔末〕星宿才离海，玻璃更炼娲。〔小生〕光流银汉水，影动赤城霞。〔照前介〕〔生〕玉树难谐拍，渔阳不辨挝。〔末〕龟年喧笛管，中散闹筝琶。〔小生〕系缆千条锦，连窗万眼纱。〔生〕楸枰停斗子，瓷注屡呼茶。〔照前介〕〔末〕焰比焚椒列，声同对垒哗。〔小生〕电雷争此夜，珠翠剩谁家。〔生〕萤照无人苑，乌啼有树衙。〔末〕凭栏人散后，作赋吊长沙。〔照前介〕〔众起介〕〔末〕有趣！有趣！竟联成一十六韵，明日可以发刻了。〔小生〕我们倡和得许多感慨，他们吹弹出无限凄凉，楼下船中，料无解人也。〔净向丑介〕闲话且休讲，自古道良宵苦短，胜事难逢。我两个一边唱曲，陈、吴二位相公一边劝酒，让他名士、美人，另做一个风流佳会何如？〔丑〕使得，这是我们帮闲本等也。〔末〕我与次兄原有主道，正该少申敬意。〔小生〕就请依次坐来。〔生、旦正坐，末、小生坐左，丑、净坐右介〕〔生向旦介〕承众位雅意，让我两个并坐牙床，又吃一回合卺双杯，倒也有趣。〔旦微笑介〕〔末、小生劝酒，净、丑唱介〕

【排歌】歌才发，灯未昏，佳人重抖玉精神。诗题壁，酒沾唇，才郎偏

会语温存。

〔杂报介〕灯船又来了。〔末〕夜已三更,怎的还有灯船?〔俱起凭栏看介〕〔副净扮阮大铖,坐灯船。杂扮优人,细吹细唱缓缓上〕〔净〕这船上像些老白相,大家洗耳,细细领略。〔副净立船头自语介〕我阮大铖买舟载歌,原要早出游赏;只恐遇着轻薄厮闹,故此半夜才来,好恼人也!〔指介〕那丁家河房,尚有灯火。〔唤介〕小厮,看有何人在上?〔杂上岸看,回报介〕灯笼上写着"复社会文,闲人免进"。〔副净惊介〕了不得!了不得!〔摇袖介〕快歇笙歌,快灭灯火。〔灭灯、止吹,悄悄撑船下〕〔末〕好好一只灯船,为何歇了笙歌,灭了灯火,悄然而去?〔小生〕这也奇怪,快着人看来。〔丑〕不必去看,我老眼虽昏,早已看真了。那个胡子,便是阮圆海。〔净〕我道吹歌那样不同。〔末怒介〕好大胆老奴才,这贡院之前,也许他来游耍么!〔小生〕待我走去,采掉他胡子。〔欲下介〕〔生拦介〕罢!罢!他既回避,我们也不必为已甚之行。〔末〕侯兄,不知我不已甚,他便已甚了。〔丑〕船已去远,丢开手罢。〔小生〕便益了这胡子。〔旦〕夜色已深,大家散罢。〔丑〕香姐想妈妈了,我们送他回去。〔末、小生〕我二人不回寓,就下榻此间了。〔生〕两兄既不回寓,我们过船的,就此作别罢。请了。〔末、小生〕请了。〔先下〕〔生、旦、丑、净下船,杂摇船行介〕

【余文】下楼台,游人尽;小舟留得一家春,只怕花底难敲深夜门。

〔生〕月落烟浓路不真,〔旦〕小楼红处是东邻。

〔丑〕秦淮一里盈盈水,〔净〕夜半春帆送美人。

第九出　抚　兵

癸未七月

【点绛唇】〔副净、末扮二将官，杂扮四小卒上〕旗卷军牙，射潮弩发鲸鲵怕。操弓试马，鼓角斜阳下。

俺们镇守武昌兵马大元帅宁南侯麾下将士是也。今日点卯日期，元帅升帐，只得在此伺候。〔吹打开门介〕

【粉蝶儿】〔小生戎装，扮左良玉上〕七尺昂藏，虎头燕颔如画，莽男儿走遍天涯。活骑人，飞食肉，风云叱咤。报国恩，一腔热血挥洒。

建牙吹角不闻喧，三十登坛众所尊。家散万金酬士死，身留一剑答君恩。咱家左良玉，表字昆山，家住辽阳，世为都司，只因得罪罢职，补粮昌平。幸遇军门侯恂，拔于走卒，命为战将，不到一年，又拜总兵之官。北讨南征，功加侯伯；强兵劲马，列镇荆襄。〔作势介〕看俺左良玉，自幼习学武艺，能挽五石之弓，善为左右之射；那李自成、张献忠几个毛贼，何难剿灭。只可恨督师无人，机宜错过，熊文灿、杨嗣昌既以偏私而败绩，丁启睿、吕大器又因怠玩而无功。只有俺恩帅侯公，智勇兼全，尽能经理中原；不意奸人忌功，才用即休，叫俺一腔热血，报主无期，好不恨也！〔顿足介〕罢！罢！罢！这湖南、湖北，也还可战可守，且观成败，再定行藏。〔坐介〕〔内作众兵喊叫，小生惊问介〕辕门之外，何人喧哗？〔副净、末禀介〕禀上元帅，辕门肃静，谁敢喧哗。〔小生怒介〕现在喧哗，怎报没有！〔副净、末〕那

是饥兵讨饷，并非喧哗。〔小生〕哇！前自湖南借粮三十船，不到一月，难道支完了？〔副净、末〕禀元帅，本镇人马已足三十万了，些须粮草，那够支销。〔小生拍案介〕呵呀！这等却也难处哩。〔立起，唱介〕

【北石榴花】你看中原豺虎乱如麻，都窥伺龙楼凤阙帝王家；有何人勤王报主，肯把义旗拿？那督师无老将，选士皆娇娃。却教俺自撑达，却教俺自撑达。正腾腾杀气，这军粮又早缺乏。一阵阵拍手喧哗，一阵阵拍手喧哗，百忙中教我如何答话，好一似薨薨白昼闹蜂衙。

〔坐介〕〔内又喊介〕〔小生〕你听外边将士，益发鼓噪，好象要反的光景，左右听俺吩咐。〔立起，唱介〕

【上小楼】您不要错怨咱家，您不要错怨咱家。谁不是天朝犬马，他三百年养士不差，三百年养士不差。都要把良心拍打，为甚么击鼓敲门闹转加，敢则要劫库抢官衙。俺这里望眼巴巴，俺这里望眼巴巴，候江州军粮飞下。

〔坐介〕〔抽令箭掷地介〕〔副净、末拾箭，向内吩咐介〕元帅有令，三军听者：目下军饷缺乏，乃人马归附之多，非粮草屯积之少。朝廷深恩，不可不报；将军严令，不可不遵。况江西助饷，指日到辕，各宜静听，勿得喧哗。〔副净、末回话介〕奉元帅军令，俱已晓谕三军了。〔内又喊叫介〕〔小生〕怎么鼓噪之声，渐入辕门，你再去吩咐。〔立起，唱介〕

【黄龙犯】您且忍枵腹这一宵，盼江西那几艖。俺待要飞檄金陵，俺待要飞檄金陵，告兵曹转达车驾，许咱们迁镇移家，许咱们迁镇移家。就粮东去，安营歇马，驾楼船到燕子矶边耍。

〔副净、末持令箭向内吩咐介〕元帅有令，三军听者：粮船一到，即便支发。仍恐转运维艰，枵腹难待；不日撤兵汉口，就食南京。永无缺乏之虞，同享饱腾之乐。各宜静听，勿再喧哗！〔内欢呼介〕好！

好！好！大家收拾行装，豫备东去呀。〔副净、末回生介〕禀上元帅，三军闻令，俱各欢呼散去了。〔小生〕事已如此，无可奈何，只得择期移镇，暂慰军心。〔想介〕且住，未奉明旨，辄自前行，虽圣恩宽大，未必加诛；只恐形迹之间，难免天下之议。事非小可，再作商量。

【尾声】慰三军没别法，许就粮喧声才罢，谁知俺一片葵倾向日花。

〔下〕〔内作吹打掩门，四卒下〕〔副净向末〕老哥，咱弟兄们商量，天下强兵勇将，让俺武昌。明日顺流东下，料到没人抵当，大家拥着元帅爷，一直抢了南京，就扯起黄旗，往北京进取，有何不可？〔末摇手介〕我们左爷爷忠义之人，这样风话，且不要题。依着我说，还是移家就粮，且吃饱饭为妙。〔副净〕你还不知，一移南京，人心惊慌，就不取北京，这个恶名也免不得了。

〔末〕纷纷将士愿移家，〔副净〕细柳营中起暮笳，
〔末〕千古英雄须打算，〔副净〕楼船东下一生差。

第十出　修　札

癸未八月

〔丑扮柳敬亭上〕老子江湖漫自夸，收今贩古是生涯。年来怕作朱门客，闲坐街坊吃冷茶。〔笑介〕在下柳敬亭，自幼无籍，流落江湖，虽则为谈词之辈，却不是饮食之人。〔拱介〕列位看我像个甚的？好像一位阎罗王，掌着这本大帐簿，点了没数的鬼魂名姓；又像一尊弥勒佛，腆着这副大肚皮，装了无限的世态炎凉。鼓板轻敲，便有风雷雨露；舌唇才动，也成月旦春秋。这些含冤的孝子忠臣，少不得还他个扬眉吐气；那班得意的奸雄邪党，免不了加他些人祸天诛。此乃补救之微权，亦是褒讥之妙用。〔笑介〕俺柳麻子信口胡谈，却也燥脾。昨日河南侯公子送到茶资，约定今日午后来听平话，且把鼓板取出，打个招客的利市。〔取出鼓板敲唱介〕无事消闲扯淡，就中滋味酸甜；古来十万八千年，一霎飞鸿去远。几阵狂风暴雨，各家虎帐龙船，争名夺利片时喧，让他陈抟睡扁。〔生上〕芳草烟中寻粉黛，斜阳影里说英雄。今日来听老柳平话，里面鼓板铿锵，早已有人领教。〔相见大笑介〕看官俱未到，独自在此，说与谁听。〔丑〕这说书是老汉的本业，譬如相公闲坐书斋，弹琴吟诗，都要人听么？〔生笑介〕讲的有理。〔丑〕请问今日要听那一朝故事？〔生〕不拘何朝，你只拣着热闹爽快的说一回罢。〔丑〕相公不知，那热闹局就是冷淡的根芽，爽快事就是牵缠的枝叶；倒不如把些剩水残山、孤臣孽子，讲他几句，大家滴些眼泪罢。〔生叹介〕咳！不料敬老你也看到这个田地，真可虑也！〔末扮杨文骢急上〕休教铁锁沈江底，怕有降旗出石头。下官杨文骢，有紧急大事，要寻侯兄计议；一路问来，知在此处，不免竟入。〔见介〕〔生〕来的正好，大家听敬老平话。〔末急介〕目下何等时候，还听平话。〔生〕龙老为何这样惊慌。〔末〕兄还不知么？左良玉领兵东下，要抢南京，且有窥伺北京之意。本兵熊明遇束手无策，故此托弟前来，恳求妙计。〔生〕小弟有何计策。〔末〕久闻尊翁老先生乃宁南之恩帅，若肯发一手谕，必能退却。不知足下主意若何？〔生〕这样好事，怎肯不做？但家父罢政林居，纵肯发书，未必有济。且往返三千里，何以解目前之危？〔末〕吾兄素称豪侠，当此国家大事，岂忍坐视。何不代写一书，且救目前；另日禀明尊翁，料不见责也。〔生〕应急权变，倒也可行；待我回寓起稿，大家商量。〔末〕事不宜迟，即刻发书，还恐无及，那里等的商量。〔生〕既是如此，就此修书便了。〔写书介〕

【一封书】老夫愚不揣，劝将军自忖裁，旌旗且慢来，兵出无名道路猜。高帝留都陵树在，谁敢轻将马足踹；乏粮柴，善安排，一片忠心穷莫改。

〔写完，末看介〕妙！妙！写的激切婉转，有情有理，叫他不好不依，又不敢不依，足见世兄经济。〔生〕虽如此说，还该送与熊大司马，细加改正，方为万妥。〔末〕不必烦扰，待小弟说与他便了。〔愁介〕只是一件，书虽有了，须差一个当家人早寄为妙。〔生〕小弟轻装薄游，只带两个童子，那能下的书来。〔末〕这样密书，岂是生人可以去得。〔生〕这却没法了。〔丑〕不必着忙，让我老柳走一遭何如。〔末〕敬老肯去，妙的狠了；只是一路盘诘，也不是当要的。〔丑〕不瞒老爷说，我柳麻子本姓曹，虽则身长九尺，却不肯食粟而已。那些随机应

变的口头,左冲右挡的膂力,都还有些儿。〔生〕闻得左良玉军门严肃,山人游客,一概不容擅入。你这般老态,如何去的?〔丑〕相公又来激俺了,这是俺说书的熟套子。我老汉要去就行,不去就止,那在乎一激之力。〔起问介〕

【北斗鹌鹑】你那里笔下诌文,我这里胸中画策。舌战群雄,让俺不才;柳毅传书,何妨下海。丢却俺的痴呆,用着俺的诙谐,悄去明来,万人喝采。

〔末〕果然好个本领,只是书中意思,还要你明白解说,才能有济。

【紫花儿序】〔丑〕书中意不须细解,何用明白,费俺唇腮。一双空手,也去当差,也会掟乖。凭着俺舌尖儿把他的人马骂,开仍倒回八百里外。〔生〕你怎的骂他?〔丑〕则问他防贼自作贼,该也不该。

〔生〕好!好!好!比俺的书字还说得明白。〔末〕你快进去收拾行李,俺替你送盘缠来,今夜务必出城才好。〔丑〕晓得!晓得!〔拱手介〕不得奉陪了。〔竟下〕〔末〕竟不知柳敬亭是个有用之才。〔生〕我常夸他是我辈中人,说书乃其余技耳。

【尾声】一封书信权宜代,仗柳生舌尖口快,阻回那莽元帅万马晨霜,保住这好江城三山暮霭。

〔末〕一纸贤于汗马才,〔生〕荆州无复战船开。

〔末〕从来名士夸江左,〔生〕挥麈今登拜将台。

第十一出　投　辕

癸未九月

〔净、副净扮二卒上〕〔净〕杀贼拾贼囊，救民占民房，当官领官仓，一兵吃三粮。〔副净〕如今不是这样唱了。〔净〕你唱来！〔副净〕贼凶少弃囊，民逃剩空房，官穷不开仓，千兵无一粮。〔净〕这等说，我们这穷兵当真要饿死了。〔副净〕也差不多哩。〔净〕前日鼓噪之时，元帅着忙，许俺们就粮南京，这几日不见动静，想又变卦了。〔副净〕他变了卦，俺们依旧鼓噪，有何难哉！〔净〕闲话少说，且到辕门点卯，再作商量。正是"不怕饿杀，谁肯犯法"。〔俱下〕

【北新水令】〔丑扮柳敬亭，背包裹上〕**走出了空林落叶响萧萧，一丛丛芦花红蓼。到戴着接䍦帽，横跨着湛卢刀，白髯儿飘飘，谁认的诙谐玩世东方老。**俺柳敬亭冲风冒雨，沿江行来，并不见乱兵抢粮，想是讹传了。且喜已到武昌城外，不免在这草地下打开包裹，换了靴帽，好去投书。〔坐地换靴帽介〕

【南步步娇】〔副净、净上〕**晓雨城边饥乌叫，来往荒烟道，军营半里遥。**〔指介〕**风卷旌旗，鼓角缥缈，**前面是辕门了，大家趱行几步。**饿腹好难熬，还点三八卯。**

〔丑起拱介〕两位将爷，借问一声，那是将军辕门？〔净向副净私语介〕这个老儿是江北语音，不是逃兵，就是流贼。〔副净〕何不收拾起来，诈他几文，且买饭吃？〔净〕妙！〔副净问介〕你寻将军衙门么？

〔丑〕正是。〔净〕待我送你去。〔丢绳套住丑介〕〔丑〕呵呀！怎么拿起我来了？〔副净〕俺们是武昌营专管巡逻的弓兵，不拿你，拿谁呀。〔丑推二净倒地，指笑介〕两个没眼色的花子，怪不得俄的东倒西歪的。〔净〕你怎晓得我们捱饿？〔丑〕不为你们捱饿，我为何到此？〔副净〕这等说来，你敢是解粮来的么？〔丑〕不是解粮的，是做甚的。〔净〕啐！我们瞎眼了，快搬行李，送老哥辕门去。〔副净、净同丑行介〕

【北折桂令】〔丑〕你看城枕著江水滔滔，鹦鹉洲阔，黄鹤楼高。鸡犬寂寥，人烟惨淡，市井萧条。都只把豺狼喂饱，好江城画破图抛。满耳呼号，鼙鼓声雄，铁马嘶骄。

〔副净指介〕这是帅府辕门了。〔唤介〕老哥在此等候，待我传鼓。〔击鼓介〕〔末扮中军官上〕封拜惟知元帅大，征诛不让帝王尊。〔问介〕门外击鼓，有何军情，速速报来。〔净〕适在汛地捉了一个面生可疑之人，口称解粮到此，未知真假，拿赴辕门，听候发落。〔末问丑介〕你称解粮到此，有何公文？〔丑〕没有公文，止有书函。〔末〕这就可疑了。

【南江儿水】你的北来意费推敲，一封书信无名号，荒唐言语多虚冒，凭空何处军粮到。无端左支右调，看他神情，大抵非逃即盗。

〔丑〕此话差矣，若是逃、盗，为何自寻辕门？〔末〕说的也是。既有书函，待我替你传进。〔丑〕这是一封密书，要当面交与元帅的。〔末〕这话益发可疑了。你且外边伺候，待我禀过元帅，传你进见。〔净、副净、丑俱下〕〔内吹打开门，杂扮军卒六人各执械对立介〕〔小生扮左良玉戎服上〕荆襄雄镇大江滨，四海安危七尺身。日日军储劳计画，那能谈笑净烟尘。〔升坐，吩咐介〕昨因铠兵鼓噪，本帅诈他就粮南京；后来细想：兵去就粮，何如粮来就兵。闻得九江助饷，不日就到,今日暂免点卯,各回汛地,静候关粮。〔末〕得令。〔虚下,即上〕奉元帅军令,挂牌免卯,三军各回汛地了。〔小生〕有甚军情,早早报来。〔末〕别无军情,只有差役一名,口称解粮到此,要见元帅。〔小生喜介〕果然粮船到了,可喜!可喜!〔问介〕所赍文书,系佩衙门?〔末〕并无文书,止有私书,要当堂投递。〔小生〕这话就奇了,或是流贼细作亦未可定。〔吩咐介〕左右军牢小心防备,着他膝行而进。〔众〕是!〔末唤丑进介〕〔左右交执器械,丑钻入见介〕〔揖介〕元帅在上,晚生拜揖了。〔小生〕唗!你是何等样人,敢到此处放肆。〔丑〕晚生一介平民,怎敢放肆。

【北雁儿落带得胜令】俺是个不出山老渔樵,那晓得王侯大宾客小。看这长枪大剑列门旗,只当深林密树穿荒草。尽着狐狸纵横虎咆哮,这威风何须要。偏吓俺孤身客无门跑,便作个长揖儿不是骄。〔拱介〕**求饶,军中礼原不晓。**〔笑介〕**气也么消,有书函将军仔细瞧。**

〔小生问介〕有谁的书函?〔丑〕归德侯老先生寄来奉候的。〔小生〕侯司徒是俺的恩帅,你如何认得?〔丑〕晚生现在侯府。〔小生拱介〕这等失敬了。〔问介〕书在那里?〔丑送上书介〕〔小生〕吩咐掩门。〔内吹打掩门,众下〕〔小生〕尊客请坐。〔丑傍坐介〕〔小生看书介〕

【南侥侥令】看他谆谆情意好,不啻教儿曹。这书中文理,一时也看不透彻,无非劝俺镇守边方,不可移兵内地。〔叹介〕恩帅!恩帅!那知俺左良玉,一片忠心天可告,怎肯背深恩,辱荐保。

〔问丑介〕足下尊姓大号?〔丑〕不敢!晚生姓柳,草号敬亭。〔杂捧茶上〕〔小生〕敬亭请茶。〔丑接茶介〕〔小生〕你可知这座武昌城,自经张献忠一番焚掠,十室九空。俺虽镇守在此,缺草乏粮,日日鼓噪,连俺也做不得主了。〔丑气介〕元帅说那里话,自古道"兵随将转",再没个将逐兵移的。

【北收江南】你坐在细柳营，手握着虎龙韬，管千军山可动，令不摇。饥兵鼓噪犯天朝，将军无计，从他去自逍遥。这恶名怎逃，这恶名怎逃！说不起三军权柄帅难操。

〔摔茶钟于地下介〕〔小生怒介〕呵呀！这等无礼，竟把茶杯掷地。〔丑笑介〕晚生怎敢无礼，一时说的高兴，顺手摔去了。〔小生〕顺手摔去，难道你的心做不得主么？〔丑〕心若做得主呵，也不叫手下乱动了。〔小生笑介〕敬亭讲的有理。只因兵丁饿的急了，许他就粮内里。亦是无可奈何之一着。〔丑〕晚生远来，也饿急了，元帅竟不问一声儿。〔小生〕我倒忘了，叫左右快摆饭来。〔丑摩腹介〕好饿！好饿！〔小生催介〕可恶奴才，还不快摆！〔丑起介〕等不得了，竟往内里吃去罢。〔向内行介〕〔小生怒介〕如何进我内里？〔丑回顾介〕饿的急了。〔小生〕饿的急了，就许你进内里么？〔丑笑介〕饿的急了，也不许进内里，元帅竟也晓得哩。〔小生大笑介〕句句讥诮俺的错处，好个舌辩之士。俺这帐下倒少不得你这个人哩。

【南园林好】俺虽是江湖泛交，认得出滑稽曼老。这胸次包罗不少，能直谏，会旁嘲。

〔丑〕那里！那里！只不过游戏江湖，图餔啜耳。〔小生问介〕俺看敬亭，既与缙绅往来，必有绝技，正要请教。〔丑〕晚生自幼失学，有何技艺。偶读几句野史，信口演说，曾蒙吴桥范大司马、桐城何老相国谬加赏赞，因而得交缙绅，实堪惭愧。

【北沽美酒带太平令】俺读些稗官词，寄牢骚，稗官词，寄牢骚，对江山吃一斗苦松醪。小鼓儿颤杖轻敲，寸板儿软手频摇；一字字臣忠子孝，一声声龙吟虎啸；快舌尖钢刀出鞘，响喉咙轰雷烈炮。呀！似这般冷嘲、热挑，用不着笔抄、墨描。劝英豪，一盘错帐速勾了。

〔小生〕说的爽快，竟不知敬亭有此绝技。就留下榻衙斋，早晚领教罢。

【清江引】从此谈今论古日倾倒，风雨开怀抱。你那苏张舌辩高，我的巧射惊羿奡，只愁那匝地烟尘何日扫。

〔丑〕闲话多时，到底不知元帅向内移兵，有何主见？〔小生〕耿耿臣心，惟天可表，不须口劝，何用书责！

〔小生〕臣心如水照清霄，〔丑〕咫尺天颜路不遥，

〔小生〕要与西南撑半壁，〔丑〕不须东看海门潮。

第十二出　辞　院

癸未十月

【西地锦】〔末扮杨文骢冠带上〕锦绣东南列郡，英雄割据纷纷。而今还起周郎恨，江水向东奔。

下官杨文骢，昨奉熊司马之命，托侯兄发书宁南，阻其北上，已遣柳敬亭连夜寄去。还怕投书未稳，一面奏闻朝廷，加他官爵，荫他子侄；又一面知会各处督抚，及在城大小文武，齐集清议堂，公同计议，助他粮饷，这也是不得已调停之法。下官与阮圆海虽罢闲流寓，都有传单，只得早到。〔副净扮阮大铖冠带上〕黑白看成棋里事，须眉扮作戏中人。〔见介〕龙友请了，今日会议军情，既传我们到此，也不可默默无言。〔末〕事体重大，我们废员闲宦，立不得主意，身到就是了。〔副净〕说那里话。

【啄木儿】朝廷事，须认真，太祖神京今未稳，莫漫愁铁锁船开，只怕有萧墙人引。角声鼓音城楼震，帆扬帜飞江风顺，明取金陵，有人私启门。

〔末〕这话未确，且莫轻言。〔副净〕小弟实有所闻，岂可不说。〔丑扮长班上〕处处军情紧，朝朝会议多。禀老爷，淮安漕抚史可法老爷，凤阳督抚马士英老爷俱到了。〔末、副净出候介〕〔外白须扮史可法，净秃须扮马士英，各冠带上〕〔外〕天下军储一线漕，无能空佩吕虔刀。〔净〕长陵坏土关龙脉，愁绝烽烟搔二毛。〔末、副净见各揖介〕〔外问介〕本兵熊老先生为何不到？〔丑禀介〕今日有旨，往江上点兵去了。〔净〕这等又会议不成，如何是好？

【前腔】〔外〕**黄尘起，王气昏，羽扇难挥建业军；幕府山蜡檄星驰，五马渡楼船飞滚。江东应须夷吾镇，清谈怎消南朝恨，少不得努力同捐衰病身。**

〔末〕老先生不必深忧，左良玉系侯司徒旧卒，昨已发书劝止，料无不从者。〔外〕学生亦闻此举虽出熊司马之意，实皆年兄之功也。〔副净〕这倒不知。只闻左兵之来，实有暗里勾之者。〔外〕是那个？〔副净〕就是敝同年侯恂之子侯方域。〔外〕他也是敝世兄，在复社中铮铮有声，岂肯为此？〔副净〕老公祖不知，他与左良玉相交最密，常有私书往来；若不早除此人，将来必为内应。〔净〕说的有理。何惜一人，致陷满城之命乎？〔外〕这也是莫须有之事，况阮老先生罢闲之人，国家大事也不可乱讲。〔别介〕请了，正是"邪人无正论，公议总私情"。〔下〕〔副净指恨介〕〔向净介〕怎么史道邻就拂衣而去，小弟之言凿凿有据；闻得前日还托柳麻子去下私书的。〔末〕这太屈他了。敬亭之去，小弟所使，写书之时，小弟在傍；倒亏他写的恳切，怎反疑起他来？〔副净〕龙友不知，那书中都有字眼暗号，人那里晓得？〔净点头介〕是呀，这样人该杀的，小弟回去，即着人访拿。〔向末介〕老妹丈，就此同行罢。〔末〕请舅翁先行一步，小弟随后就来。〔副净向净介〕小弟与令妹丈不啻同胞，常道及老公祖垂念，难得今日会着。小弟有许多心事，要为竟夕之谈。不知可否？〔净〕久荷高雅，正要请教。〔同下〕〔末〕这是那里说起！侯兄之素行虽未深知，只论写书一事呵，

【三段子】这冤怎伸，硬叠成曾参杀人；这恨怎吞，强书为陈恒弑君。不免报他一信，叫他趁早躲避。〔行介〕**眠香占花风流阵，今宵正倚**

薰笼困,那知打散鸳鸯金弹狠。

来此是李家别院,不免叫门。〔敲门介〕〔内吹唱介〕〔净扮苏昆生上〕是那个?〔末〕快快开门!〔净开门见介〕原来是杨老爷,天色已晚,还来闲游。〔末认介〕你是苏昆老。〔问介〕侯兄在那里?〔净〕今日香君学完一套新曲,都在楼上听他演腔。〔末〕快请下楼!〔净入唤介〕〔小旦、生、旦出介〕〔生〕浓情人带酒,寒夜帐笼花。杨兄高兴,也来消夜。〔末〕兄还不知,有天大祸事来寻你了。〔生〕有何祸事,如此相吓?〔末〕今日清议堂议事,阮圆海对着大众,说你与宁南有旧,常通私书,将为内应。那些当事诸公,俱有拿你之意。〔生惊介〕我与阮圆海素无深仇,为何下这毒手?〔末〕想因却奁一事,太激烈了,故此老羞变怒耳。〔小旦〕事不宜迟,趁早高飞远遁,不要连累别人。〔生〕说的有理。〔愁介〕只是燕尔新婚,如何舍得。〔旦正色介〕官人素以豪杰自命,为何学儿女子态?〔生〕是,是,但不知那里去好?

【滴溜子】双亲在,双亲在,信音未准;烽烟起,烽烟起,梓桑半损。欲归,归途难问。天涯到处迷,将身怎隐。歧路穷途,天暗地昏。

〔末〕不必着慌,小弟倒有个算计。〔生〕请教!〔末〕会议之时,漕抚史可法、凤抚马舍舅俱在坐。舍舅语言甚不相为,全亏史公一力分豁,且说与尊府原有世谊的。〔生想介〕是,是,史道邻是家父门生。〔末〕这等何不随他到淮,再候家信。〔生〕妙!妙!多谢指引了。〔旦〕待奴家收拾行装。〔旦束装介〕

【前腔】欢娱事,欢娱事,两心自忖;生离苦,生离苦,且将恨忍,结成眉峰一寸。香沾翠被池,重重束紧。药裹巾箱,都带泪痕。

〔丑上,挑行李介〕〔生别旦介〕暂此分别,后会不远。〔旦弹泪介〕满地烟尘,重来亦未可必也。

【哭相思】离合悲欢分一瞬,后会期无凭准。〔小旦〕怕有巡兵踪迹,快行一步罢。〔生〕吹散俺西风太紧，停一刻无人肯。

〔生〕但不知史漕抚寓在那厢。〔净〕闻他来京公干，常寓市隐园，待我送官人去。〔生〕这等多谢。〔生、净、丑急下〕〔小旦〕这桩祸事，都从杨老爷起的，也还求杨老爷归结。明日果来拿人，作何计较？〔末〕贞娘放心，侯郎既去，都与你无干了。

〔末〕人生聚散事难论，〔旦〕酒尽歌终被尚温；

〔小旦〕独照花枝眠不稳，〔末〕来朝风雨掩重门。

第十三出　哭　主

甲申三月

〔副净扮旗牌官上〕汉阳烟树隔江滨，影里青山画里人，可惜城西佳绝处，朝朝遮断马头尘。在下宁南帅府一个旗牌官的便是，俺元帅收复武昌，功封侯爵。昨日又奉新恩，加了太傅之衔；小爷左梦庚，亦挂总兵之印。特差巡按御史黄澍老爷到府宣旨。今日九江督抚袁继咸老爷，又解粮三十船，亲来给发。元帅大喜，命俺设宴黄鹤楼，请两位老爷饮酒看江。〔望介〕遥见晴川树底，芳草洲边，万姓欢歌，三军嬉笑，好一段太平景象也。远远喝道之声，元帅将到，不免设起席来。〔台上挂黄鹤楼匾〕〔副净设席安座介〕〔杂扮军校旗仗鼓吹引导〕〔小生扮左良玉戎装上〕

【声声慢】逐人春色，入眼晴光，连江芳草青青。百尺楼高，吹笛落梅风景。领着花间小乘，载行厨，带缓衣轻；便笑咱将军好武，也爱儒生。

咱家左良玉，今日设宴黄鹤楼，请袁、黄两公饮酒看江，只得早候。〔吩咐介〕大小军卒楼下伺候。〔众应下〕〔作登楼介〕三春云物归胸次，万里风烟到眼中。〔望介〕你看浩浩洞庭，苍苍云梦，控西南之险，当江汉之冲。俺左良玉镇此名邦，好不壮哉！〔坐呼介〕旗牌官何在？〔副净跪介〕有。〔小生〕酒席齐备不曾？〔副净〕齐备多时了。〔小生〕怎么两位老爷还不见到？〔副净〕连请数次，袁老爷正在江岸盘粮，黄老爷又往龙华寺拜客，大约傍晚才来。〔小生〕在此久候，岂不困倦。叫左右速接柳相公上楼，闲谈拨闷。〔杂跪禀介〕柳相公现在楼下。〔小生〕快请。〔杂请介〕〔丑扮柳敬亭上〕气吞云梦泽，声撼岳阳楼。〔见介〕〔小生〕敬亭为何早来了？〔丑〕晚生知道元帅闷坐，特来奉陪的。〔小生〕这也奇了，你如何晓得。〔丑〕常言"秀才会课，点灯告坐"。天生文官，再不能爽快的。〔小生笑介〕说的有理。〔指介〕你看天才午转，几时等到点灯也。〔丑〕若不嫌聒噪呵，把昨晚说的"秦叔宝见姑娘"，再接上一回罢。〔小生〕极妙了。〔问介〕带有鼓板么？〔丑〕自古"官不离印，货不离身"，老汉管着做甚的。〔取出鼓板介〕〔小生〕叫左右泡开岕片，安下胡床。咱要纱帽隐囊，清谈消遣哩。〔杂设床、泡茶，小生更衣坐，杂捶背搔痒介〕〔丑旁坐敲鼓板说书介〕大江滚滚浪东流，淘尽兴亡古渡头；屈指英雄无半个，从来遗恨是荆州。按下新诗，还提旧话。且说人生最难得的是乱离之后，骨肉重逢。总是地北天南，时移物换，经几番凶荒战斗，怎免得梗泛萍漂。可喜秦叔宝解到罗公帅府，枷锁连身，正在候审，遇着嫡亲姑娘，卷帘下阶，抱头大哭。当时换了新衣，设席款待，一个候死的囚徒，登时上了青天。这叫做"运去黄金减价，时来顽铁生光"。〔拍醒木介〕〔小生掩泪介〕咱家也都经过了。〔丑〕再说那罗公问及叔宝的武艺，满心欢喜，特地要夸其本领，即日放炮传操。下了教场，雄兵十万，雁翅排开。罗公独坐当中，一呼百诺，掌着生杀之权。秦叔宝站在旁边，点头赞叹，口里不言，心中暗道：大丈夫定当如此！〔拍醒木介〕〔小生作骄态，笑介〕俺左良玉也不枉为人一世矣。〔丑〕那罗公眼看叔宝，高声问道："秦琼，看你身材高大，可曾学些武艺么？"叔宝慌忙跪下，应答如流："小人会使双锏。"罗公即命家人，将自己用的两条银锏抬将下来。那两条银锏，共重六十八斤，比叔宝所用铁锏，轻了一半。叔宝是用过重锏的人，接在手中，如同无物。跳下

阶来，使尽身法，左轮右舞，恰似玉蟒缠身，银龙护体。玉蟒缠身，万道毫光台下落；银龙护体，一轮月影面前悬。罗公在中军帐里，大声喝采道："好呀！"那十万雄兵，一齐答应。〔作喊介〕如同山崩雷响，十里皆闻。〔拍醒木介〕〔小生照镜镊鬓介〕俺左良玉立功边塞，万夫不当，也是天下一个好健儿。如今白发渐生，杀贼未尽，好不恨也！〔副净上〕禀元帅爷，两位老爷俱到楼了。〔丑暗下〕〔小生换冠带、杂撤床排席介〕〔外扮袁继咸，末扮黄澍，冠带喝道上〕〔外〕长湖落日气苍茫，黄鹤楼高望故乡。〔末〕吹笛仙人称地主，临风把酒喜洋洋。〔小生迎揖介〕二位老先生俯临敝镇，曷胜光荣！聊设杯酒，同看春江。〔外、末〕久钦威望，喜近节麾，高楼盛设，大快生平。〔安席坐，斟酒欲饮介〕〔净扮塘报人急上〕忙将覆地翻天事，报与勤王救主人。禀元帅爷，不好了！不好了！〔众惊起介〕有甚么紧急军情，这等喊叫？〔净急白介〕禀元帅爷：大伙流贼北犯，层层围住神京；三天不见救援兵，暗把城门开禁。放火焚烧宫阙，持刀杀害生灵。〔拍地介〕可怜圣主好崇祯，〔哭说介〕缢死煤山树顶。〔众惊问介〕有这等事，是那一日来？〔净喘介〕就是这、这、这三月十九日。〔众望北叩头，大哭介〕〔小生起，搓手跳哭介〕我的圣上呀！我的崇祯主子呀！我的大行皇帝呀！孤臣左良玉，远在边方，不能一旅勤王，罪该万死了！

【胜如花】高皇帝在九京，不管亡家破鼎，那知他圣子神孙，反不如飘蓬断梗。十七年忧国如病，呼不应天灵祖灵，调不来亲兵救兵；白练无情，送君王一命。伤心煞煤山私幸，独殉了社稷苍生，独殉了社稷苍生！

〔众又大哭介〕〔外摇手喊介〕且莫举哀，还有大事相商。〔小生〕有何大事？〔外〕既失北京，江山无主，将军若不早建义旗，顷刻乱生，如何安抚。〔末〕正是。〔指介〕这江汉荆襄，亦是西南半壁，万一失守，恢复无及矣。〔小生〕小弟滥握兵权，实难辞责，也须两公努力，共保边疆。〔外、末〕敢不从事！〔小生〕既然如此，大家换了白衣，对着大行皇帝在天之灵，恸哭拜盟一番。〔唤介〕左右可曾备下缞衣么？〔副净〕一时不能备及，暂借附近民家素衣三领，白衣三条。〔小生〕也罢，且穿戴起来。〔吩咐介〕大小三军，亦各随拜。〔小生、外、末穿衣裹布介〕〔领众齐拜，举哀介〕我那先帝呀！

【前腔】〔合〕宫车出，庙社倾，破碎中原费整。养文臣帷幄无谋，豢武夫疆场不猛；到今日山残水剩，对大江月明浪明，满楼头呼声哭声。〔又哭介〕这恨怎平，有皇天作证：从今后戮力奔命，报国仇早复神京，报国仇早复神京。

〔小生〕我等拜盟之后，义同兄弟。临侯督师，仲霖监军，我左昆山操兵练马，死守边方。倘有太子诸王，中兴定鼎，那时勤王北上，恢复中原，也不负今日一番义举。〔外、末〕领教了。〔副净禀介〕禀元帅，满城喧哗，似有变动之意，快请下楼，安抚民心。〔俱下楼介〕〔小生〕二位要向那里去？〔外〕小弟还回九江。〔末〕小弟要到襄阳。〔小生〕这等且各分手，请了。〔别介〕〔小生呼介〕转来，若有国家要事，还望到此公议。〔外、末〕但寄片纸，无不奔赴。请了。〔外、末下〕〔小生〕呵呀呀！不料今日天翻地覆，吓死俺也！

飞花送酒不曾擎，片语传来满座惊，

黄鹤楼中人哭罢，江昏月暗夜三更。

第十四出　阻　奸

甲申四月

【绕地游】〔生上〕飘飘家舍，怎把平安写，哭苍天满喉新血。国仇未雪，乡心难说，把闲情丢开后些。

小生侯方域，自去冬仓皇避祸，夜投史公，随到淮安漕署，不觉半载。昨因南大司马熊公内召，史公即补其缺，小生又随渡江。亏他重俺才学，待同骨肉。正思移家金陵，不料南北隔绝。目今议立纷纷，尚无定局，好生愁闷。且候史公回衙，一问消息。〔暂下〕

【三台令】〔外扮史可法忧容，丑扮长班随上〕山河今日崩竭，白面谈兵掉舌。弈局事堪嗟，望长安谁家传舍。

下官史可法，表字道邻，本贯河南，寄籍燕京。自崇祯辛未，叨中进士，便值中原多故，内为曹郎，外作监司，扬历十年，不曾一日安枕。今由淮安漕抚升补南京兵部尚书。那知到任一月，遭此大变，万死无裨，一筹莫展。幸亏长江天险，护此留都。但一月无君，人心皇皇，每日议立议迎，全无成说。今早操兵江上，探得北信，不免请出侯兄，大家快谈。〔丑〕侯爷，有请。〔生上见介〕请问老先生，北信若何？〔外〕今日得一喜信，说北京虽失，圣上无恙，早已航海而南；太子亦间道东奔，未知果否？〔生〕果然如此，苍生之福也。〔小生扮差役上〕朝廷无诏旨，将相有传闻。〔到门介〕门上有人么？〔丑问介〕那里来的？〔小生〕是凤抚衙门来的，有马老爷候札，即讨回书。〔丑〕

待我传上去。〔入见介〕禀老爷,凤抚马老爷差人投书。〔外拆看,皱眉介〕这个马瑶草,又讲甚么迎立之事了。

【高阳台】清议堂中,三番公会,攒眉仰屋蹴靴;相对长吁,低头不语如呆。堪嗟!军国大事非轻举,俺纵有庙谟难说。这来书谋迎议立,邀功情切。

〔向生介〕看他书中意思,属意福王。又说圣上确确缢死煤山,太子奔逃无踪。若果如此,俺纵不依,他也竟自举行了。况且昭穆伦次,立福王亦无大差。罢!罢!罢!答他回书,明日会稿,一同列名便了。〔生〕老先生所言差矣。福王分藩敝乡,晚生知之最详,断断立不得。〔外〕如何立不得?〔生〕他有三大罪,人人俱知。〔外〕那三大罪?〔生〕待晚生数来:

【前腔】福邸藩王,神宗骄子,母妃郑氏淫邪。当日谋害太子,欲行自立,若无调护良臣,几将神器夺窃。〔外〕此一罪却也不小。〔问介〕还有那一罪?〔生〕骄奢,盈装满载分封去,把内府金钱偷竭。昨日寇逼河南,竟不舍一文助饷;以致国破身亡,满宫财宝,徒饱贼囊。〔外〕这也算的一大罪。〔问介〕那第三大罪呢?〔生〕这一大罪,就是现今世子德昌王,父死贼手,暴尸未葬,竟忍心远避。还乘离乱之时,纳民妻女。这君德全亏尽丧,怎图皇业。

〔外〕说的一些不差,果然是三大罪。〔生〕不特此也,还有五不可立。〔外〕怎么又有五不可立?

【前腔】〔生〕第一件,车驾存亡,传闻不一,天无二日同协。第二件,圣上果殉社稷,尚有太子监国,为何明弃储君,翻寻枝叶旁牒。第三件,这中兴之主,原不必拘定伦次的。分别,中兴定霸如光武,要访取出群英杰。第四件,怕强藩乘机保立。第五件,又恐小人呵,将拥戴功挟。

〔外〕是,是,世兄高见,虑的深远。前日见副使雷缜祚、礼部周镳,都有此论,但不及这番透彻耳。就烦世兄把这三大罪,五不可立之论,写书回他便了。〔生〕遵命。〔点烛写书介〕〔副净扮阮大铖,杂扮家僮提灯上〕须将奇货归吾手,莫把新功让别人。下官阮大铖,潜往江浦,寻着福王,连夜回来,与马士英倡议迎立。只怕兵部史可法临时掣肘。今日修书相商,还恐不妥,故此昏夜叩门,与他细讲。〔见小生介〕你早来下书,如何还不回去。〔小生〕等候回书,不见发出。〔喜介〕阮老爷来的正好,替小人催一催。〔杂〕门上大叔那里?〔丑〕是那个?〔副净见,作足恭介〕烦位下通报一声,说裤子裆里阮,求见老爷。〔丑诨介〕裤子裆里软,这可未必。常言"十个胡子九个骚",待我摸一摸,果然软不软。〔副净〕休得取笑,快些方便罢。〔丑〕天色已晚,老爷安歇了,怎敢乱传。〔副净〕有要话商议,定求一见的。〔丑〕待我传上去。〔进禀介〕禀老爷,有裤子裆里阮,到门求见。〔外〕是那个姓阮的?〔生〕在裤子裆里住,自然是阮胡子了。〔外〕如此昏夜,他来何干?〔生〕不消说,又是讲迎立之事了。〔外〕去年在清议堂诬害世兄的便是他。这人原是魏党,真正小人,不必理他,叫长班回他罢了。〔丑出,怒介〕我说夜晚了,不便相会,果然惹个没趣。请回罢!〔副净拍丑肩介〕位下是极在行的,怎不晓得:夜晚来会,才说的是极有趣的话哩;那青天白日,都是些扫帐儿。〔丑〕你老说的有理,事成之后,随封都要双分的。〔副净〕不消说,还要加厚些。〔丑〕既是这等,待我再传。〔进禀介〕禀老爷,姓阮的定求一见,要说极有趣的话。〔外〕唗,放屁!国破家亡之时,还有甚么趣话说!快快赶出,闭上宅门。〔丑〕凤抚回书尚未打发哩。〔生〕书已写就,求老先生过目。〔外读介〕

【前腔】二祖列宗,经营垂创,吾皇辛苦力竭。一旦倾移,谁能重续灭绝。详列:福藩罪案三桩大,五不可、势局当歇。再寻求贤宗雅望,去留先决。

〔外〕写的明白,料他也不敢妄动了。〔吩咐介〕就交与凤抚家人,早闭宅门,不许再来罗唣。〔起介〕正是江上孤臣生白发,〔生〕灯前旅客罢冰弦。〔外、生下〕〔丑出呼介〕马老爷差人呢?〔小生〕有。〔丑〕领了回书,快快出去,我要闭门哩。〔小生接书介〕还有阮老爷要见,怎么就闭门?〔副净向丑介〕正是,我方才央过求见老爷的,难道忘了。〔丑佯问介〕你是谁呀?〔副净〕我便是裤子裆里阮哪。〔丑〕啐!半夜三更,只管软里硬里,奈何的人不得睡。〔推介〕好好的去罢。〔竟闭门入介〕〔小生〕得了回书,我先去了。〔下〕〔副净恼介〕好可恶也,竟自闭门不纳了。〔呆介〕罢了!俺老阮十年之前,这样气儿也不知受过多少,且自耐他。〔搓手介〕只是当前机会,不可错过。这史可法现掌着本兵之印,如此执拗起来,目下迎立之事,便行不去了,这怎么处?〔想介〕呸!我到呆气了,如今皇帝玉玺且无下落,你那一颗部印有何用处?〔指介〕老史,老史,一盘好肉包掇上门来,你不会吃,反去让了别人,日后不要见怪。正是:

穷途才解阮生嗟,无主江山信手拿。

奇货居来随处赠,不知福分在谁家。

第十五出　迎　驾

甲申四月

【番卜算】〔净扮马士英冠带上〕一旦神京失守，看中原逐鹿交走。捷足争先，拜相与封侯，凭着这拥立功大权归手。

下官马士英，别字瑶草，贵州贵阳卫人也，起家万历己未进士，现任凤阳督抚。幸遇国家多故，正我辈得意之秋。前日发书约会史可法，同迎福王。他回书中有"三大罪、五不可立"之言。阮大铖走去面商，他又闭门不纳。看来是不肯行的了。但他现握着兵权，一倡此论，那九卿班里，如高弘图、姜曰广、吕大器、张国维等，谁敢竞行。这迎立之事，便有几分不妥了。没奈何，又托阮大铖约会四镇武臣，及勋戚内侍，未知如何，好生焦躁。〔副净扮阮大铖急上〕胸有已成之竹，山无难劈之柴。此是马公书房，不免竟入。〔净见问介〕圆老回来了，大事如何？〔副净〕四镇武臣见了书函，欣然许诺，约定四月念八，全备仪仗，齐赴江浦矣。〔净〕妙！妙！那高黄二刘，如何说来？〔坐介〕

【催拍】〔副净〕他说受君恩爵封列侯，镇江淮千里借筹；神京未收，神京未收，似我辈滥功糜饷，建牙堪羞。江浦迎銮，愿领貔貅，扶新主持节复仇。临大事，敢夷犹！

〔净〕此外还有何人肯去？〔副净〕还有魏国公徐鸿基，司礼监韩赞周，吏科给事李沾，监察御史朱国昌。〔净〕勋、卫、科、道，都有个把，也就好了。他们都怎么说来？

【前腔】〔副净〕**他说马中丞当先出头，众公卿谁肯逗留。职名早投，职名早投，大家去上书陈表，拥入皇州。新主中兴，拜舞龙楼，将今日劳苦功酬，迁旧秩，壮新猷。**

〔净〕果然如此，妙的狠了。只是一件，我是一个外吏，那几个武臣勋卫，也算不得部院卿僚，目下写表如何列名？〔副净〕这有甚么考证，取本《缙绅便览》来，从头抄写便了。〔净〕虽如此说，万一驾到，没有百官迎接，我们三五个官，如何引进朝去？〔副净〕我看满朝诸公，那个是有定见的。乘舆一到，只怕递职名的还挨挤不上哩。〔净〕是！是！表已写就，只空衔名，取本《缙绅》来，快快开列。〔外扮书办取《缙绅》上〕西河沿洪家《高头便览》在此。〔下〕〔副净〕待我抄起来。〔偏头远视介〕表上字体，俱要细楷的，目昏难写，这怎么处？〔想介〕有了。〔腰内取出眼镜戴，抄介〕"吏部尚书臣高弘图"。〔作手颤介〕这手又颤起来了，目下等着起身。一时写不出，急杀人也。〔净〕还叫书办写去罢。〔副净〕这姓名里面都有去取，他如何写得。〔净〕你指示明白，自然不错了。〔叫介〕书办快来。〔外上〕〔副净照《缙绅》指点向外介〕〔外下〕〔净〕自古道："中原逐鹿，捷足先得。"我们不可落他人之后。快整衣冠，收拾箱包，今日务要出城。〔丑扮长班收拾介〕〔副净问介〕请问老公祖，小弟怎生打扮？〔净〕迎驾大典，比不得寻常私谒，俱要冠带才是。〔副净〕小弟原是废员，如何冠带？〔净〕正是。〔想介〕没奈何，你且权充个赍表官罢，只是屈尊些儿。〔副净〕说那里话，大丈夫要立功业，何所不可，到这时候还讲刚方么。〔净笑介〕妙，妙，才是个软圆老。〔副净换差吏服色介〕

【前腔】拚余生寒灰已休，喜今朝涸海更流。金鳌上钩，金鳌上钩，好似太公一钓，享国千秋。牛马风尘，暂屈何忧，刀笔吏丞相根由。人

笑骂，我不羞。

〔外上〕表已列名，老爷过目。〔副净看介〕果然一些不差，就包裹好了，装入箱中。〔外包裹装箱内介〕〔副净〕下官只得背起来了。〔外、丑与副净绑箱背上介〕〔净看，笑介〕圆老这件功劳却也不小哩。〔副净正色介〕不要取笑，日后画在凌烟阁上，倒有些神气的。〔丑牵马介〕天色将晚，请老爷上马。〔净吩咐介〕这迎驾大事，带不的多人，只你两个跟去罢。〔副净〕便益你们，后日都要议叙的。〔俱上马，急走绕场介〕

【前腔】〔合〕趁斜阳南山雨收，控青骢烟驿水邮，金鞭急抽，金鞭急抽，早见浦江云气，楚尾吴头。应运英雄，虎赴龙投，恨不的双翅飕飕，银烛下，拜冕旒。

〔净〕叫左右早去寻下店房。〔副净〕阿呀！我们做的何事，今日还想安歇，快跑！快跑！〔加鞭跑介〕

〔净〕江云山气晚悠悠，〔副净〕马走平川似水流，

〔净〕莫学防风随后到，〔副净〕涂山明日会诸侯。

第十六出　设　朝

甲申五月

【念奴娇】〔小生扮弘光衮冕，小旦、老旦扮二监引上〕高皇旧宇，看宫门殿阁，重重初敞。深目飞腾新紫气，倚着钟山千丈。祖德重光，民心合仰，迎俺青天上。云消帘卷，东南烟景雄壮。

一朵黄云捧御床，醒来魂梦自徬徨。中兴不用亲征战，才洗尘颜着衮裳。寡人乃神宗皇帝之孙，福邸亲王之子，自幼封为德昌郡王。去年贼陷河南，父王殉国，寡人逃避江浦，九死余生；不料北京失守，先帝升遐，南京臣民推俺为监国之主。今乃甲申年五月初一日，早谒孝陵回宫，暂御偏殿，看百官有何章奏。〔外扮史可法，净扮马士英，末扮黄得功，丑扮刘泽清，文武袍笏上〕再见冠裳盛，重瞻殿阁高；金瓯仍未缺，玉烛又新调。我等文武百官，昨日迎銮江浦，今早陪位孝陵；虽投职名，未称朝贺，礼当恭上表文，请登大宝。〔众前跪上表介〕南京吏部尚书臣高弘图等，恭请陛下早正大位，改元听政，以慰臣民之望。恭惟陛下呵，

【本序】潜龙福邸，望扬扬，貌似神宗，嫡派天潢。久著仁贤声誉重，中外推戴陶唐。瞻仰，牒出金枝，系连花萼，宜承大统诸宗长。臣伏愿登庸御宇，早继高皇。

〔四拜介〕〔小生〕寡人外藩衰宗，才德凉薄，俯顺臣民之请，来守高帝之宫。君父含冤，大仇未报，有何面颜，忝然正位。今暂以藩

王监国，仍称崇祯十七年，一切政务，照常办理。诸卿勿得谆请，以重寡人之罪。

【前腔】休强，中原板荡，叹王孙乞食江头，栖止榛莽。回首尘沙何处去，洛下名园花放。盼望，兵燹难消，松楸多恙，鼎湖弓剑无人葬。吾怎忍垂旒正冕，受贺当阳。

〔众跪呼介〕万岁！万万岁！真仁君圣主之言，臣等敢不遵旨。但大仇不当迟报，中原不可久失，将相不宜缓设，谨具题本，伏候裁决。〔上本介〕

【前腔】开朗，中兴气象，见罘罳瑞霭祥云，王业重创。不共天仇，从此后尝胆眠薪休忘。参想，收复中原，调燮黄阁，急须封拜卜忠亮；还缺少百官庶士，乞选才良。

〔小生〕览卿题本，汲汲以报仇复国为请，俱见忠悃。至于设立将相，寡人已有成议，众卿听着：

【前腔】职掌，先设将相，论麒麟画阁功劳，迎立为上。捧表江头，星夜去拥着乘舆仪仗。寻访，加体黄袍，嵩呼拜舞，百忙难把玺符让。今日里论功叙赏，文武谁当。

众卿且退，午门候旨。〔小生、内官随下〕〔外，净、末、丑退班立介〕〔外〕若论迎立之功，今日大拜，自然让马老先生了。〔净〕下官风尘外吏，焉能越次而升。若论国家用武之际，史老先生现居本兵，理当大拜。〔向末、丑介〕四镇实有护驾之劳，加封公侯，只在目下。〔末、丑〕皆赖恩帅提拔。〔老旦扮内监捧旨上〕圣旨下：凤阳督抚马士英，倡议迎立，功居第一，即升补内阁大学士，兼兵部尚书，入阁办事。吏部尚书高弘图、礼部尚书姜曰广、兵部尚书史可法，亦皆升补大学士，各兼本衔。高弘图、姜曰广入阁办事，史可法着督师江北。其余部院大小官员，现任者，各加三级；缺员者，将迎驾人员，论功选补。又四镇武臣，靖南伯黄得功，兴平伯高杰，东平伯刘泽清，广昌伯刘良佐，俱进封侯爵，各归汛地。谢恩！〔众谢恩介〕万岁！万万岁！〔起介〕〔外向末、丑介〕老夫职居本兵，每以不能克复中原为耻，圣上命俺督师江北，正好戮力报效。今与列侯约定，于五月初十日，齐集扬州，共商复仇之事。各须努力，勿得迟延。〔末、丑〕是。〔外〕老夫走马到任去也。正是：重兴东汉逢明主，收复中原任老臣。〔别众下〕〔末、丑欲下介〕〔净唤介〕将军转来。〔拉手话介〕圣上录咱迎立之功，拜相封侯。我等皆系勋旧大臣，比不得别个。此后内外消息，须要两相照应，千秋富贵，可以常保矣。〔末，丑〕蒙恩携带，得有今日，敢不遵谕。〔末、丑急下〕〔净笑介〕不料今日做了堂堂首相，好快活也！〔副净扮阮大铖探头瞧介〕〔净欲下介〕且住，立国之初，诸事未定，不要叫高、姜二相夺了俺的大权。且慢回家，竟自入阁办事便了。〔欲入介〕〔副净悄上作揖介〕恭喜老公祖，果然大拜了。〔净惊问介〕你从那里来？〔副净〕晚生在朝房藏着，打听新闻来。〔净〕此系禁地，今日立法之始，你青衣小帽，在此不便，请出去罢。〔副净〕晚生有要紧话说。〔附耳介〕老师相叙迎立之功，获此大位；晚生赍表前往，亦有微劳，如何不见提起？〔净〕方才宣旨，各部院缺员，许将迎驾之人叙功选补矣。〔副净喜介〕好！好！还求老师相荐拔。〔净〕你的事何待谆嘱。〔欲入介〕〔副净〕事不宜迟，晚生权当班役，跟进内阁，看看机会何如？〔净〕学生初入内阁，未谙机务；你来帮一帮，也不妨事，只要小心着。〔副净〕晓得。〔替净拿笏板随行介〕

【赛观音】〔净〕旧黄扉，新丞相，喜一旦趾高气扬，廿四考中书模样。〔副净〕莫忘辛勤老陪堂。

〔净〕殿阁东偏晓雾黄，〔副净〕新参知政气昂昂，

〔净〕过江同是从龙彦，〔副净〕也步金阶抱笏囊。

第十七出　拒　媒

甲申五月

【燕归梁】〔末扮杨文骢冠带上〕南朝领略风流尽，新立个妙龄君；清江隔断浊烟尘，兰署里买香薰。

下官杨文骢，因叙迎驾之功，补了礼部主事。盟兄阮大铖，仍以光禄起用。又有同乡越其杰、田仰等，亦皆补官，同日命下，可称一时之盛。目下漕抚缺人，该推升田仰。适才送到聘金三百，托俺寻一美妓，要带往任所。我想青楼色艺之精，无过香君，不免替他去问。〔唤介〕长班走来。〔杂扮长班上〕胸中一部《缙绅》，脚下千条胡同。〔见介〕老爷有何使唤？〔末〕你快请清客丁继之，女客卞玉京，到我书房说话。〔杂〕禀老爷，小人是长班，只认的各位官府，那些串客、表子，没处寻觅。〔末〕听我吩咐：

【渔灯儿】闹端阳，正纷纭，水阁含春。便有那乌衣子弟伴红裙，难道是织女牵牛天汉津。〔杂〕就在那秦淮河房么，小人晓得了。〔末指介〕你望着枣花帘影杏纱纹，那壁厢款问殷勤。

〔副净扮丁继之，外扮沈公宪，净扮张燕筑上〕院里常留老白相，朝中新聘大陪堂。〔副净〕来此是杨老爷私宅，待我叫门。〔叫介〕位下那里？〔杂出见介〕众位何来？〔副净〕老汉是丁继之，同这沈、张两敝友，求见杨老爷。烦位下通报一声。〔杂喜介〕正要去请，来的凑巧，待我通报。〔欲入介〕〔老旦扮卞玉京，小旦扮寇白门，丑扮郑妥娘上]紫燕来何早,黄莺到已迟。〔小旦叫介〕三位略等一等,同进去罢。〔副净〕原来是你姊妹们。〔净〕你们来此何干?〔丑〕大家是一样病根,你们怕做师父,我们怕做徒弟的。〔俱入介〕〔末喜介〕如何来的恰好。〔众〕无事不敢轻造,今日特来恳恩,尚容拜见。〔俱叩介〕〔末拉起介〕请坐,有何见教?〔副净问介〕新补光禄阮老爷是杨老爷至交么?〔末〕正是。〔副净〕闻得新主登极,阮老爷献了四种传奇,圣心大悦,把《燕子笺》钞发总纲,要选我们入内教演,有这话么?〔末〕果然有此盛举。〔净〕不瞒老爷说,我们两片唇,养着八张嘴。这一入内庭,岂不"灭门绝户了一家儿"?〔丑〕我们也是八张嘴,靠着两片皮哩。〔末笑介〕不必着忙,当差承应,自有一班教坊男女;你们都算名士数里的,谁好拿你。〔众〕只求老爷护庇则个。〔末〕明日开列姓名,送与阮圆海,叫他一概免拿便了。〔众〕多谢老爷。

【前腔】看一片秣陵春,烟水消魂,借着些笙歌裙屐醉斜曛。若把俺尽数选入呵,从此后江潮暮雨掩柴门,再休想白舫青帘载酒樽。老爷果肯见怜,这功德不小,保秦淮水软山温。

〔末〕下官也有一事借重。〔副净〕老爷有何见教?〔末〕舍亲田仰,不日就升漕抚,适才送到聘金三百,托俺寻一小宠。〔丑〕让我去罢。〔净〕你去不得,你去了,这院中便散了板儿了。〔丑〕怎的便散了板儿?〔净〕没人和我打钉了。〔丑〕啐!〔副净〕老爷意中可有一个人儿么?〔末〕人是有一个在这里,只要你去作伐。〔老旦〕是那个?〔末〕便是李家的香君。〔副净摇头介〕这使不得。〔末〕如何使不得?〔副净〕他是侯公子梳栊过的。

【锦渔灯】现有个秦楼上吹箫旧人,何处去觅封侯柳老三春。留着他燕子楼中昼闭门,怎教学改嫁的卓文君。

〔末〕侯公子一时高兴,如今避祸远去,那里还想着香君哩。但

去无妨。〔老旦〕香君自侯郎去后，立志守节，不肯下楼，岂有嫁人之理，去也无益。

【锦上花】似一只雁失群，单宿水，独叫云，每夜里月明楼上度黄昏。洗粉黛，抛扇裙，罢笛管，歇喉唇，竟是长斋绣佛女尼身，怕落了风尘。

〔末〕虽如此说，但有强如侯郎的，他自然肯嫁。〔副净〕香君之母，原是老爷厚人，倒是老爷面讲更好。〔末〕你是知道的，侯郎梳栊香君，原是下官作伐。今日觌面，如何讲说，还烦二位走走，自有重谢。〔净、外〕这等我们也去走走。〔小旦、丑〕呸！皮肉行里经纪，只许你们做么，俺也同去。〔末〕不必争闹，待他二位说不来时，你们再去。〔众〕是！是！辞过老爷罢。〔末〕也不远送了。狎客满堂消我闷，嫁衣终日为人忙。〔下〕〔副净、老旦〕杨老爷免了咱们差事，莫大的恩典哩。〔外、净〕正是。〔副净〕你四位先回，俺要到香君那边，替杨老爷说事去了。〔丑〕赚了钱不可偏背，大家八刀才好。〔众诨下〕〔副净、老旦同行介〕〔副净〕记得侯公子梳栊香君，也是我们帮衬来。

【锦中拍】想当初华筵盛陈，配才子佳人，排列着花林粉阵，逐趁着筝声笛韵。如今又去帮衬别家，好不赧颜，**似邮亭马斯，迎官送宾。**〔老旦〕我们不去何如。〔副净〕俺若不去呵，又怕他**新铮铮春官匣印，硬选入秋宫院门。**〔老旦〕这等如之奈何？〔副净〕俺自有个两全之法，到那边**款语商量，柔情索问，做一个闲蜂蝶花里混。**

〔老旦〕妙！妙！〔副净〕来此已是，不免竟进。〔唤介〕贞娘出来。〔旦上〕空楼寂寂含愁坐，长日恹恹带病眠。〔问介〕楼下那个？〔老旦〕丁相公来了。〔旦望介〕原来是卞姨娘同丁大爷光降，请上楼来。〔副净、老旦见介〕令堂怎的不见？〔旦〕往盒子会里去了。〔让介〕请坐，献茶。〔同坐介〕〔老旦〕香君闲坐楼窗，和那个顽耍？〔旦〕

姨娘不知：

【锦后拍】俺独自守空楼，望残春，白头吟罢泪沾巾。〔老旦〕何不招一新婿？〔旦〕奴家已嫁侯郎，岂肯改志。〔副净〕我们晓你苦心。今日礼部杨老爷说，有一位大老田仰，肯输三百金，娶你作妾，托俺来问一声。〔旦〕这题目错认，这题目错认，可知定情诗红丝拴紧，抵过他万两雪花银。〔老旦〕这事凭你裁酌，你既不肯，另问别家。〔旦〕卖笑哂，有勾栏艳品。奴是薄福人，不愿入朱门。

〔老旦〕既如此说，回他便了。〔副净〕令堂回家，不要见钱眼开。〔旦〕妈妈疼奴，亦不肯相强的。〔副净〕如此甚好，可敬！可敬！〔起介〕别过了。〔外、净、小旦、丑急上〕两处红丝千里系，一条黑路六人忙。〔净〕快去！快去！他二人说成，便偏背我们了。〔丑〕我就不依他，饶他吃到口里，还倒出脏来。〔进介〕〔净〕香君恭喜了。〔旦〕喜从何来？〔小旦〕双双媒人来你家，还不喜哩。〔旦〕敢也说田仰的事么？〔净〕便是。〔旦〕方才奴已拒绝了。〔外〕杨老爷的好意，如何拒得。【北骂玉郎带上小楼】他为你生小绿珠花月身，寻一个金谷绮罗里石季伦。〔旦〕奴家不图富贵，这话休和我讲。〔副净、老旦〕我二人在此劝了半日，他决不肯嫁人的。〔小旦〕他不嫁人，明日拿去学戏，要见个男子的面，也不能够哩。歌残舞罢锁长门，卧氍毹夜夜伤神。〔旦〕奴便终身守寡，有何难哉！只不嫁人。〔丑〕难道三百两花银，买不去你这黄毛丫头么？〔旦〕你要银子，你便嫁他，不要管人家闲事。〔丑怒介〕好丫头，抢白起姨娘来了，我就死在你家。〔撒泼介〕小私窠贱根，小私窠贱根，掉巧舌讪谤尊亲。〔净发威介〕好大胆奴才！杨老爷新做了礼部，连你们官儿都管的着，明日拿去拶掉你指头。管烟花要津，管烟花要津，触恼他风狂雨迅，准备着桃伤柳损。〔旦〕尽你吓唬，奴的主意已定了。〔老旦〕看他小小年纪，倒有志气。〔副净〕

吓他不动，走罢，走罢。〔丑〕我这里撒泼，没个人来拉拉，气死我也！他不嫁人，我扭也扭他下楼。硬推来门外双轮，硬推来门外双轮；兜折宝钏，扯断湘裙。〔副净〕自古有钱难买不卖货，撒了赖当不的，大家散罢。〔外、小旦〕我两个原要不来，吃亏老燕，老妥强拉到此，惹了这场没趣。走！走！走！快出门，掩羞面，气忍声吞。〔净、丑〕我们也走罢，干发虚，没钞分，遗臊撒粪。

〔外、净、小旦、丑俱诨下〕〔副净、老旦〕香君放心，我们回绝杨老爷，再不来缠你便了。〔旦拜介〕这等多谢二位。〔作别介〕

〔副净〕蜂媒蝶使闹纷纷，〔旦〕阑入红窗搅梦魂，
〔老旦〕一点芳心采不去，〔旦〕朝朝楼上望夫君。

第十八出　争　位

甲申五月

〔生上〕无定输赢似弈棋，书空殷浩欲何为？长江不限天南北，击楫中流看誓师。小生侯方域，前日替史公修书，一时激烈，有"三大罪、五不可立"之议。不料福王今已登极，马士英竟入阁办事，把那些迎驾之臣，皆录功补用。史公虽亦入阁，又令督师江北，这分明有外之之意了。史公却全不介意，反以操兵剿贼为喜，如此忠肝义胆，人所难能也。现在开府扬州，命俺参其军事；约定今日齐集四镇，共商防河之计，不免上前一问。〔作至书房介〕管家那里？〔小生扮书童上〕侯爷来了，待我通报。〔小生请外介〕

【北点绛唇】〔外上〕**持节江皋，龙骧虎啸，忧国事，不顾残躯，双鬓苍白了。**

〔见生介〕世兄可知今日四镇齐集，共商大事？不日整师誓旅，雪君父之仇了。〔生〕如此甚妙。只有一件，高杰镇守扬、通，兵骄将傲，那黄、刘三镇，每发不平之恨。今日相见，大费调停，万一兄弟不和，岂不为敌人之利乎。〔外〕所说极是。今日相见，俺自有一番劝慰之言。〔小生报介〕辕门传鼓，说四镇到齐，伺候参谒。〔生下〕〔外升帐吹打开门，杂排左右仪卫介〕〔副净扮高杰，末扮黄得功，丑扮刘泽清，净扮刘良佐，俱介胄上〕只恨燕京无乐毅，谁知江左有夷吾。〔入见，禀介〕四镇小将，叩谒阁部大元帅。〔拜介〕〔外拱手立介〕列

侯请起。〔副净等俱排立介〕听候元帅将令。〔外〕本帅以阁部督师，君命隆重，大小将士俱在指挥之下。〔众〕是。〔外〕四镇乃堂堂列侯，不比寻常武弁。〔举手介〕屈尊侍坐，共议军情。〔众〕岂敢！〔外〕本帅命坐，便如军令一般，不可推辞。〔众〕是。〔揖介〕告坐了。〔副净首坐，末、丑、净依次坐介〕〔末怒视副净介〕

【混江龙】〔外〕淮南险要，江河保障势滔滔，一带奇云结阵，满目细柳垂条。铁马嘶风先突塞，犀军放弩早惊潮。说甚么徐、常、沐、邓，比得上绛、灌、萧、曹。同心共把乾坤造，看古来功臣阁丹青图画，似今日列侯会剑佩弓刀。

〔末怒介〕元帅在上，小将本不该争论。〔指介〕这高杰乃投诚草寇，有何战功，今日公然坐俺三镇之上。〔副净〕我投诚最早，年齿又尊，岂肯居尔等之下。〔丑〕此处是你汛地，我们都是客兵，连一个宾主之礼不晓得，还要统兵。〔净〕他在扬州享受繁华，尊大惯了；今日也该让咱们来享享。〔副净〕你们敢来，我就奉让。〔末〕那个是不敢来的！〔起介〕两位刘兄同我出来，即刻见个强弱。〔怒下〕〔外向副净介〕他讲的有理，你还该谦逊才是。〔副净〕小将宁死不在他们之下。〔外〕你这就大错了。

【油葫芦】四镇堂堂气象豪，倚仗着恢复北朝。看您挨肩雁序，恰似好同胞，为甚的争坐位失了同心好，斗齿牙变了协恭貌。一个眼睁睁同室操戈盾，一个怒冲冲平地起波涛。没见阵上逞威风，早已窝里相争闹，笑中兴封了一伙〔指介〕小儿曹。

不料四镇英雄，可笑如此；老夫一天高兴，却早灰冷一半也。没奈何，且出张告示，晓谕三镇，叫他各回汛地，听候调遣。〔向副净介〕你既驻札本境，就在本帅标下做个先锋，各有执掌，他们也不敢来争闹了。〔副净〕多谢元帅。〔外〕待老夫写起告示来。〔写介〕〔内呐喊介〕〔副净不辞，出介〕〔末、丑、净持刀上〕高杰快快出来！〔副净出见介〕你青天白日，持刀呐喊，竟是反了。〔末〕我们为甚么反，只要杀你这个无礼贼子。〔副净〕你们敢在帅府门前如此放肆，难道不是无礼贼子么？〔末、丑、净赶杀副净介〕〔副净入辕门叫介〕阁部大老爷救命呀！黄、刘三贼杀入帅府来了。〔末、丑，净门外喊骂介〕〔外惊立介〕

【天下乐】俺只道塞马南来把战挑，杀声渐高，却是咱兵自鏖。这时候协力同仇还愁少，怎当的阋墙鼓噪，起了个离间根苗。这才是将难调，北贼易讨。

〔吩咐介〕快请侯相公出来。〔杂向内介〕侯爷有请。〔生急上〕晚生已听的明白了。〔外〕借重高才，传俺帅令，安抚乱军。〔生〕如何安抚？〔外〕老夫有告示一纸，快去晓谕他们便了。〔生〕遵命。〔接告示出见介〕列侯请了！小弟乃本府参谋，奉阁部大元帅之命，晓谕三镇知悉：恭逢新主中兴，闯贼未讨，正我辈枕戈待旦、立功报效之时；不宜怀挟小忿，致乱大谋。俟收复中原，太平赐宴，论功叙坐，自有朝仪。目下军容匆遽，凡事权宜，皆当相谅，无失旧好。兴平侯高，原镇扬、通，今即留在本帅标下，委作先锋。靖南侯黄，仍回庐、和。东平侯刘，仍回淮、徐。广昌侯刘，仍回凤、泗。静听调遣，勿得抗违。军法懔然，本帅不能容情也。特谕。〔末〕我们只要杀无礼贼子，怎敢犯元帅军法。〔生〕目今辕门截杀，这就是军法难容的了。〔丑〕既是这等，不要惊着元帅，大家且散。〔净〕明日杀到高杰家里去罢。正是"国仇犹可恕，私恨最难消"。〔下〕〔生入见介〕三镇闻令，暂且散去，明日还要厮杀哩。〔外〕这却怎处？〔指副净介〕

【后庭花】高将军，你横将仇衅招，为甚的不谦恭，妄自骄？坐了个首席乡三老，惹动他诸侯五路刀。凭仪秦一番舌战巧，也不过息兵半

晌饶。费调停，干焦躁；难消释，空懊恼。这情形何待瞧，那事业全去了。

〔副净〕元帅不必着急，明日和他见个输赢，把三镇人马并俺一处，随着元帅恢复中原，却亦不难也。〔外〕你说的是那里话。现今流寇北来，将渡黄河，总兵许定国不能阻当，连夜告急；正要与四镇商议，发兵防河。今日一动争端，偾俺大事，岂不可忧！〔副净〕他三镇也不为别的，只因扬州繁华，要来夺取，俺怎肯让他。〔外〕这话益发可笑了。

【煞尾】领着一枝兵，和他三家傲，似垒卵泰山压倒。你占住繁华廿四桥，竹西明月夜吹箫；他也想隋堤柳下安营巢，不教你蕃厘观独夸琼花少。谁不羡扬州鹤背飘，妒杀你腰缠十万好，怕明日杀声咽断广陵涛。

罢！罢！罢！老夫已拚一死，更无他法；侯兄长才，只索凭你筹画了。〔生〕且看局势，再做商量。〔外、生下〕〔吹打掩门，杂俱下〔副净吊场介〕俺高杰也是一条好汉，难道坐以待毙不成。明早黄金坝上，点齐人马，排下阵势，等他来时，迎敌便了。正是：

龙争虎斗逞雄豪，杯酒筵边动剑刀，

刘项何须成败论，将军头断不降曹。

第十九出　和　战

甲申五月

〔末、净、丑扮黄得功、刘良佐、刘泽清戎装,杂扮军校执旗帜器械呐喊上〕〔末〕兄弟们俱要小心着,闻得高杰点齐人马,在黄金坝上伺候迎敌。我们分作三队,依次而进。〔净〕我带的人马原少,让我挑战,两兄迎敌便了。〔末〕我的田雄不曾来,我作第二队,总叫河洲哥哥压哨罢。〔丑〕就是如此,大家杀向前去。〔摇旗呐喊急下〕〔副净扮高杰戎装,军校执械随上〕大小三军排开阵势,伺候迎敌。〔杂扮探卒上〕报!报!报!三家贼兵摇旗呐喊,将次到营了。〔净持大刀上〕老高快快出马,今日和你争个谁大谁小。〔副净持枪骂上〕你花马刘,是咱家小兄弟,那个怕你!〔内击鼓,净、副净厮杀介〕〔副净叫介〕三军齐上,活捉了这个刘贼。〔杂上乱战介〕〔净败下〕〔末持双鞭上〕我黄闯子的本领你是晓得的,快快磕头,饶你一死。〔副净〕我高老爷不稀罕你这活头,要取你那颗死头的。〔内击鼓,末、副净厮杀介〕〔副净叫介〕三军再来。〔杂上乱战介〕〔末急介〕从来将对将,兵对兵,如何这样混战。到底是个无礼贼子,今日且输与你。〔败下〕〔丑持双刀领众喊上介〕高杰,你不要逞强,我刘河洲也带着些人马哩,咱就混战一场,有何不可。〔副净〕我翻天鹞子不怕人的,凭你竖战也可,横战也可。杀!杀!杀!〔两队领众混战介〕〔生持令箭立高台,小兵持锣敲介〕〔众止杀,仰看介〕〔生摇令箭介〕阁部大元帅有

令：四镇作反，皆督师之过。请先到帅府，杀了元帅，次到南京，抢了宫阙。不必在此混战，骚害平民。〔丑〕我们并不曾作反，只因高杰无礼，混乱坐次，我们争个明白，日后好参谒元帅。〔副净〕我高杰乃本标先锋，怎敢作反；他们领兵来杀，只得迎敌。〔生〕不奉军令，妄行厮杀，都是反贼。明日奏闻朝廷，你们自去分辩罢。〔丑〕朝廷是我们迎立的，元帅是朝廷差来的，我们违了军令，便是叛了朝廷，如何使得。情愿束身待罪，只求元帅饶恕。〔生〕高将军，你如何说？〔副净〕我高杰是元帅犬马，犯了军法，只听元帅处分。〔生〕既如此说，速传黄、刘二镇，同赴辕门，央求元帅。〔丑〕二镇败走，各回汛地去了。〔生〕你淮、扬两镇，唇齿之邦，又无宿嫌，为何听人指使。快快前去，侯元帅发落。〔众兵下〕〔生下台〕〔丑、副净同行，到介〕〔生〕已到辕门了，两位将军在外等候，待俺传进去。〔稍迟即出介〕元帅有令：四镇擅相争夺，皆当军法从事；但高将军不知礼体，挑嫌起衅，罪有所归，着与三镇服礼。俟解和之日，再行处分。

【香柳娘】劝将军自思，劝将军自思，祸来难救，负荆早向辕门叩。〔副净恼介〕我高杰乃元帅标下先锋，元帅不加护庇，倒叫与三镇服礼，可不羞死人也。罢！罢！罢！看来元帅也不能用俺了，不免领兵渡江，另做事业去。**这屈辱怎当，这屈辱怎当，渡这大江头，事业从新做。**〔唤介〕三军快来，随俺前去。〔众兵上，呐喊摇旗随下〕〔丑望介〕呀！呀！呀！高杰竟要过江了，想江南有他的党羽，不日要领来与俺厮闹；俺也早去约会黄、刘二镇，多带人马，到此迎敌。**笑力穷远走，笑力穷远走，长江洗羞，防他重来作寇。**

〔丑下〕〔生呆介〕不料局势如此，叫俺怎生收救。

【前腔】恨山河半倾，恨山河半倾，怎能重构；人心瓦解忘恩旧。〔南望介〕那高杰竟是反了。**看扬扬渡江，看扬扬渡江，旗帜乱中流，直**

入南徐口。〔北望介〕那刘泽清也急忙北去，要约会三镇人马，同来迎敌。这烟尘遍有，这烟尘遍有，好叫俺元帅搔头，参谋搓手。

〔行介〕且去回复了阁部，再作计较。正是：

堂堂开府辖通侯，江北淮南数上游。

只恐楼船与铁马，一时都羡好扬州。

第二十出　移　防

甲申六月

【锦上花】〔副净扮高杰领众执械上〕策马欲何之？策马欲何之？江锁坚城，弩射雄师。且收兵，且收兵，占住这扬州市。

俺高杰领兵渡江，要抢苏、杭，不料巡抚郑瑄，操舟架炮，堵住江口，没奈何又回扬州，但不知黄、刘三镇，此时何往。〔杂扮报卒上〕报上将军，黄、刘三镇会齐人马，南来迎敌，前哨已到高邮了。〔副净〕阿呀！不好了！南下不得，北上又不能，好叫俺进退两难。〔想介〕罢！罢！还到史阁部辕门，央他的老体面，替俺解救罢。〔行介〕

【前腔】速去乞恩慈，速去乞恩慈，空忝羞颜，答对何辞。这才是，这才是，自作孽，天教死。

〔内喊介〕〔副净领众走下〕

【捣练子】〔外扮史可法从人上〕局已变，势难支，踌躕中夜少眠时。〔生上〕自叹经纶空满纸。

〔外向生介〕世兄，你看高杰不辞而去，三镇又不遵军法；俺本标人马，为数无几，怎能守得住江北。眼看大事已去，奈何！奈何！〔生〕闻得巡抚郑瑄，堵住江口，高杰不能南下，又回扬州来了。〔外〕那三镇如何？〔生〕三镇知他退回，会齐人马，又来迎敌，前哨已到高邮了。〔外愁介〕目前局势更难处矣。

【玉抱肚】三百年事，是何人掀翻到此？只手儿怎擎青天，却莱兵总仗虚词。〔合〕烟尘满眼野横尸，只倚扬州兵一枝。

〔丑扮中军官传鼓介〕〔杂问介〕门外击鼓，有何军情？〔丑〕将军高杰领兵到辕，求见元帅。〔外〕他果然来了。传他进来，看他有何话说。〔外升帐，开门，左右排列介〕〔副净急跑上介〕小将高杰，擅离汛地，罪该万死。求元帅开恩饶恕！〔外〕你原是一介乱民，朝廷许你投诚，加封侯爵，不曾薄待了你。为何一言不合，竟自反去；及至渡江不得，又投辕门。忽而作反，忽而投诚，把个作反投诚，当做儿戏，岂不可恨！本该军法从事，姑念你悔罪之速，暂且饶恕。〔副净叩头起介〕〔外问介〕你还有何说？〔副净又跪介〕前日擅离汛地，只为不肯服礼。今三镇知俺回来，又要交战，小将虽强，独力怎支，还望元帅解救。〔向生央介〕侯先生替俺美言一句。〔生〕你不肯服礼，叫元帅如何处断？〔外〕正是，事到今日，本帅也不能偏护了。

【前腔】争论坐次，动干戈不知进止。他三家鼎足称雄，你孤军危命如丝。〔合前〕

〔副净〕元帅不肯解救，小将宁可碎首辕门，断不拜他下风。〔生〕你那黄金坝上威风那里去了？〔副净〕那时他没带人马，俺用全军混战，因而取胜。今日三家卷土齐来，小将不得不临事而惧矣。〔生〕小生倒有个妙计，只怕你不肯依从。〔副净〕除了服礼，都依，都依。〔生〕目今流贼南下，将渡黄河，许定国不能阻当，连夜告急。元帅正要发兵防河，你何不奉命前往，坐镇开、洛？既解目前之围，又立将来之功。他三镇知你远去，也不能兴无名之师了。将军以为何如？〔副净低头思介〕待我商量。〔内呐喊介〕〔外〕城外杀声震天，是何处兵马？〔丑报介〕黄、刘三镇，领兵到城，要与高将军厮杀哩。〔副净惧介〕这怎么处？只得听元帅调遣了。〔外〕既然肯去，速传军令，晓谕三镇。〔拔令箭丢地介〕〔丑拾令箭跪介〕〔外〕高杰无礼，本当军

法从事，但时值用人之际，又念迎驾之功，暂且饶恕，罚往开、洛防河，将功赎罪，今日已离扬州。三镇各释小嫌，共图大事，速速回汛，听候调遣。〔丑〕得令。〔下〕〔外指高杰介〕高将军，高将军，只怕你的性气，到处不能相安哩。

【前腔】黄河难恃，劝将军谋终虑始。那许定国也不是个安静的。须提防酒前茶后，软刀枪怎斗雄雌。〔合前〕

〔向生介〕防河一事，乃国家要着，我看高将军勇多谋少，倘有疏虞，罪坐老夫。仔细想来，河南原是贵乡，吾兄日图归计，路阻难行，何不随营前往？既遂还乡之愿，又好监军防河，且为桑梓造福，岂非一举而三得乎？〔生〕多谢美意，就此辞过元帅，收拾行装，即刻起程便了。〔副净〕一同告辞罢。〔拜别介〕〔外向生介〕参谋此去，便如老夫亲身防河一般；只恐势局叵测，须要十分小心，老夫专听好音也。正是：人事无常争胜负，天心有定管兴亡。〔下〕〔吹打掩门〕〔生、副净出介〕〔副净〕侯先生，你听杀声未息，只怕他们前面截杀。〔生〕无妨也，他们知你移防，怒气已消，自然散去的。况且三镇之兵，俱走东路，我们点齐人马，直出北门，从天长、六合，竟奔河南，有何阻当。〔众兵旗仗伺候介〕〔副净〕就此起程。〔行介〕

【朝元令】〔生〕**乡园系思，久断平安字；乌栖一枝，郁郁难居此。结伴还乡，白云如驶，遂了三年归志。**〔副净〕**统着全师，烟城柳驿行参差；莫逞旧雄姿，函关偷度时。**〔合〕**扬州倒指，看不见平山萧寺，平山萧寺。**

〔副净〕**落日林梢照大旗，**〔生〕**从军北去慰乡思，**

〔副净〕**黄河曲里防秋将，**〔生〕**好似英雄末路时。**

闰二十出　闲　话

甲申七月

〔内鸣金擂鼓呐喊介〕〔外扮老官人，白巾麻衣背包裹急上〕戎马消何日，乾坤剩此身；白头江上客，红泪自沾巾。〔立住大哭介〕〔小生扮山人背行李上〕日淡村烟起，江寒雨气来。〔丑扮贾客背行李上〕年年经过路，离乱使人猜。〔小生见丑介〕请了，我们都是上南京的，天色将晚，快些趱行。〔丑〕正是兵荒马乱，江路难行，大家作伴才好。〔指外介〕那个老者为何立住了脚，只顾啼哭？〔小生问外介〕老兄想是走错了路，失迷什么亲人了。〔外摇手介〕不是，不是。俺是从北京下来的，行到河南，遇着高杰兵马，受了无限惊恐。刚得逃生，渡过江来，看见满路都是逃生奔命之人，不觉伤心恸哭几声。〔掩泪介〕〔小生〕原来如此，可怜！可叹！〔丑〕既是北京下来的，俺正要问问近日的消息，何不同宿村店，大家谈谈。〔外〕甚妙，我老腿无力，也要早歇哩。〔小生指介〕这座村店稍有墙壁，就此同宿了罢。〔让介〕请进。〔同入介〕〔外仰看介〕好一架豆棚。〔小生〕大家放下行李，便坐这豆棚之下，促膝闲话也好。〔同放行李，坐介〕〔副净扮店主人上〕村店新泥壁，田家老瓦盆。〔问介〕众位客官，还用晚饭么？〔众〕不消了。〔小生〕烦你买壶酒来，削瓜剥豆，我与二位解解困乏罢。〔外向小生介〕怎好取扰？〔丑向外介〕四海兄弟，却也无妨；待用完此酒，咱两个再回敬他。〔副净取酒、菜上〕〔三人对饮介〕〔外问

介]方才都是路遇,不曾请教尊姓大号,要到南京有何贵干?〔小生〕在下姓蓝名瑛,字田叔,是西湖画士,特到南京访友的。〔丑〕在下是蔡益所,世代南京书客,才从江浦索债回来的。〔问外介〕老兄是从北京下来的了;敢问高姓大名,有什急事,这等狼狈?〔外〕不瞒二位说,下官姓张名薇,原是锦衣卫堂官。〔丑惊介〕原来是位老爷,失敬了。〔小生问介〕为何南来?〔外〕三月十九日,流贼攻破北京,崇祯先帝缢死煤山,周皇后也殉难自尽。下官走下城头,领了些本管校尉,寻着尸骸,抬到东华门外,买棺收殓,独自一个戴孝守灵。〔小生〕那旧日的文武百官,那里去了?〔外〕何曾看见一人。那时闯贼搜查朝官,逼索兵饷,将我监禁夹打。我把家财尽数与他,才放我守灵戴孝。别个官儿走的走,藏的藏,或被杀,或下狱,或一身殉难,或阖门死节。〔小生〕有这样忠臣,可敬!可敬!〔外〕还有进朝称贺,做闯贼伪官的哩。〔丑〕有这样狗彘,该杀!该杀!〔外掩泪介〕可怜皇帝、皇后两位梓宫,丢在路旁,竟没人俶睬。〔小生、丑俱掩泪介〕〔外〕直到四月初三日,礼部奉了伪旨,将梓宫抬进皇陵。我执幡送殡,走到昌平州,亏了一个赵吏目,纠合义民,捐钱三百串,掘开田皇妃旧坟,安葬当中。下官就看守陵旁,早晚上香。谁想五月初旬,大兵进关,杀退流贼,安了百姓,替明朝报了大仇;特差工部查宝泉局内铸的崇祯遗钱,发买工料,从新修造享殿碑亭、门墙桥道,与十二陵一般规模。真是亘古希有的事。下官也没等工完,亲手题了神牌,写了墓碑,连夜走来,报与南京臣民知道,所以这般狼狈。〔小生〕难得!难得!若非老先生在京,崇祯先帝竟无守灵之人。〔丑问介〕但不知太子二王,今在何处?〔外〕定、永两王,并无消息;闻太子渡海南来,恐亦为乱兵所害矣。〔掩泪介〕〔小生问介〕闻得北京发书一封与阁部史可法,责备亡国将相,不去奔丧哭主,又不请兵报仇。史公答了回

书，特着左懋第披麻扶杖，前去哭灵，老先生可晓得么？〔外〕下官半路相遇，还执手恸哭了一场的。〔内作大风雷声介〕〔副净掌灯急上〕大雨来了，快些进房罢。〔众起，以袖遮头入房介〕好雨，好雨。〔外〕天色已晚，下官该行香了。〔丑问介〕替那个行香？〔外〕大行皇帝未满周年，下官现穿孝服，每早每晚要行香哭拜的。〔取包裹出香炉、香盒，设几上介〕〔洗手介〕〔望北两拜介〕〔跪上香介〕大行皇帝呀！大行皇帝呀！今日七月十五，孤臣张薇，叩头上香了。〔内作大风雷不止介〕〔外伏地放声大哭介〕〔小生呼丑介〕过来，过来，我两个草莽之臣，也该随拜举哀的。〔小生、丑同跪，陪哭介〕〔哭毕，俱叩头起，又两拜介〕〔小生〕老先生远路疲倦，早早安歇了罢。〔外〕正是，各人自便了。〔各解行李卧倒介〕〔小生〕窗外风雨益发不住，明早如何登程？〔外〕老天的阴晴，人也料他不定。〔丑问介〕请问老爷，方才说的那些殉节文武，都有姓名么？〔外〕问他怎的？〔丑〕我小铺中要编成唱本，传示四方，叫万人景仰他哩。〔外〕好！好！下官写有手折，明日取出奉送罢。〔丑〕多谢！〔小生〕那些投顺闯贼，不忠不义的姓名，也该流传，叫人唾骂。〔外〕都有抄本，一总奉上。〔丑〕更妙。〔俱作睡熟介〕〔内作众鬼号呼介〕〔外惊听介〕奇怪！奇怪！窗外风雨声中，又有哀苦号呼之声，是何物类？〔杂扮阵亡厉鬼，跳叫上〕〔外隔窗看介〕怕人，怕人，都是些没头折足阵亡厉鬼，为何到此？〔众鬼下〕〔外睡倒介〕〔内作细乐警跸声介〕〔外惊听介〕窗外又有人马鼓乐声，待我开门看来。〔起看介〕〔杂扮文武冠带骑马，幡幢细乐引导，扮帝后乘舆上〕〔外惊出跪迎介〕万岁！万岁！万万岁！孤臣张薇恭迎圣驾。〔众下〕〔外起呼介〕皇帝，皇后，何处巡游，我孤臣张薇不能随驾了。〔又拜哭介〕〔小生、丑醒问介〕天已发亮，老爷怎的又哭起来，想是该上早香了。〔外掩泪介〕奇事！奇事！方才睡去，听得许

多号呼之声，隔窗张看，都是些阵亡厉鬼。〔小生〕是了，昨夜乃中元赦罪之期，想是赴盂兰会的。〔外〕这也没相干，还有奇事哩。〔丑〕还有什么奇事？〔外〕后来又听的人马鼓吹之声，我便开门出看，明明见崇祯先帝同着周皇后乘舆东行，引导的文武官员，都是殉难忠臣；前面奏着细乐，排着仪仗，像个要升天的光景。我伏俯路旁，送驾过去，不觉失声大哭起来。〔小生〕有这等异事。先皇帝、先皇后自然是超升天界的，也还是张老爷一片至诚，故此特特显圣。〔外〕下官今日发一愿心，要到明年七月十五日，在南京胜境，募建水陆道场，修斋追荐，并脱度一切冤魂，二位也肯随喜么？〔丑〕老爷果能做此好事，俺们情愿搭醮。〔外〕好人，好人。到南京时，或买书，或求画，不时要相会的。〔丑〕正是。〔小生〕大家收拾行李作别罢。〔各背行李下〕

雨洗鸡笼翠，江行趁晓凉，
乌啼荒冢树，槐落废宫墙。
帝子魂何弱，将军气不扬，
中原垂老别，恸哭过沙场。

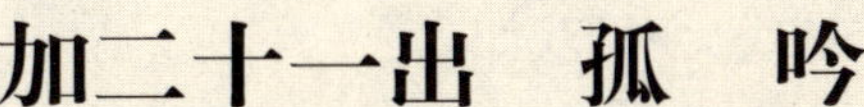

加二十一出 孤 吟

康熙甲子八月

【天下乐】〔副末毡巾道袍，扮老赞礼上〕雨洗秋街不动尘，青山红树满城新。谁家剩有闲金粉，撒与歌楼照镜人？

老客无家恋，名园杯自劝；朝朝贺太平，看演《桃花扇》。〔内问〕老相公又往太平园，看演《桃花扇》么？〔答〕正是。（内问〕昨日看完上本，演的何如？〔答〕演的快意，演的伤心，无端笑哈哈，不觉泪纷纷。司马迁作史笔，东方朔上场人。只怕世事含糊八九件，人情遮盖两三分。〔行唱介〕

【甘州歌】流光箭紧，正柳林蝉噪，荷沼香喷。轻衫凉笠，行到水边人困。西窗乍惊连夜雨. 北里重消一枕魂。梧桐院，砧杵村，青苔虫语不堪闻。闲携杖，漫出门，宫槐满路叶纷纷。

【前腔】鸡皮瘦损，看饱经霜雪，丝鬓如银。伤秋扶病，偏带旅愁客闷；欢场那知还剩我，老境翻嫌多此身。儿孙累，名利奔，一般流水付行云。诸侯怒，丞相嗔，无边衰草对斜曛。

【前腔】〔换头〕望春不见春，想汉宫图画，风飘灰烬。棋枰客散，黑白胜负难分；南朝古寺王谢坟，江上残山花柳阵。人不见，烟已昏，击筑弹铗与谁论。黄尘变，红日滚，一篇诗话易沈沦。

【前腔】〔换头〕难寻吴宫旧舞茵，问开元遗事，白头人尽。云亭词客，阁笔几度酸辛；声传皓齿曲未终，泪滴红盘蜡已寸。袍笏样，墨粉

痕，一番妆点一番新。文章假，功业诨，逢场只合酒沾唇。

【余文】老不羞，偏风韵，偷将拄杖拨红裙。那管他扇底桃花解笑人。

当年真是戏，今日戏如真。

两度旁观者，天留冷眼人。

那马士英又早登场，列位请看。〔拱下〕

第二十一出　媚　座

甲申十月

【菊花新】〔净冠带扮马士英，外扮长班从人喝道上〕**调和鼎鼐费心机，别户分门恩济威。钻火燃寒灰，这燮理阴阳非细。**

下官马士英，官居首辅，权握中枢。天子无为，从他闭目拱手；相公养体，尽咱吐气扬眉。那朱紫半朝，只不过呼朋引党；这经纶满腹，也无非报怨施恩。人都说养马成群，滚尘不定；他怎知立君由我，杀人何妨。〔笑介〕这几日太平无事，又且早放红梅，设席万玉园中，会些亲戚故旧，但看他趋奉之多，越显俺尊荣之至。人生行乐耳，须富贵此时。〔叫介〕长班，今日下的是那几位请帖？〔外〕都是老爷同乡。有兵部主事杨文骢，佥都御史越其杰，新推漕抚田仰，光禄寺卿阮大铖，这几位老爷。〔净疑介〕那阮大铖不是同乡呀。〔外〕他常对人说是老爷至亲。[净笑介]相与不同，也算的个至亲了。〔吩咐介〕今日不是外客，就在这梅花书屋设席罢。〔外〕是！〔净〕天已过午，快去请客。〔外〕不用去请，俱在门房候着哩。只传他一声，便齐齐进来了。〔传介〕老爷有请！〔末、副净忙上〕阍人片语千钧重，相府重门万里深。〔进见足恭介〕〔净〕我道是谁。〔向末介〕杨妹丈是咱内亲，为何也不竟进？〔末〕如今亲不敌贵了。〔净〕说那里话。〔向副净介〕圆老一向来熟了的，为何也等人传？〔副净〕府体尊严，岂敢冒昧。〔净〕这就见外了。[让净告坐，打恭介]

【好事近】〔净〕吾辈得施为,正好谈心花底;兰友瓜戚,门外不须倒屣。休疑,总是一班桃李,相逢处把臂倾杯,何必拘冠裳套礼。俺肯堂堂相府,宾从疏稀。

〔茶到让净先取,打恭介〕〔净〕今日天气微寒,正宜小饮。〔副净、末打恭介〕正是。〔净〕才下朝来,日已过午;昼短夜长,养了三个时辰了。〔副净、末打恭介〕是是! 皆老师相调燮之功也。〔吃茶完,让净先放茶杯,打恭介〕〔净问外介〕怎么越、田二位还不见到?〔外〕越老爷痔漏发了,早有辞帖;田老爷明日起身,打发家眷上船,夜间才来辞行。〔净〕罢了,吩咐排席。〔吹打,排三席,安座介〕〔副净、末谦恭告坐介〕〔入座饮介〕

【泣颜回】〔净〕朝罢袖香微,换了轻裘朱履。阳春十月,梅花早破红蕊。南朝雅客,半闲堂且说风流嘴;拚长宵读画评诗,叹吾党知心有几。

〔副净问介〕相府连日宴客,都是那几位年翁?〔净〕总是吾党,但不如两公风雅耳。〔末问介〕是谁?〔净唤介〕长班拿客单来看。〔外〕客单在此。〔副净接看介〕张孙振、袁宏勋、黄鼎、张捷、杨维垣。〔末〕果然都是大有经济的。〔净〕个个是学生提拔,如今皆成大僚了。〔副净打恭介〕晚生等已废之员,还蒙起用,老师相为国吐握,真不啻周公矣。〔净〕岂敢。〔拱介〕二位不比他人,明日嘱托吏部,还要破格超升。〔末打恭介〕〔副净跪介〕多谢提拔。〔净拉起介〕

【前腔】〔副净、末〕提携,铩羽忽高飞,剑出丰城狱底。随朝待漏,犹如狗续貂尾。华筵一饮,出公门,满面春风起。这恩荣锡衮封圭,不比那登龙御李。

〔起介〕〔净〕撤了大席,安排小酌,我们促膝谈心。〔设一席,更衣围坐介〕〔净〕也不再把盏了。〔副净、末〕岂敢重劳。〔杂扮二价献赏封介〕〔净摇手介〕不必！不必！花间雅集，又无梨园，怎么行这官席之礼。〔副净〕舍下小班，日日得闲，为何不唤来承应。〔净〕圆老见惯的，另请别客，借来领教罢。

【太平今】妙部新奇，见惯司空自品题。〔副净〕是是！**名园山水清音美，又何用丝竹随。**

〔末笑介〕从来名花倾国，缺一不可。今日红梅之下，梨园可省，倒少不了一声"晓风残月"哩。

【前腔】半放红梅，只少韦娘一曲催。〔净大笑介〕妹丈多情，竟要做个苏州刺史了。**苏州刺史魂消矣，想一个丽人陪。**

〔净〕这也容易。〔吩咐介〕叫长班传几名歌伎，快来伺候。〔外〕禀老爷，要旧院的，要珠市的？〔净向末介〕请教杨姑老爷。〔末〕小弟物色已多，总无佳者；只有旧院李香君，新学《牡丹亭》，例还唱得出。〔净吩咐介〕长班快去唤来！〔外应下〕〔副净问末介〕前日田百源用三百金，要娶做妾的，想是他了？〔末〕正是。〔净问末介〕为何不娶去？〔末〕可笑这个呆丫头，要与侯朝宗守节，断断不从。俺往说数次，竟不下楼，令我扫兴而回。〔净怒介〕有这样大胆奴才。

【风入松】不知开府爪牙威，杀人如同虱虮。笑他命薄烟花鬼，好一似蛾扑灯蕊。〔副净〕这都是侯朝宗教坏的，前番辱的晚生也不浅。〔净大怒介〕了不得！了不得！一个新任漕抚，拿银三百，买不去一个妓女。岂有此理！**难道是珍珠一斛，偏不能换蛾眉。**

〔副净〕田漕台是老师相的乡亲，被他羞辱，所关不小。〔净〕正是，等他来时，自有处法。〔外上〕禀老爷，小人走到旧院，寻着香君，他推托有病，不肯下楼。〔净寻思介〕也罢！叫长班家长，拿着衣服财礼，竟去娶他。

【前腔】不须月老几番催，一霎红丝联喜，花花彩轿门前挤，不少欠

分毫茶礼。莫管他鸨子肯不肯,竟将香君拉上轿子,今夜还送到田漕抚船上。惊的他迷离似痴,只当烟波上遇湘妃。

〔外等急应下〕〔副净喜介〕妙！妙！这才燥脾。〔末〕天色太晚,我们告辞罢。〔净〕正好快谈,为何就去?〔副净〕动劳久陪,晚生不安。〔俱起打恭介〕〔净〕还该远送一步。〔副净、末〕不敢!〔连打三恭〕〔净先入内介〕〔副净〕难得令舅老师相在乡亲面上,动此义举;龙老也该去帮一帮。〔末〕如何去帮?〔副净〕旧院是你熟游之处,竟去拉下楼来,打发起身便了。〔末〕也不可太难为他。〔副净怒介〕这还便益了他。想起前番,就处死这奴才,难泄我恨。

【尾声】当年旧恨重提起,便折花损柳心无悔。那侯朝宗空梳栊了一番。看今日琵琶抱向阿谁?

〔副净〕封侯夫婿几时归,〔末〕独守妆楼掩翠帏,

〔副净〕不解巫山风力猛,〔末〕三更即换雨云衣。

第二十二出　守　楼

甲申十月

〔外、小生拿内阁灯笼、衣、银跟轿上〕天上从无差月老，人间竟有错花星。〔外〕我们奉老爷之命，硬娶香君，只得快走。〔小生〕旧院李家母子两个，知他谁是香君。〔末急上呼介〕转来同我去罢。〔外见介〕杨姑老爷肯去，定娶不错了。〔同行介〕月照青溪水，霜沾长板桥。来此已是，快快叫门。〔叫门介〕〔杂扮保儿上〕才关后户，又开前庭；迎官接客，卑职驿丞。〔问介〕那个叫门？〔外〕快开门来。〔杂开门惊介〕呵呀！灯笼火把，轿马人夫，杨老爷来夸官了。〔末〕哇！快唤贞娘出来。〔杂大叫介〕妈妈出来，杨老爷到门了。〔小旦急上问介〕老爷从那里赴席回来么？〔末〕适在马舅爷相府，特来报喜。〔小旦〕有什么喜？〔末〕有个大老官来娶你令爱哩。〔指介〕

【渔家傲】你看这彩轿青衣门外催，你看这三百花银，一套绣衣。〔小旦惊介〕是那家来娶，怎不早说？〔末〕你看灯笼大字成双对，是中堂阁内。〔小旦〕就是内阁老爷自己娶么？〔末〕非也。漕抚田公，同乡至戚，赠个佳人捧玉杯。

〔小旦〕田家亲事，久已回断，如何又来歪缠？〔小生拿银交介〕你就是香君么，请受财礼。〔小旦〕待我进去商量。〔外〕相府要人，还等你商量；快快收了银子，出来上轿罢。〔末〕他怎敢不去，你们在外伺候，待我拿银进去，催他梳洗。〔末接银，杂接衣，同小旦作进介〕

〔小生、外〕我们且寻个老表子燥脾去。〔俱暂下〕〔小旦、末、杂作上楼介〕〔末唤介〕香君睡下不曾？〔旦上〕有甚紧事，一片吵闹。〔小旦〕你还不知么？〔旦见末介〕想是杨老爷要来听歌。〔小旦〕还说甚么歌不歌哩！

【剔银灯】忙忙的来交聘礼，凶凶的强夺歌伎；对着面一时难回避，执着名别人谁替？〔旦惊介〕唬杀奴也！又是那个天杀的？〔小旦〕还是田仰，又借着相府的势力，硬来娶你。**堪悲，青楼薄命，一霎时杨花乱吹。**

〔小旦向末介〕杨老爷从来疼俺母子，为何下这毒手？〔末〕不干我事，那马瑶草知你拒绝田仰，动了大怒，差一班恶仆登门强娶。下官怕你受气，特为护你而来。〔小旦〕这等多谢了，还求老爷始终救解。〔末〕依我说三百财礼，也不算吃亏；香君嫁个漕抚，也不算失所。你有多大本事，能敌他两家势力？〔小旦思介〕杨老爷说的有理，看这局面，拗不去了。孩儿趁早收拾下楼罢！〔旦怒介〕妈妈说那里话来！当日杨老爷作媒，妈妈主婚，把奴嫁与侯郎，满堂宾客，谁没看见。现收着定盟之物。〔急向内取出扇介〕这首定情诗，杨老爷都看过，难道忘了不成？

【摊破锦地花】案齐眉，他是我终身倚，盟誓怎移。宫纱扇现有诗题，万种恩情，一夜夫妻。〔末〕那侯郎避祸逃走，不知去向，设若三年不归，你也只顾等他么？〔旦〕便等他三年，便等他十年，便等他一百年，只不嫁田仰。〔末〕呵呀！好性气，又像摘翠脱衣骂阮圆海的那番光景了。〔旦〕可又来，阮、田同是魏党，阮家妆奁尚且不受，倒去跟着田仰么？〔内喊介〕夜已深了，快些上轿，还要赶到船上去哩。〔小旦劝介〕傻丫头！嫁到田府，少不了你的吃穿哩。〔旦〕呸！我立志守节，岂在温饱。**忍寒饥，决不下这翠楼梯。**

〔小旦〕事到今日，也顾不得他了。〔叫介〕杨老爷放下财礼，大家帮他梳头穿衣。〔小旦替梳头，末替穿衣介〕〔旦持扇前后乱打介〕〔末〕好利害，一柄诗扇，倒像一把防身的利剑。〔小旦〕草草妆完，抱他下楼罢。〔末抱介〕〔旦哭介〕奴家就死不下此楼。〔倒地撞头晕卧介〕〔小旦惊介〕呵呀！我儿苏醒，竟把花容，碰了个稀烂。〔末指扇介〕你看血喷满地，连这诗扇都溅坏了。〔拾扇付杂介〕〔小旦唤介〕保儿，扶起香君，且到卧房安歇罢。〔杂扶旦下〕〔内喊介〕夜已三更了，诓去银子，不打发上轿，我们要上楼拿人哩。〔末向楼下介〕管家略等一等；他母子难舍，其实可怜的。〔小旦急介〕孩儿碰坏，外边声声要人，这怎么处？〔末〕那宰相势力，你是知道的，这番羞了他去，你母子不要性命了。〔小旦怕介〕求杨老爷救俺则个。〔末〕没奈何，且寻个权宜之法罢！〔旦〕有何权宜之法？〔末〕娼家从良，原是好事，况且嫁与田府，不少吃穿，香君既没造化，你倒替他享受去罢。〔小旦急介〕这断不能。一时一霎，叫我如何舍得。〔末怒介〕明日早来拿人，看你舍得舍不得。〔小旦呆介〕也罢！叫香君守着楼，我去走一遭儿。〔想介〕不好，不好，只怕有人认得。〔末〕我说你是香君，谁能辨别。〔小旦〕既是这等，少不得又妆新人了。〔忙打扮完介〕〔向内叫介〕香君我儿，好好将息，我替你去了。〔又嘱介〕三百两银子，替我收好，不要花费了。〔末扶小旦下楼介〕

【麻婆子】〔小旦〕**下楼下楼三更夜，红灯满路辉；出户出户寒风起，看花未必归。**〔小生、外打灯抬轿上〕好，好，新人出来了，快请上轿。〔小旦别末介〕别过杨老爷罢。〔末〕前途保重，后会有期。〔小旦〕老爷今晚且宿院中，照管孩儿〔末〕自然。〔小旦上轿介〕**萧郎从此路人窥，侯门再出岂容易。**〔行介〕**舍了笙歌队，今夜伴阿谁。**

〔俱下〕〔末笑介〕贞丽从良，香君守节，雪了阮兄之恨，全了马

舅之威！将李代桃，一举四得，倒也是个妙计。〔叹介〕只是母子分别，未免伤心。

匆匆夜去替蛾眉，一曲歌同易水悲。

燕子楼中人卧病，灯昏被冷有谁知。

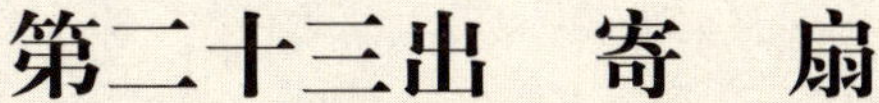

第二十三出　寄　扇

甲申十一月

【醉桃源】〔旦包帕病容上〕寒风料峭透冰绡，香炉懒去烧。血痕一缕在眉梢，胭脂红让娇。孤影怯，弱魂飘，春丝命一条。满楼霜月夜迢迢，天明恨不消。

〔坐介〕奴家香君，一时无奈，用了苦肉之计，得遂全身之节。只是孤身只影，卧病空楼，冷帐寒衾，无人作伴，好生凄凉。

【北新水令】冻云残雪阻长桥，闭红楼冶游人少。栏杆低雁字，帘幕挂冰条；炭冷香消，人瘦晚风峭。

奴家虽在青楼，那些花月欢场，从今罢却了。

【驻马听】绣户萧萧，鹦鹉呼茶声自巧；香闺悄悄，雪狸偎枕睡偏牢。榴裙裂破舞风腰，鸾靴剪碎凌波靿。愁多病转饶，这妆楼再不许风情闹。

想起侯郎匆匆避祸，不知流落何所；怎知奴家独住空楼，替他守节也。〔起唱介〕

【沉醉东风】记得一霎时娇歌兴扫，半夜里浓雨情抛。从桃叶渡头寻，向燕子矶边找，乱云山风高雁杳。那知道梅开有信，人去越遥；凭栏凝眺，把盈盈秋水，酸风冻了。

可恨恶仆盈门，硬来娶俺；俺怎肯负了侯郎。

【雁儿落】欺负俺贱烟花薄命飘飖，倚着那丞相府忒骄傲。得保住这

无瑕白玉身，免不得揉碎如花貌。

最可怜妈妈替奴当灾，飘然竟去。〔指介〕你看床榻依然，归来何日。

【得胜令】恰便似桃片逐雪涛，柳絮儿随风飘；袖掩春风面，黄昏出汉朝。萧条，满被尘无人扫；寂寥，花开了独自瞧。

说到这里，不觉一阵酸心。〔掩泪坐介〕

【乔牌儿】这肝肠似搅，泪点儿滴多少。也没个姊妹闲相邀，听那挂帘栊的钩自敲。

独坐无聊，不免取出侯郎诗扇，展看一回。〔取扇介〕嗳呀！都被血点儿污坏了，这怎么处。

【甜水令】你看疏疏密密，浓浓淡淡，鲜血乱蘸。不是杜鹃抛；是脸上桃花做红雨儿飞落，一点点溅上冰绡。

侯郎侯郎！这都是为你来。

【折桂令】叫奴家揉开云髻，折损宫腰。睡昏昏似妃葬坡平，血淋淋似妾堕楼高。怕旁人呼号，舍着俺软丢答的魂灵没人招。银镜里朱霞残照，鸳枕上红泪春潮。恨在心苗，愁在眉梢，洗了胭脂，涴了鲛绡。

一时困倦起来，且在妆台盹睡片时。〔压扇睡介〕〔末扮杨文骢便服上〕认得红楼水面斜，一行衰柳带残鸦。〔净扮苏昆生上〕银筝象板佳人院，风雪今同处士家。〔末回头见介〕呀！苏昆老也来了。〔净〕贞丽从良，香君独住，放心不下，故此常来走走。〔末〕下官自那日打发贞丽起身，守了香君一夜，这几日衙门有事，不能脱身；方才城东拜客，便道一瞧。〔入介〕〔净〕香君不肯下楼，我们上去一谈罢。〔末〕甚好。〔登楼介〕〔末指介〕你看香君抑郁病损，困睡妆台，且不必唤他。〔净看介〕这柄扇儿展在面前，怎么有许多红点儿〔末〕此乃侯兄定情之物，一向珍藏不肯示人，想因面血溅污，晾在此间。〔抽扇看介〕几点血痕，红艳非常，不免添些枝叶，替他点缀起来。〔想介〕没有绿色怎好？〔净〕待我采摘盆草，扭取鲜汁，权当颜色罢。〔末〕妙极！〔净取草汁上〕〔末画介〕叶分芳草绿，花借美人红。〔画完介〕〔净看喜介〕妙！妙！竟是几笔折枝桃花。〔末大笑指介〕真乃桃花扇也。〔旦惊醒见介〕杨老爷、苏师父都来了，奴家得罪。〔让坐介〕〔末〕几日不曾来看，额角伤痕渐已平复了。〔笑介〕下官有画扇一柄，奉赠妆台。〔付旦扇介〕〔旦接看介〕这是奴的旧扇，血迹腌臜，看他怎的。〔入袖介〕〔净〕扇头妙染，怎不赏鉴。〔旦〕几时画的?〔末〕得罪！得罪！方才点坏了。〔旦看扇叹介〕咳！桃花薄命，扇底飘零。多谢杨老爷替奴写照了。

【锦上花】一朵朵伤情，春风懒笑；一片片消魂，流水愁漂。摘的下娇色，天然蘸好；便妙手徐熙，怎能画到。樱唇上调朱，莲腮上临稿，写意儿几笔红桃。补衬些翠枝青叶，分外夭夭，薄命人写了一幅桃花照。

〔末〕你有这柄桃花扇，少不得个顾曲周郎；难道青春守寡，竟做个入月嫦娥不成？〔旦〕说那里话，那关盼盼也是烟花，何尝不在燕子楼中关门到老。〔净〕明日侯郎重到，你也不下楼么？〔旦〕那时锦片前程，尽俺受用，何处不许游耍，岂但下楼。〔末〕香君这段苦节，今世少有。〔向净介〕昆老看师弟之情，寻着侯郎，将他送去，也省俺一番悬挂。〔净〕是！是！一向留心访问，知他随任史公，住淮半载。自淮来京，自京到扬，今又同着高兵防河去了。晚生不日还乡，顺便找寻。〔向旦介〕须得香君一书才好。〔旦向末介〕奴家言出无文，求杨老爷代写罢。〔末〕你的心事，叫俺如何写得出。〔旦寻思介〕罢罢！奴的千愁万苦，俱在扇头，就把扇儿寄去罢。〔净喜介〕这封家

书，倒也新样。〔旦〕待奴封他起来。〔封扇介〕

【碧玉箫】挥洒银毫，旧句他知道；点染红么，新画你收着。便面小，血心肠一万条。手帕儿包，头绳儿绕，抵过锦字书多少。

〔净接扇介〕待我收好了，替你寄去。〔旦〕师父几时起身？〔净〕不日束装了。〔旦〕只望早行一步。〔净〕晓得。〔末〕我们下楼罢。〔向旦介〕香君保重。你这段苦节，说与侯郎，自然来娶你的。〔净〕我也不再来别了。正是：新书远寄桃花扇。〔末〕旧院常关燕子楼。〔下〕〔旦掩泪介〕妈妈不归，师父又去，妆楼独闭，益发凄凉了。

【鸳鸯煞】莺喉歇了南北套，冰弦住了陈隋调。唇底罢吹箫，笛儿丢，笙儿坏，板儿掠。只愿扇儿寄去的速，师父束装得早；三月三刘郎到了，携手儿下妆楼，桃花粥吃个饱。

书到梁园雪未消，青溪一道阻春潮，

桃根桃叶无人问，丁字帘前是断桥。

第二十四出　骂　筵

乙酉正月

【缕缕金】〔副净扮阮大铖吉服上〕风流代，又遭逢，六朝金粉样，我偏通。管领烟花，衔名供奉。簇新新帽乌衬袍红，皂皮靴绿缝，皂皮靴绿缝。

〔笑介〕我阮大铖，亏了贵阳相公破格提挈，又取在内庭供奉。今日到任回来，好不荣耀。且喜今上性喜文墨，把王铎补了内阁大学士，钱谦益补了礼部尚书。区区不才，同在文学侍从之班，天颜日近，知无不言。前日进了四种传奇，圣心大悦，立刻传旨，命礼部采选宫人，要将《燕子笺》被之声歌，为中兴一代之乐。我想这本传奇，精深奥妙，倘被俗手教坏，岂不损我文名。因而乘机启奏："生口不如熟口，清客强似教手。"圣上从谏如流，就命广搜旧院，大罗秦淮，拿了清客妓女数十余人，交与礼部拣选。前日验他色艺，都只平常，还有几个有名的，都是杨龙友旧交，求情免选，下官只得勾去。昨见贵阳相公说道："教演新戏是圣上心事，难道不选好的，倒选坏的不成。"只得又去传他，尚未到来。今乃乙酉新年人日佳节，下官约同龙友，移樽赏心亭，邀俺贵阳师相，饮酒看雪。早已吩咐把新选的妓女，带到席前验看。正是：花柳笙歌隋事业，谈谐裙屐晋风流。〔下〕

【黄莺儿】〔老旦扮卞玉京道妆背包急上〕家住蕊珠宫，恨无端业海风，把人轻向烟花送。喉尖唱肿，裙腰舞松，一生魂在巫山洞。俺卞

玉京,今日为何这般打扮,只因朝廷搜拿歌伎,逼俺断了尘心。昨夜别过姊妹,换上道妆,飘然出院,但不知那里好去投师。望城东云山满眼,仙界路无穷。

〔飘飘下〕〔副净、外、净扮丁继之、沈公宪、张燕筑三清客上〕

【皂罗袍】〔副净〕正把秦淮箫弄,看名花好月,乱上帘栊。风纸签名唤乐工,南朝天子春心动。我丁继之年过六旬,歌板久抛。前日托过杨老爷,免我前往,怎的今日又传起来了。〔外、净〕俺两个也都是免过的,不知又传,有何话说。〔副净拱介〕两位老弟,大家商量,我们一班清客,感动皇爷,召去教歌,也不是容易的。〔外、净〕正是。〔副净〕二位青年上进,该去走走,我老汉多病年衰,也不望甚么际遇了。今日我要躲过,求二位遮盖一二。〔外〕这有何妨,太公钓鱼,愿者上钩〔净〕是!是!难道你犯了王法,定要拿去审问不成。〔副净〕既然如此,我老汉就回去了。〔回行介〕急忙回首,青青远峰;逍遥寻路,森森乱松。〔顿足介〕若不离了尘埃,怎能免得牵绊。〔袖出道巾,黄绦换介〕〔转头呼介〕二位看俺打扮罢,道人醒了扬州梦。

〔摇摆下〕〔外〕咦!他竟出家去了,好狠心也。〔净〕我们且坐廊下晒暖,待他姊妹到来,同去礼部过堂。〔坐地介〕〔小旦扮寇白门,丑扮郑妥娘,杂扮差役跟上〕〔小旦〕桃片随风不结子。〔丑〕柳绵浮水又成萍。〔望介〕你看老沈老张不约俺一声儿,先到廊下向暖,我们走去,打他个耳刮子。〔相见,诨介〕〔外问杂介〕又传我们到那里去?〔杂〕传你们到礼部过堂,送入内庭教戏。〔外〕前日免过俺们了。〔杂〕内阁大老爷不依,定要借重你们几个老清客哩。〔净〕是那几个?〔杂〕待我瞧瞧票子。〔取票看介〕丁继之、沈公宪、张燕筑。〔问介〕那姓丁的如何不见?〔外〕他出家去了。〔杂〕既出了家,没处寻他,待我回官罢!〔向净、外介〕你们到了的,竟往礼部过堂去。〔净〕

等他姊妹们到齐着。〔杂〕今日老爷们秦淮赏雪，吩咐带着女客，席上验看哩。〔外、净〕既是这等，我们先去了。正是：传歌留乐府，擪笛傍宫墙。〔下〕〔杂看票问小旦介〕你是寇白门么？〔小旦〕是。〔杂问丑介〕你是卞玉京么？〔丑〕不是，我是老妥。〔杂〕是郑妥娘了。〔问介〕那卞玉京呢？〔丑〕他出家去了。〔杂〕咦！怎么出家的都配成对儿。〔问介〕后边还有一个脚小走不上来的，想是李贞丽了？〔小旦〕不是，李贞丽从良去了！〔杂〕我方才拉他下楼，他说是李贞丽，怎的又不是？〔丑〕想是他女儿顶名替来的。〔杂〕母子总是一般，只少不了数儿就好了。〔望介〕他早赶上来也。

【忒忒令】〔旦〕**下红楼残腊雪浓，过紫陌早春泥冻。不惯行走，脚儿十分痛。传凤诏，选蛾眉，把丝鞭，骑骄马，催花使乱拥。**

奴家香君，被捉下楼，叫去学歌，是俺烟花本等，只有这点志气，就死不磨。〔杂喊介〕快些走动！〔旦到介〕〔小旦〕你也下楼了，屈尊，屈尊。〔丑〕我们造化，就得服侍皇帝了。〔旦〕情愿奉让罢。〔同行介〕〔杂〕前面是赏心亭了，内阁马老爷，光禄阮老爷，兵部杨老爷，少刻即到。你们各人整理伺候。〔杂同小旦、丑下〕〔旦私语介〕难得他们凑来一处，正好吐俺胸中之气。

【前腔】赵文华陪着严嵩，抹粉脸席前趋奉；丑腔恶态，演出真鸣凤。俺做个女祢衡，挝渔阳，声声骂，看他懂不懂。

〔净扮马士英，副净扮阮大铖，末扮杨文骢，外、小生扮从人喝道上〕〔旦避下〕〔副净〕琼瑶楼阁朱微抹。〔末〕金碧峰峦粉细勾。〔净〕好一派雪景也。〔副净〕这座赏心亭，原是看雪之所。〔净〕怎么原是看雪之所？〔副净〕宋真宗曾出周昉雪图，赐与丁谓。说道："卿到金陵，可选一绝景处张之。"因建此亭。〔净看壁介〕这壁上单条，想是周昉雪图了。〔末〕非也。这是画友蓝瑛新来见赠的。〔净〕妙！

妙！你看雪压钟山，正对图画，赏心胜地，无过此亭矣。〔末吩咐介〕就把炉、榼、游具，摆设起来。〔外、小生设席坐介〕〔副净向净介〕荒亭草具，恃爱高攀，着实得罪了。〔净〕说那里话。可笑一班小人，奉承权贵，费千金盛设，十分丑态，一无所取，徒传笑柄。〔副净〕晚生今日扫雪烹茶，清谈攀教，显得老师相高怀雅量，晚生辈也免了几笔粉抹。〔净〕呵呀！那戏场粉笔，最是利害，一抹上脸，再洗不掉；虽有孝子慈孙，都不肯认做祖父的。〔末〕虽然利害，却也公道，原以做戒无忌惮之小人，非为我辈而设。〔净〕据学生看来，都吃了奉承的亏。〔末〕为何？〔净〕你看前辈分宜相公严嵩，何尝不是一个文人，现今《鸣凤记》里抹了花脸，着实丑看。岂非赵文华辈奉承坏了。〔副净打恭介〕是！是！老师相是不喜奉承的，晚生惟有心悦诚服而已。〔末〕请酒！〔同举杯介〕〔副净向外介〕选的妓女，可曾叫到了么？〔外禀介〕叫到了。〔杂领众妓叩头介〕〔净细看介〕〔吩咐介〕今日雅集，用不着他们，叫他礼部过堂去罢。〔副净〕特令到此伺候酒席的。〔净〕留下那个年小的罢。〔众下〕〔净问介〕他唤什么名字？〔杂禀介〕李贞丽。〔净笑介〕丽而未必贞也。〔笑向副净介〕我们扮过陶学士了，再扮一折党太尉何如？〔副净〕妙！妙！〔唤介〕贞丽过来斟酒唱曲。〔旦摇头介〕〔净〕为何摇头？〔旦〕不会。〔净〕呵呀！样样不会，怎称名妓。〔旦〕原非名妓。〔掩泪介〕〔净〕你有甚心事，容你说来。

【江儿水】〔旦〕**妾的心中事，乱似蓬，几番要向君王控。拆散夫妻惊魂迸，割开母子鲜血涌，比那流贼还猛。做哑装聋，骂着不知惶恐。**

〔净〕原来有这些心事。〔副净〕这个女子却也苦了。〔末〕今日老爷们在此行乐，不必只是诉冤了。〔旦〕杨老爷知道的，奴家冤苦，也值当不的一诉。

【五供养】堂堂列公，半边南朝，望你峥嵘。出身希贵宠，创业选声

容,后庭花又添几种。把俺胡撮弄,对寒风雪海冰山,苦陪觞咏。

〔净怒介〕哇!这妮子胡言乱道,该打嘴了。〔副净〕闻得李贞丽,原是张天如、夏彝仲辈品题之妓,自然是放肆的。该打!该打!〔末〕看他年纪甚小,未必是那个李贞丽。〔旦恨介〕便是他待怎的!

【玉交枝】东林伯仲,俺青楼皆知敬重。干儿义子从新用,绝不了魏家种。〔副净〕好大胆,骂的是那个,快快采去丢在雪中。〔外采旦推倒介〕〔旦〕冰肌雪肠原自同,铁心石腹何愁冻。〔副净〕这奴才,当着内阁大老爷,这般放肆,叫我们都开罪了。可恨!可恨!〔下席踢旦介〕〔末起拉介〕〔净〕罢!罢!这样奴才,何难处死,只怕妨了俺宰相之度。〔末〕是!是!丞相之尊,娼女之贱,天地悬绝,何足介意。〔副净〕也罢!启过老师相,送入内庭,拣着极苦的脚色,叫他去当。〔净〕这也该的。〔末〕着人拉去罢!〔杂拉旦介〕〔旦〕奴家已拚一死。吐不尽鹃血满胸,吐不尽鹃血满胸。

〔拉旦下〕〔净〕好好一个雅集,被这奴才搅乱坏了。可笑!可笑!〔副净、末连三揖介〕得罪!得罪!望乞海涵,另日竭诚罢。〔净〕兴尽宜回春雪棹。〔副净〕客羞应斩美人头。〔净、副净从人喝道下〕〔末吊场介〕可笑香君才下楼来,偏撞两个冤对,这场是非免不了的;若无下官遮盖,香君性命也有些不妥哩。罢罢!选入内庭,倒也省了几日悬挂;只是媚香楼无人看守,如何是好?〔想介〕有了,画友蓝瑛托俺寻寓,就接他暂住楼上;待香君出来,再作商量。

赏心亭上雪初融,煮鹤烧琴宴巨公。

恼杀秦淮歌舞伴,不同西子入吴宫。

第二十五出　选　优

乙酉正月

〔场上正中悬一匾，书"薰风殿"，两旁悬联，书"万事无如杯在手，百年几见月当头"。款书"东阁大学士臣王铎奉敕书"〕〔外扮沈公宪，净扮张燕筑，小旦扮寇白门，丑扮郑妥娘同上〕〔外〕天子多情爱沈郎。〔净〕当年也是画眉张。〔小旦〕可怜一树白门柳。〔丑〕让我风流郑妥娘。〔外〕我们被选入宫，伺候两日，怎么还不见动静。〔净仰看介〕此处是薰风殿，乃奏乐之所；闻得圣驾将到，选定脚色，就叫串戏哩。〔外〕如何名薰风殿？〔净〕你不晓得，琴曲里有一句"南风之薰兮"，取这个意思。〔丑〕呸！你们男风兴头，要我们女客何用。〔小旦〕我们女客得了宠眷，做个大嫔妃，还强如他男风哩。〔丑〕正是，他男风得了宠眷，到底是个小兄弟。〔净〕好徒弟，骂及师父来了。〔外〕咱们掌了班时，不要饶他。〔净〕谁肯饶他。明日教动戏，叫老妥试试我的鼓槌子罢。〔丑嗤笑，指介〕你老张的鼓槌子，我曾试过，没相干的。〔众笑介〕〔副净冠带扮阮大铖上〕

【绕地游】汉宫如画，春晓珠帘挂，待粉蝶黄莺打。歌舞西施，文章司马，厮混了红袖乌纱。

〔见介〕你们俱已在此，怎的不见李贞丽？〔小旦〕他从雪中一跌，至今忍痛，还卧在廊下哩。〔副净〕圣驾将到，选定脚色，就要串戏，怎么由得他的性儿。〔众〕是，是，俺们拉他过来。〔同下〕〔副净自语介]李贞丽这个奴才,如此可恶,今日净、丑脚色,一定借重他了。〔杂扮二内监执龙扇前引,小生扮弘光帝,又扮二监提壶捧盒,随上]〔小生]满城烟树间梁陈,高下楼台望不真;原是洛阳花里客,偏来管领秣陵春。〔坐介]寡人登极御宇,将近一年,幸亏四镇阻当,流贼不能南下。虽有叛臣倡议欲立潞藩,昨已捕拿下狱。目今外侮不来,内患不生,正在采选淑女,册立正宫,这也都算小事。只是朕独享帝王之尊,无有声色之奉,端居高拱,好不闷也。〔副净跪介]光禄寺卿臣阮大铖恭请万安。〔小生]平身。〔副净起介]

【掉角儿】〔小生]**看阳春残雪早花,蹙愁眉慵游倦耍。**〔副净]圣上安享太平,正宜及时行乐;慵游倦耍,却是为何?〔小生]朕有一桩心事,料你也应晓得。〔副净]想怕流贼南犯?〔小生]非也。**阻隔着黄河雪浪,那怕他天汉浮槎。**〔副净]想愁兵弱粮少?〔小生]也不是。**俺有力镇淮阴诸猛将,转江陵大粮艘,有甚争差。**〔副净]既不为内外兵马,想是正宫未立,配德无人?〔小生]也不为此。那礼部钱谦益,采选淑女,不日册立。**有三妃九嫔,教国宜家。**〔副净]又不为此,臣晓得了。〔私奏介]想因叛臣周镳、雷缜祚,倡造邪谋,欲迎立潞王耳。〔小生]益发说错了。**那奸人倡言惑众,久已搜拿。**

〔副净低头沉吟介]却是为何?〔小生]卿供奉内庭,乃朕心腹之臣,怎不晓得朕的心事。〔副净跪介]圣虑高深,臣衷愚昧,其实不能窥测。伏望明白宣示,以便分忧。〔小生]朕谕你知道罢:朕贵为天子,何求不遂。只因你所献《燕子笺》,乃中兴一代之乐,点缀太平,第一要事。今日正月初九,脚色尚未选定,万一误了灯节,岂不可恼。〔指介〕你看阁学王铎书的对联道:“万事无如杯在手,百年几见月当头。”一年能有几个元宵,故此日夜踌躕,饮膳俱减耳。〔副净]原来为此,巴里之曲,有廑圣怀,皆微臣之罪也。〔叩头介]臣敢不鞠躬尽

瘁，以报主知。〔起唱介〕

【前腔】忝卿僚填词辨挝，备供奉诙谐风雅。恨不能腮描粉墨，也情愿怀抱琵琶。但博得歌筵前垂一顾，舞裀边受寸赏，御酒龙茶，三生侥幸，万世荣华。这便是为臣经济，报主功阀。

〔前问介〕但不知内庭女乐，少何脚色？〔小生〕别样脚色，都还将就得过，只有生、旦、小丑不惬朕意。〔副净〕这也容易，礼部送到清客、歌伎，现在外厢，听候拣选。〔小生〕传他进来。〔副净〕领旨。〔急入领外、净、旦、小旦、丑上〕〔俱跪介〕〔小生问外、净介〕你二人是串戏清客么？〔外、净〕不敢，小民串戏为生。〔小生〕既会串戏，新出传奇也曾串过么？〔外、净〕新出的《牡丹亭》、《燕子笺》、《西楼记》，都曾串过。〔小生〕既会《燕子笺》，就做了内庭教习罢。〔外、净叩头介〕〔小生问介〕那三个歌伎，也会《燕子笺》么？〔小旦、丑〕也曾学过。〔小生喜介〕益发妙了。〔问旦介〕这个年小的，怎不答应？〔旦〕没学。〔副净跪介〕臣启圣上，那两个学过的，例应派做生、旦。这一个没学的，例应派做丑脚。〔小生〕既有定例，依卿所奏。〔小旦、丑、旦叩头介〕〔小生〕俱着起来，伺候串戏。〔俱起介〕〔丑背喜介〕还是我老妥做了天下第一个正旦。〔小生向副净介〕卿把《燕子笺》摘出一曲，叫他串来，当面指点。〔外、净、小旦、丑随意演《燕子笺》一曲，副净作态指点介〕〔小生喜介〕有趣！有趣！都是熟口，不愁扮演了。〔唤介〕长侍斟酒，庆贺三杯。〔杂进酒，小生饮介〕〔小生起介〕我们君臣同乐，打一回十番何如？〔副净〕领旨。〔小生〕寡人善于打鼓，你们各认乐器。〔众打雨夹雪一套，完介〕〔小生大笑介〕十分忧愁消去九分了。〔唤介〕长侍斟酒，再庆三杯。〔杂进酒，小生饮介〕

【前腔】旧吴宫重开馆娃，新扬州初教瘦马。淮阳鼓昆山弦索，无锡口姑苏娇娃。一件件闹春风，吹暖响，斗晴烟，飘冷袖，宫女如麻。红楼翠殿，景美天佳。都奉俺无愁天子，语笑喧哗。

〔看旦介〕那个年小歌伎，美丽非常，派做丑脚，太屈他了。〔问介〕你这个年小歌伎，既没学《燕子笺》，可曾学些别的么？〔旦〕学过《牡丹亭》。〔小生〕这也好了，你便唱来。〔旦羞不唱介〕〔小生〕看他粉面发红，像是腼腆；赏他一柄桃花宫扇，遮掩春色。〔杂掷红扇与旦介〕〔旦持扇唱介〕

【懒画眉】为甚的玉真重溯武陵源，也只为水点花飞在眼前。是他天公不费买花钱，则咱人心上有啼红怨。咳！辜负了春三二月天。

〔小生喜介〕妙绝！妙绝！长侍斟酒，再庆三杯。〔杂进酒，小生饮介〕〔指旦介〕看此歌伎，声容俱佳，岂可长材短用，还派做正旦罢。〔指丑介〕那个黑色的，倒该做丑脚。〔副净〕领旨。〔丑撅嘴介〕我老妥又不妥了。〔小生向副净介〕你把生、丑二脚，领去入班。就叫清客二名，用心教习，你也不时指点。〔副净跪应介〕是，此乃微臣之专责，岂敢辞劳。〔急领外、净、小旦、丑下〕〔小生向旦介〕你就在这薰风殿中，把《燕子笺》脚本三日念会，好去入班。〔旦〕念会不难，只是没有脚本。〔小生唤介〕长侍，你把王铎抄的楷字脚本，赏与此旦。〔杂取脚本付旦，跪接介〕〔小生〕千年只有歌场乐，万事何须酒国愁。〔杂引下〕〔旦掩泪介〕罢了！罢了！已入深宫，那有出头之日。

【前腔】锁重门垂杨暮鸦，映疏帘苍松碧瓦。凉飕飕风吹罗袖，乱纷纷梅落宫髽。想起那拆鸳鸯，离魂惨，隔云山，相思苦，会期难拿。倩人寄扇，擦损桃花。到今日情丝割断，芳草天涯。

〔叹介〕没奈何，且去念会脚本。或者天恩见怜，放奴出宫，再会侯郎一面，亦未可知。

【尾声】从此后入骨髓愁根难拔，真个是广寒宫姮娥守寡。只这两日呵！瘦损宫腰剩一把。

曲终人散日西斜，殿角凄凉自一家，
纵有春风无路入，长门关住碧桃花。

第二十六出　赚　将

乙酉正月

【破阵子】〔生上〕水驿山城烟霭，花村酒肆尘埋。百里白云亲舍近，不得斑衣效老莱，从军心事乖。

小生侯方域奉史公之命，监军防河。争奈主将高杰，性气乖张，将总兵许定国当面责骂。只恐挑起争端，难于收救，不免到中军帐内，劝谏一番。〔入介〕〔副净扮高杰上〕一声叱退黄河浪，两手推开紫塞烟。〔相见坐介〕先生入帐，有何见教。〔生〕小生千里相随，只为防河大事。今到睢州呵！

【四边静】威名震，人人惊魄，家尽移宅。鸡犬不留群，军民少宁刻。营中一吓，帐中一责；敌国在萧墙，祸事恐难测。

〔副净〕那许定国拥兵十万，夸胜争强，昨日教场点卯，一个个老弱不堪。欺君糜饷，本当军法从事，责骂几声，也算从轻发放了。〔生〕元帅差矣。

【福马郎】此时山河一半改，倚着忠良帅，速奏凯。收拾人心，招纳英才，莫将衅端开。成功业，只在将和谐。

〔副净〕虽如此说，那许定国托病不来，倒请俺入城饮酒，总是十分惧怕了。俺看睢州城外，四面皆水，只有单桥小路，也是可守之邦。明日叫他让出营房，留俺歇马。他若依时便罢，若不依时，俺便夺他印牌，另委别将，却也容易。〔生摇手介〕这事万万行不得，昨日

教场一骂，争端已起。自古道："强龙不压地头蛇。"他在唇齿肘臂之间，早晚生心，如何防备？〔副净指生介〕书生之见，益发可笑。俺高杰威名盖世，便是黄、刘三镇，也拜下风；这许定国不过走狗小将，有何本领，俺倒防备起他来。〔生打恭介〕是！是！是！元帅既有高见，小生何用多言。就此辞归，竟在乡园中，打听元帅喜信罢。〔副净拱介〕但凭尊意！〔生冷笑拂袖下〕〔副净起唤介〕叫左右。〔净、丑扮二将上〕元帅呼唤，有何军令？〔副净〕你二将各领数骑，随我入城饮酒顽耍。这大营人马，不许擅动。〔净、丑〕得令。〔即下〕〔领四卒上〕〔副净〕就此前行。〔骑马绕场介〕

【划锹儿】南朝划就黄河界，东流把住白云隘；飞鸟不能来，强弓何用买。〔合〕望荒城柳栽，上危桥板坏。按辔徐行，军容潇洒。

〔暂下〕〔外扮家将捧印牌上〕杀人不用将军印，奏凯全凭娘子军。咱乃睢州许总兵的家将，俺总爷被高杰一骂，吓得水泻不止。亏了夫人侯氏，有胆有谋，昨夜画定计策：差俺捧着牌印，前来送交，就请他进城筵宴。约定饮酒中间，放炮为号，如此如此，这般这般。倒也是条妙计，只不知天意若何，好怕人也！〔望介〕远望高杰前来，不免在桥头跪接。〔副净等唱前合上〕〔外跪接介〕〔副净问介〕你是何处差官？〔外〕小的是总兵许定国家将，叩接元帅大老爷。〔副净〕那许总兵为何不接？〔外〕许总兵卧病难起，特差小的送到牌印，就请元帅爷进城筵宴，点查兵马。〔副净〕席设何处？〔外〕设在察院公署。〔副净〕左右收了牌印。〔净、丑收介〕〔副净笑介〕妙，妙，牌印果然送到，明日安营歇马，任俺区处了。〔吩咐外介〕你便引马前行。〔外前引，唱前合，行介〕〔外跪禀介〕已到察院，请元帅爷入席。〔副净下马入坐介〕〔吩咐介〕军卒外面伺候。〔向净、丑介〕你二将不同别个，便坐下席，陪俺欢乐。〔净、丑安放牌印，叩头介〕告坐了。〔就地列坐介〕〔外斟副净酒介〕〔末、小生扮二将斟净、丑酒介〕〔又副净、净、丑身旁各立一杂摆菜介〕〔外〕请酒。〔副净怒介〕这样薄酒，拿来灌俺。〔摔杯介〕〔外急换酒介〕〔外〕请菜。〔副净怒介〕这样冷菜，如何下箸。〔摔箸介〕〔外换菜介〕〔副净〕今日正月初十，预赏元宵，怎的花灯优人，全不预备。〔外跪禀介〕禀元帅爷，这睢州偏僻之所，没处买灯叫戏。且把衙门灯龙悬挂起来，军中鼓角吹打一通罢。〔挂灯吹打介〕〔副净向净、丑介〕我们多饮几杯。

【普天乐】镇河南，威风大，柳营列，星旗摆。灯筵上，灯筵上，将印兵牌。〔净、丑起奉副净酒介〕**行军令，酒似官差。**〔副净与净、丑猜拳介〕**任哗拳叫彩，三家拇阵排。**〔外、末、小生〕**这八卦图中新势，只怕鬼谷难猜。**

〔净、丑〕小的酒都有了，今日还要伺候元帅爷点查兵马哩。〔副净〕天色已晚，明日点查罢，大家再饮几杯。〔又斟酒饮介〕〔内放纸炮介〕〔杂急拿副净手，外拔刀欲杀，副净挣脱跳梁上介〕〔一杂急拿净手，末杀死净介〕〔一杂急拿丑手，小生杀死丑介〕〔闻炮声拿杀要一齐介〕〔外喊介〕高杰走脱了，快寻！快寻！〔杂点火把各处寻介〕〔外仰视介〕顶破椽瓦，想是爬房走了。〔杂又寻介〕〔外指介〕那楼脊兽头边，闪闪绰绰，似有人影。快快放箭！〔末、小生放箭介〕〔副净跳下介〕〔杂拿住副净手介〕〔外认介〕果然是老高哩。〔副净呵介〕好反贼！俺是皇帝差来防河大帅，你敢害我？〔外〕俺只认的许总爷。不认的甚么黄的黑的，快伸头来！〔副净跳介〕罢了！罢了！俺高杰有勇无谋，竟被许定国赚了。〔顿足介〕咳！悔不听侯生之言，致有今日。〔伸脖介〕取我头去。〔外指介〕老高果然是条好汉。〔割副净头，手指介〕〔唤介〕两个兄弟快捧牌印，大家回报总爷去。〔末、小生捧牌印介〕〔末〕且莫慌张，三将虽死，还有小卒在外哩。〔外〕久已杀得

干净了。〔小生〕还有一件，城外大营，明日知道，必来报仇。快去回了总爷，求侯夫人妙计。〔外〕侯夫人妙计，早已领来了。今夜悄悄出城，带着高杰首级献与北朝，就引着北朝人马，连夜踏冰渡河，杀退高兵。算我们下江南第一功了。

宛马嘶风缓辔来，黄河冰上北门开，

南朝正赏春灯夜，让我当筵杀将才。

第二十七出　逢　舟

乙酉二月

【水底鱼】〔净扮苏昆生背包裹骑驴急上〕戎马纷纷，烟尘一望昏；魂惊心震，长亭连远村。〔丑扮执鞭人赶呼介〕客官慢走，你看黄河堤上，逃兵乱跑，不要被他夺了驴去。〔净不听，急走介〕〔杂扮乱兵三人迎上〕弃甲掠盾，抱头如鼠奔。无暇笑哂，大家皆败军，大家皆败军。〔遇净，推下河，夺驴跑下〕〔丑赶下〕〔净立水中，头顶包裹高叫介〕救人呀！救人呀！〔外扮舟子撑船，小旦扮李贞丽贫妆上〕

【前腔】流水浑浑，风涛拍禹门；堤边浪稳，泊舟杨柳根。〔欲泊船介〕〔小旦唤介〕驾长，你看前面浅滩中，有人喊叫。我们撑过船去，救他一命，积个阴骘如何？〔外〕黄河水溜，不是当耍的。〔小旦〕人行好事，大王爷爷自然加护的。〔外〕是，是，待我撑过去。〔撑介〕风急水紧，舍生来救人。哀声迫窘，残生一半魂，残生一半魂。

〔近净呼介〕快快上来，合该你不死，遇着好人。〔伸篙下，净攀篙上船介〕〔作颤介〕好冷！好冷！〔外取干衣与净介〕〔小旦背立介〕〔净换衣介〕多谢驾长，是俺重生父母。〔叩介〕〔外〕不干老汉事，亏了这位娘子叫我救你的。〔净作揖起，惊认介〕你是李贞娘，为何在这船里？〔小旦惊认介〕原来是苏师父。你从何处来？〔净〕一言难尽。〔小旦〕请坐了讲。〔坐介〕〔外泊船介〕且到岸上买壶酒吃去。〔下〕

【琐窗寒】〔净〕一从你嫁朱门，锁歌楼，叠舞裙；寒风冷雪，哭杀香

君。〔小旦掩泪介〕香君独住，怎生过活。〔净〕他托俺前来寻访侯郎。**征人战马，侯郎无信，茫茫驿路殷勤问。**〔小旦问介〕因何落水？〔净〕正在堤上行走，被乱兵夺驴，把俺推下水的。**蒙救出浊流，故人今夕重近。**

〔小旦〕原来如此，合该师父不死，也是奴家有缘，又得一面。〔净问介〕贞娘，你既入田府，怎得到此？〔小旦〕且取火来，替你烘干衣裳，细细告你。〔小旦取火盆上介〕〔副净扮舟子撑船，生坐船急上〕才离虎豹千林雾，又逐鲸鲵万里波。〔呼介〕驾长，这是吕梁地面了，扯起蓬来，早赶一程，明日要起早哩。〔副净〕相公不要性急，这样风浪，如何行的。前面是泊船之所，且靠帮住一宿罢。〔生〕凭你。〔泊船介〕〔生〕惊魂稍定，不免略打个盹儿。〔卧介〕〔净烘衣，小旦旁坐谈介〕奴家命苦，如今又不在那田家了。

【前腔】匆忙扮作新人，夺藏娇，金屋春；一身宠爱，尽压钗裙。〔净〕这好的狠了。〔小旦〕谁知田仰嫡妻，十分悍妒。**狮威胜虎，蛇毒如刃。**把奴揪出洞房，打个半死。〔净〕呀！呀！了不得，那田仰怎不解救。〔小旦〕**田郎有气吞声忍，**竟将奴赏与一个老兵。〔净〕既然转嫁，怎么在这船上。〔小旦〕此是漕标报船，老兵上岸下文书去了。**奴自坐船头，旧人来说新恨。**

〔生一边细听介〕〔听完起坐介〕隔壁船中，两个人絮絮叨叨，谈了半夜，那汉子的声音，好似苏昆生，妇人的声音，也有些相熟，待我猛叫一声，看他如何？〔叫介〕苏昆生！〔净忙应介〕那个唤我？〔生喜介〕竟是苏昆生。〔出见介〕〔净〕原来是侯相公，正要去寻，不想这里撞着。谢天谢地，遇的恰好。〔唤介〕请过船来，认认这个旧人。〔生过船介〕还有那个？〔见旦惊认介〕呀！贞娘如何到此，奇事，奇事。香君在那里？〔小旦〕官人不知，自你避祸夜走，香君替你守节，不肯下楼。〔生掩泪介〕〔小旦〕后来马士英差些恶仆，拿银三百，硬娶香君，送与田仰。〔生惊介〕我的香君，怎的他适了！〔小旦〕嫁是不曾嫁，香君惧怕，碰死在地。〔生大哭介〕我的香君，怎的碰死了！〔小旦〕死是不曾死，碰的鲜血满面。那门外还声声要人，一时无奈，妾身竟替他嫁了田仰。〔生喜介〕好！好！你竟嫁与田仰了。今日坐船要往那里去？〔小旦〕就住在船上。〔生〕为何？〔小旦羞介〕〔净〕他为田仰妒妇所逐，如今转嫁这船上一位将爷了。〔生微笑介〕有这些风波，可怜！可怜！〔问净介〕你怎得到此？〔净〕香君在院，日日盼你，托俺寄书来的。〔生急问介〕书在那里？

【奈子花】〔净取包介〕**这封书不是笺纹，折宫纱夹在斑筠。题诗定情，催妆分韵。**〔生接扇介〕这是小生赠他的诗扇。〔净指扇介〕**看桃花半边红晕，情恳！千万种语言难尽。**

〔生看扇问介〕那一面是谁画的桃花？〔净〕香君碰坏花容，溅血满扇，杨龙友添上梗叶，成了几笔折枝桃花。〔生细看喜介〕果然是些血点儿，龙友点缀，却也有趣。这柄桃花扇，倒是小生之宝了。〔问介〕你为何今日带来？〔净〕在下出门之时，香君说道，千愁万苦俱在扇头，就把扇儿当封书罢！故此寄来的。〔生又看，哭介〕香君！香君！叫小生怎生报你也！〔问净介〕你怎的寻着贞娘来？〔净指唱介〕

【前腔】俺呵，走长堤驴背辛勤，遇逃兵推下寒津。〔生〕呵呀！受此惊险。〔问介〕怎的不曾湿了扇儿？〔净作势介〕**横流没肩，高擎书信，将《兰亭》保全真本。**〔生拱介〕为这把桃花扇，把性命都轻了，真可感也。〔问介〕后来怎样呢？〔净〕亏了贞娘，不怕风浪，移船救我。**思忖，从井救别人谁肯。**

〔生〕好！好！若非遇着贞娘，这黄河水溜，谁肯救人。〔小旦〕妾本无心，救他上船，才认的是苏师父。〔生〕这都是天缘凑巧处。〔净〕

还不曾问侯相公,因何南来?〔生〕俺自去秋随着高杰防河,不料匹夫无谋,不受谏言;被许定国赚入睢州,饮酒中间,遣人刺死。小生不能存住,买舟黄河,顺流东下。你看大路之上,纷纷乱跑,皆是败兵,叫俺有何面目,再见史公也。〔净〕既然如此,且到南京,看看香君,再作商量。〔生〕也罢,别过贞娘,趁早开船。〔小旦〕想起在旧院之时,我们一家同住;今日船中,只少一个香君,不知今生还能相见否。

【金莲子】一家人离散了,重聚在水云。言有尽,离绪百分;掌中娇养女,何日说艰辛。

〔生〕只怕有人踪迹,昆老快快换衣,就此别过罢。〔净换衣介〕〔生、净掩泪过船介〕〔净〕归计登程犹未准。〔生〕故人见面转添愁。〔副净撑船下〕〔小旦〕妾心厌倦烟花,伴着老兵度日,却也快活。不意故人重逢,又惹一天旧恨。你听涛声震耳,今夜那能成寐也。

悠悠萍水一番亲,旧恨新愁几句论。

漫道浮生无定著,黄河亦有住家人。

第二十八出　题　画

乙酉三月

〔小生扮山人蓝瑛上〕美人香冷绣床闲，一院桃开独闭关。无限浓春烟雨里，南朝留得画中山。自家武林蓝瑛，表字四叔，自幼驰声画苑。与贵筑杨龙友笔砚至交，闻他新转兵科，买舟来望，下榻这媚香楼上。此楼乃名妓香君梳妆之所，美人一去，庭院寂寥，正好点染云烟，应酬画债。不免将文房画具，整理起来。〔作洗砚、涤笔、调色、揩盏介〕没有净水怎处？〔想介〕有了，那花梢晓露，最是清洁，用他调丹濡粉，鲜秀非常。待我下楼，向后园收取。〔手持色盏暂下〕

【破齐阵】〔生新衣上〕地北天南蓬转，巫云楚雨丝牵。巷滚杨花，墙翻燕子，认得红楼旧院。触起闲情柔如草，搅动新愁乱似烟，伤春人正眠。

小生在黄河舟中，遇着苏昆生，一路同行，心忙步急，不觉来到南京。昨晚旅店一宿，天明早起，留下昆生看守行李；俺独自来寻香君，且喜已到院门之外。

【刷子序犯】只见黄莺乱啭，人踪悄悄，芳草芊芊。粉坏楼墙，苔痕绿上花砖。应有娇羞人面，映着他桃树红妍；重来浑似阮刘仙，借东风引入洞中天。

〔作推门介〕原来双门虚掩，不免侧身潜入，看有何人在内。〔入介〕

【朱奴儿犯】呀！惊飞了满树雀喧，踏破了一堀苍藓。这泥落空堂帘半卷，受用煞双栖紫燕。闲庭院，没个人传，蹑踪儿回廊一遍，直步到小楼前。

〔上指介〕这是媚香楼了。你看寂寂寥寥，湘帘昼卷，想是香君春眠未起。俺且不要唤他，慢慢的上了妆楼，悄立帐边；等他自己醒来，转睛一看，认得出是小生，不知如何惊喜哩！〔作上楼介〕

【普天乐】手拽起翠生生罗襟软，袖拨开绿杨线。一层层栏坏梯偏，一桩桩尘封网罥。艳浓浓楼外春不浅，帐里人儿腼腆。〔看几介〕从几时收拾起银拨冰弦；摆列着描春容脂箱粉盏，待做个女山人画叉乞钱。

〔惊介〕怎的歌楼舞榭，改成个画院书轩，这也奇了。〔想介〕想是香君替我守节，不肯做那青楼旧态，故此留心丹青，聊以消遣春愁耳。〔指介〕这是香君卧室，待我轻轻推开。〔推介〕呀！怎么封锁严密，倒像久不开的。这又奇了，难道也没个人看守。〔作背手徬徨介〕

【雁过声】萧然，美人去远，重门锁，云山万千。知情只有闲莺燕，尽着狂，尽着颠，问着他一双双不会传言。熬煎，才待转，嫩花枝靠着疏篱颤。〔下听介〕帘栊响，似有个人略喘。

〔瞧介〕待我看是谁来。〔小生持盏上楼，惊见介〕你是何人，上我寓楼？〔生〕这是俺香君妆楼，你为何寓此？〔小生〕我乃画士蓝瑛。兵科杨龙友先生送俺来寓的。〔生〕原来是蓝田老，一向久仰。〔小生问介〕台兄尊号？〔生〕小生河南侯朝宗，亦是龙友旧交。〔小生惊介〕呵呀！文名震耳，才得会面。请坐！请坐！〔坐介〕〔生〕我且问你，俺那香君那里去了？〔小生〕听说被选入宫了。〔生惊介〕怎……怎的被选入宫了！几时去的？〔小生〕这倒不知。〔生起，掩泪介〕

【倾杯序】寻遍，立东风渐午天，那一去人难见。〔瞧介〕看纸破窗棂，纱裂帘幔。裹残罗帕，戴过花钿，旧笙箫无一件。红鸳衾尽卷，翠菱花放扁，锁寒烟，好花枝不照丽人眠。

想起小生定情之日，桃花盛开，映着簇新新一座妆楼。不料美人一去，零落至此。今日小生重来，又值桃花盛开，对景触情，怎能忍住一双眼泪。〔掩泪坐介〕

【玉芙蓉】春风上巳天，桃瓣轻如剪，正飞绵作雪，落红成霰。不免取开画扇，对着桃花赏玩一番。〔取扇看介〕溅血点作桃花扇，比着枝头分外鲜。这都是为着小生来。携上妆楼展，对遗迹宛然，为桃花结下了死生冤。

〔小生〕请教这扇上桃花，何人所画？〔生〕就是贵东杨龙友的点染。〔小生〕为何对之挥泪？〔生〕此扇乃小生与香君订盟之物。

【山桃红】那香君呵！手捧着红丝砚，花烛下索诗篇。〔指介〕一行行写下鸳鸯券。不到一月，小生避祸远去，香君闭门守志，不肯见客，惹恼了几个权贵。放一群吠神仙朱门犬。那时硬抢香君下楼，香君着急，把花容呵，似鹃血乱洒啼红怨。这柄诗扇恰在手中，竟为溅血点坏。〔小生〕可惜！可惜！〔生〕后来杨龙友添上梗叶，竟成了几笔折枝桃花。〔拍扇介〕这桃花扇在，那人阻春烟。

〔小生看介〕画的有趣，竟看不出是血迹来。〔问介〕这扇怎生又到先生手中？〔生〕香君思念小生，托他师父到处寻俺，把这桃花扇，当了一封锦字书。小生接得此扇，跋涉来访，不想香君又入宫去了。〔掩泪介〕〔末扮杨龙友冠带，从人喝道上〕台上久无秦弄玉，船中新到米襄阳。〔杂入报介〕兵科杨老爷来看蓝相公，门外下轿了。〔小生慌迎见介〕〔末上楼见生，揖介〕侯兄几时来的？〔生〕适才到此，尚未奉拜。〔末〕闻得一向在史公幕中，又随高兵防河。昨见塘报，高杰于

正月初十日，已为许定国所杀，那时世兄在那里来？〔生〕小弟正在乡园，忽遇此变，扶着家父逃避山中，一月有余。恐为许兵踪迹，故又买舟南来。路遇苏昆生，持扇相访，只得连夜赴约。竟不知香君已去。〔问介〕请问是几时去的？〔末〕正月人日被选入宫的。〔生〕到几时才出来？〔末〕遥遥无期。〔生〕小生只得在此等他了。〔末〕此处无可留恋，倒是别寻佳丽罢。〔生〕小生怎忍负约，但得他一信，去也放心。

【尾犯序】望咫尺青天，那有个瑶池女使，偷递情笺。明放着花楼酒榭，丢做个雨井烟垣。堪怜！旧桃花刘郎又拈，料得新吴宫西施不愿。横揣俺天涯夫婿，永巷日如年。

〔末〕世兄不必愁烦，且看四叔作画罢。〔小生画介〕〔生、末坐看介〕这是一幅桃源图？〔小生〕正是。〔末问介〕替那家画的？〔小生〕大锦衣张瑶星先生，新修起松风阁，要裱做照屏的。〔生赞介〕妙！妙！位置点染，别开生面，全非金陵旧派。〔小生作画完介〕见笑！见笑！就求题咏几句，为拙画生色如何？〔生〕不怕写坏，小生就献丑了。〔题介〕原是看花洞里人，重来那得便迷津。渔郎诳指空山路，留取桃源自避秦。归德侯方域题。〔末读介〕佳句。寄意深远，似有微怪小弟之意。〔生〕岂敢！〔指画介〕

【鲍老催】这流水溪堪羡，落红英千千片。抹云烟，绿树浓，青峰远。仍是春风旧境不曾变，没个人儿将咱系恋。是一座空桃源，趁着未斜阳将掉转。

〔起介〕〔末〕世兄不要埋怨，而今马、阮当道，专以报仇雪恨为事；俺虽至亲好友，不敢谏言。恰好人日设席，唤香君供唱。那香君性气，你是知道的，手指二公一场好骂。〔生〕呵呀！这番遭他毒手了。〔末〕亏了小弟在旁，十分劝解，仅仅推入雪中，吃了一惊。幸而选入内庭，暂保性命。〔向生介〕世兄既与香君有旧，亦不可在此久

留。〔生〕是！是！承教了。〔同下楼行介〕

【尾声】热心肠早把冰雪咽，活冤业现摆着麒麟楦。〔收扇介〕俺且抱着扇上桃花闲过遣。

〔竟下介〕〔末〕我们别过蓝兄，一同出去罢。〔生〕正是忘了作别。〔作别介〕请了！〔小生先闭门下〕〔生、末同行介〕

〔生〕重到红楼意惘然，〔末〕闲评诗画晚春天。

〔生〕美人公子飘零尽，〔末〕一树桃花似往年。

第二十九出　逮　社

乙酉三月

【凤凰阁】〔丑扮书客蔡益所上〕堂名二酉,万卷牙签求售。何物充栋汗车牛,混了书香铜臭。贾儒商秀,怕遇着秦皇大搜。

在下金陵三山街书客蔡益所的便是。天下书籍之富,无过俺金陵;这金陵书铺之多,无过俺三山街;这三山街书客之大,无过俺蔡益所。〔指介〕你看十三经、廿一史、九流三教、诸子百家、腐烂时文、新奇小说,上下充箱盈架,高低列肆连楼。不但兴南贩北,积古堆今,而且严批妙选,精刻善印。俺蔡益所既射了贸易诗书之利,又收了流传文字之功;凭他进士举人,见俺作揖拱手,好不体面。〔笑介〕今乃乙酉乡试之年,大布恩纶,开科取士。准了礼部尚书钱谦益的条陈,要亟正文体,以光新治。俺小店乃坊间首领,只得聘请几家名手,另选新篇。今日正在里边删改批评,待俺早些贴起封面来。〔贴介〕风气随名手,文章中试官。〔下〕〔生、净背行囊上〕

【水红花】〔生〕当年烟月满秦楼,梦悠悠,箫声非旧。人隔银汉几重秋,信难投,相思谁救。〔唤介〕昆老,我们千里跋涉,为赴香君之约。不料他被选入官,音信杳然,昨晚扫兴回来;又怕有人踪迹,故此早早移寓。但不知那处僻静,可以多住几时,打听音信。等他诗题红叶,白了少年头。佳期难道此生休也罗?

〔净〕我看人情已变,朝政日非;且当道诸公,日日罗织正人,报复夙怨。不如暂避其锋，把香君消息，从容打听罢。〔生〕说的也是，但这附近州郡，别无相知；只有好友陈定生住在宜兴，吴次尾住在贵池。不免访寻故人，倒也是快事。〔行介〕

【前腔】故人多狎水边鸥，傲王侯，红尘拂袖。长安棋局不胜愁，买孤舟，南寻烟岫。〔净〕来到三山街书铺廊了，人烟稠密，趱行几步才好。〔疾走介〕妨他豺狼当道，冠带几猕猴。三山榛莽水狂流也罗。

〔生指介〕这是蔡益所书店，定生、次尾常来寓此，何不问他一信。〔住看介〕那廊柱上贴着新选封面，待我看来。〔读介〕"复社文开"。〔又看介〕这左边一行小字，是"壬午、癸未房墨合刊；右边是"陈定生、吴次尾两先生新选"。〔喜介〕他两人难道现寓此间不成？〔净〕待我问来。〔叫介〕掌柜的那里？〔丑上〕请了，想要买甚么书籍么？〔生〕非也。要借问一信。〔丑〕问谁？〔生〕陈定生、吴次尾两位相公来了不曾？〔丑〕现在里边，待我请他出来。〔丑下〕〔末、小生同上见介〕呀！原来是侯社兄。〔见净介〕苏昆老也来了。〔各揖介〕〔末问介〕从那来的？〔生〕从敝乡来的。〔小生问介〕几时进京？〔生〕昨日才到。

【玉芙蓉】烽烟满郡州，南北从军走；叹朝秦暮楚，三载依刘。归来谁念王孙瘦，重访秦淮帘下钩。徘徊久，问桃花昔游，这江乡，今年不似旧温柔。

〔问末、小生介〕两兄在此，又操选政了？〔末、小生〕见笑。

【前腔】金陵旧选楼，联榻同良友；对丹黄笔砚，事业千秋。六朝衰弊今须救，文体重开韩柳欧。传不朽，把东林尽收，才知俺中原复社附清流。

〔内唤介〕请相公们里边用茶。〔末、小生〕来了。〔让生、净入介〕〔杂扮长班持拜帖上〕我家官府阮大铖，新升兵部侍郎；特赐蟒玉，

钦命防江。今日到三山街拜客，只得先来。〔副净扮阮大铖蟒、玉，骄态，坐轿，杂持伞、扇引上〕

【朱奴儿】〔副净〕排头踏青衣前走，高轩稳扇盖交抖。看是何人坐上头，是当日胯下韩侯。〔杂禀介〕请老爷停轿，与佥都越老爷投帖。〔杂投帖介〕〔副净停轿介〕吩咐左右，不必打道，尽着百姓来瞧。〔掮扇大说介〕我阮老爷今日钦赐蟒玉，大轿拜客。那班东林小人，目下奉旨搜拿，躲的影儿也没了。〔笑介〕才显出谁荣谁羞，展开俺眉头皱。

〔看书铺介〕那廊柱上帖的封面，有甚么复社字样，叫长班揭来我瞧。〔杂揭封面，送副净读介〕"复社文开。陈定生吴次尾新选。"〔怒介〕嗄！复社乃东林后起，与周镳、雷缜祚同党；朝廷正在拿访，还敢留他选书。这个书客也大胆之极了。快快住轿！〔落轿介〕〔副净下轿，坐书铺吩咐介〕速传坊官。〔杂喊介〕坊官那里？〔净扮坊官急上，跪介〕禀大老爷，传卑职有何吩咐？

【前腔】〔副净〕这书肆不将法守，通恶少复社渠首。奉命令将逆党搜，须得你蔓引株求。〔净〕不消大老爷费心，卑职是极会拿人的。〔进入拿丑上〕犯人蔡益所拿到了。〔丑跪禀介〕小人蔡益所并未犯法。〔副净〕你刻什么《复社文开》，犯法不小。〔丑〕这是乡会房墨，每年科场要选一部的。〔副净喝介〕唗！目下访拿逆党，功令森严，你容留他们选书，还敢口强，快快招来。〔丑〕不干小人事，相公们自己走来，现在里面选书哩。〔副净〕既在里面，用心看守，不许走脱一人。〔丑应下〕〔副净向净私语介〕访拿逆党，是镇抚司的专责，速递报单，叫他校尉拿人。传缇骑重兴狱囚，笑杨左今番又休。

〔净〕是。〔速下〕〔副净上轿介〕〔生、末、小生拉轿，喊介〕我们有何罪过，着人看守？你这位老先生，不畏天地鬼神了。〔副净微笑介〕

学生并未得罪，为何动起公愤来？〔拱介〕请教诸兄尊姓台号？〔小生〕俺是吴次尾。〔末〕俺是陈定生。〔生〕俺是侯朝宗。〔副净微怒介〕哦！原来就是你们三位！今日都来认认下官。

【剔银灯】堂堂貌须长似帚，昂昂气胸高如斗。〔向小生介〕那丁祭之时，怎见的阮光禄难司笾和豆。〔向末介〕那借戏之时，为甚把《燕子笺》弄俺当场丑。〔向生介〕堪羞！妆奁代凑，倒惹你裙钗乱丢。

〔生〕你就是阮胡子，今日报仇来了。〔末、小生〕好！好！好！大家扯他到朝门外，讲讲他的素行去。〔副净佯笑介〕不要忙，有你讲的哩。〔指介〕你看那来的何人？〔副净坐轿下〕〔杂扮白靴四校尉上〕〔乱叫介〕那是蔡益所？〔丑〕在下便是，问俺怎的？〔杂〕俺们是驾上来的，快快领着拿人。〔丑〕要拿那个？〔杂〕拿陈、吴、侯三个秀才。〔生〕不要拿。我们都在这边哩，有话说来。〔杂〕请到衙门里说去罢！〔竟丢锁套三人下〕〔丑吊场介〕这是那里的账。〔唤介〕苏兄快来！〔净扮苏昆生上〕怎么样的了？〔丑〕了不得！了不得！选书的两位相公拿去罢了，连侯相公也拿去了。〔净〕有这等事！

【前腔】〔合〕凶凶的缧绁在手，忙忙的捉人飞走。小复社没个东林救，新马阮接着崔田后。堪忧！昏君乱相，为别人公报私仇。

〔净〕我们跟去，打听一个真信，好设法救他。〔丑〕正是。看他安放何处，俺好早晚送饭。

〔丑〕朝市纷纷报怨仇，〔净〕乾坤付与杞人忧。

〔丑〕仓皇谁救焚书祸，〔净〕只有宁南一左侯。

第三十出　归　山

乙酉三月

【粉蝶儿】〔外白髯扮张薇冠带上〕何处家山，回首上林春老，秣陵城烟雨萧条。叹中兴，新霸业，一声长啸。旧宫袍，衬着懒散衰貌。

下官张薇，表字瑶星，原任北京锦衣卫仪正之职。避乱南来，又遇新主中兴，录俺世勋，仍补旧缺。不料权奸当道，朝局日非，新于城南修起三间松风阁，不日要投闲归老。只因有逆案两人，乃礼部主事周镳，按察副使雷缜祚，马、阮挟仇，必欲置之死地。下官深知其冤，只是无法可救，中夜踌躇，故此去志未决。

【尾犯序】党祸起新朝，正士寒心，连袂高蹈。俺有何求，为他人操刀。急逃！盖了座松风草阁，等着俺白云啸傲。只因这沈冤未解梦空劳。

〔副净扮家僮上，禀介〕禀老爷，镇抚司冯可宗拿到逆党三名，候老爷升厅发放。〔杂扮校尉四人，持刑具罗列介〕〔外升厅介〕〔净扮解役投文，押生、末、小生带锁上〕〔跪介〕〔外看文问介〕据坊官报单，说尔等结社朋谋，替周镳、雷缜祚行贿打点，因而该司捕解。快快从实招来，免受刑拷。

【前腔】〔末、小生〕难招！笔砚本吾曹，复社青衿，评选文稿。无罪而杀，是坑儒根苗。〔生〕休拷！俺来此携琴访友，并不曾流连夜晓。无端的池鱼堂燕一时烧。

〔外〕据尔所供，一无实迹，难道本衙门诬良为盗不成！〔拍惊堂介〕叫左右预备刑具，叫他逐个招来。〔末前跪介〕老大人不必动怒。犯生陈贞慧，直隶宜兴人，不合在蔡益所书坊选书，并无别情。〔小生前跪介〕犯生吴应箕，直隶贵池人，不合与陈贞慧同事，并无别情。〔外向净介〕既在蔡益所书坊，结社朋谋，行贿打点，彼必知情。为何竟不拿到？〔投签与净介〕速拿蔡益所质审。〔净应下〕〔生前跪介〕犯生侯方域，河南归德府人，游学到京，与陈贞慧、吴应箕文字旧交。才来拜望，一同拿来了。并无别情。〔外想介〕前蓝田叔所画桃源图，有归德侯方域题句。〔转问介〕你是侯方域么？〔生〕犯生便是。〔外拱介〕失敬了！前所题桃源图，大有见解，领教！领教！〔吩咐介〕这事与你无干，请一边候。〔生〕多谢超豁了。〔一边坐介〕〔净持签上〕〔禀介〕禀老爷，蔡益所店门关闭，逃走无踪了。〔外〕朋谋打点，全无证据，如何审拟。〔寻思介〕〔副净持书送上介〕王、钱二位老爷有公书。〔外看介〕原来是内阁王觉斯，大宗伯钱牧斋两位老先生公书。待俺看来！〔开书背看，点头介〕说的有理，竟不知陈、吴二犯，就是复社领袖。

【红衲袄】一个是定生兄，艺苑豪；一个是主骚坛，吴次老。为甚的冶长无罪拘皋陶，俺怎肯祸兴党锢推又敲。大锦衣，权自操；黑狱中，白日照。莫教名士清流贾祸含冤也，把中兴文运凋。

〔转拱介〕陈、吴两兄，方才得罪了。〔问介〕王觉斯、钱收斋二位老先生，一向交好么？〔末、小生〕并无相与。〔外〕为何发书，极道两兄文名，嘱俺开释？〔末、小生〕想出二公主持公道之意。〔外〕是，是。下官虽系武职，颇读诗书，岂肯杀人媚人。〔吩咐介〕这事冤屈，请一边候。待俺批回该司，速行释放便了。〔批介〕〔末、小生一边坐介〕〔副净持朝报送上介〕禀老爷，今日科抄有要紧旨意，请老爷过目。

〔外看报介〕"内阁大学士马一本，为速诛叛党，以靖邪谋事：犯官周镳、雷缜祚，私通潞藩，叛迹显然；乞早正法，晓示臣民等语。奉旨周镳、雷缜祚，着监候处决。又兵部待郎阮一本，为捕灭社党，廓清皇图事：照得东林老奸，如蝗蔽日；复社小丑，似蝻出田。蝗为现在之灾，捕之欲尽；蝻为将来之患，灭之勿迟！臣编有《蝗蝻录》，可按籍而收也等语。奉旨这东林社党，着严行捕获，审拟具奏。该衙门知道！"〔外惊介〕不料马、阮二人，又有这番举动，从此正人君子无孑遗矣。

【前腔】俺正要省约法，画狱牢；那知他铸刑书，加炮烙。莫不是清流欲向浊流抛，莫不是党碑又刻元祐号。这法网，人怎逃；这威令，谁敢拗！眼见复社东林尽入囹圄也，试新刑，搜尔曹。

〔向生等介〕下官怜尔无辜，正思开释。忽然奉此严旨，不但周、雷二公定了死案；从此东林、复社，那有漏网之人！〔生等跪求介〕尚望大人超豁。〔外〕俺若放了诸兄，倘被别人拿获，再无生理。且不要忙。〔批介〕据送三犯，朋谋打点，俱无实迹。俟拿到蔡益所之日，审明拟罪可也。〔向生等介〕那镇抚司冯可宗，虽系功名之徒，却也良心未丧，待俺写书与他。〔写介〕老夫待罪锦衣，多历年所，门户党援，何代无之。总之君子、小人，互为盛衰，事久则变，势极必反；我辈职司风纪，不可随时偏倚，代人操刀。天道好还，公论不泯，慎勿自贻后悔也。〔拱介〕诸兄暂屈狱中，自有昭雪之日。〔净、杂押生等俱下〕〔外退堂介〕俺张薇原是先帝旧臣，国破家亡，已绝功名之念，为何今日出来助纣为虐。自古道："知几不俟终日。"看这光景，尚容踌躇再计乎？〔唤介〕家僮快牵马来，我要到松风阁养病去了。〔副净牵马上〕坐马在此。〔外上马，副净随行介〕

【解三醒】〔外〕**好趁着晴春晚照，满路上絮舞花飘。遥望见城南苍翠**

山色好，把红尘客梦全消。且喜已到松风阁，这是俺的世外桃源。不免下马登楼，趁早料理起来。〔下马登楼介〕清泉白石人稀到，一阵松风响似涛。〔唤介〕叫园丁撑开门窗，拂净栏槛，俺好从容眺望。〔杂扮园丁收拾介〕燕泥沾落絮，蛛网罥飞花。禀老爷，收拾干净了。〔下〕〔外窥窗介〕你看松阴低户，沁的人心骨皆凉。此处好安吟榻。〔又凭栏介〕你看春水盈池，照的人须眉皆碧。此处好支茶灶。〔忽笑介〕来的慌了，冠带袍靴全未脱却；如此打扮，岂是桃源中人。可笑！可笑！〔唤介〕家僮开了竹箱，把我买下的箬笠、芒鞋、萝绦、鹤氅，替俺换了。〔换衣带介〕堪投老，才修完三间草阁，便解宫袍。

〔净扮校尉锁丑牵上〕松间批驾帖，竹里验公文。方才拿住蔡益所，闻得张老爷来此养病，只得赶来销签。〔叫介〕门上大叔那里？〔副净出问介〕来禀何理，如此紧急？〔净〕禀老爷，拿到蔡益所了，特来销签。〔缴签介〕〔副净上楼，禀介〕衙门校尉带着蔡益所回话。〔外惊介〕拿了蔡益所，他三人如何开交？〔想介〕有了，叫校尉楼下伺候，听俺吩咐。〔副净传净跪楼下介〕〔外吩咐介〕这件机密重案，不可丝毫泄漏！暂将蔡益所羁候园中，待我回衙，细细审问。〔净〕是。〔将丑拴树介〕〔净欲下介〕〔外〕转来，园中窄狭，把这匹官马，牵回喂养；我的冠带袍靴，你也顺便带去。我还要多住几时，不许擅来啰唣。〔净应下〕〔外跌足介〕坏了！坏了！衙役走入花丛，犯人锁在松树，还成一个什么桃源哩。不如下楼去罢！〔下楼见丑介〕果是蔡益所哩。〔丑跪介〕犯人与老爷曾有一面之识。〔外〕虽系旧交，你容留复社，犯罪不轻。〔丑叩头介〕是。〔外〕你店中书籍，大半出于复社之手，件件是你的赃证。〔丑叩头介〕只求老爷超生。〔外〕你肯舍了家财，才能保得性命。〔丑〕犯人情愿离家。〔外喜介〕这等就有救矣。〔唤介〕家童与他开了锁头。〔副净开丑介〕〔外〕你既肯离家，何不随

我住山。〔丑〕老爷若肯携带，小人就有命了。〔外指介〕你看东北一带，云白山青，都是绝妙的所在。〔唤介〕家童好生看门，我同蔡益所瞧瞧就来。〔副净应下〕〔丑随外行介〕〔外指介〕我们今夜定要宿在那苍苍翠翠之中。〔丑〕老爷要去看山，须差人早安公馆。那山寺荒凉，如何住宿？〔外〕你怎晓得，舍了那顶破纱帽，何处岩穴着不的这个穷道人。〔丑背介〕这是那里说起？〔外〕不要迟疑，一直走去便了。

【前腔】眼望着白云缥缈，顾不得石径迢遥。渐渐的松林日落空山杳，但相逢几个渔樵。翠微深处人家少，万岭千峰路一条。开怀抱，尽着俺山游寺宿，不问何朝。

境隔仙凡几树桃，才知容易谢尘嚣。

清晨检点白云署，行到深山日尚高。

第三十一出　草　檄

乙酉三月

〔净扮苏昆生上〕万历年间一小童，崇祯朝代半衰翁；曾逢天启千恩荫，又见弘光嗣厂公。我苏昆生，睁着五旬老眼，看了四代时人，故此做这几句口号。你说那两位嗣厂公，有天没日，要把正人君子，捕灭尽绝。可怜俺侯公子，做了个法头例首。我老苏与他同乡同客，只得远来湖广，求救于宁南左侯。谁想一住三日，无门可入；今日江上大操，看他兵马过处，鸡犬无声，好不肃静。等他回营，少不的寻个法儿，见他一面。〔唤介〕店家那里？〔副净扮店主上〕黄鹤楼头仙客少，白云市上酒家多。客官有何话说？〔净〕请问元帅左爷爷，待好回营么？〔副净〕早哩！早哩！三十万人马，每日操到掌灯；况今日又留督抚袁老爷，巡按黄老爷，在教场饮酒，怎得便回。〔净〕既是这等，替我打壶酒来，慢慢的吃着等他罢。〔副净取酒上〕等他做甚。吃杯酒，早些安歇罢。〔净〕俺并不张看，你放心闭门便了。〔副净下〕〔净望介〕你看一轮明月，早出东山，正当春江花月夜；只是兴会不佳耳。〔坐斟酒饮介〕对此杯中物，勉强唱只曲儿，解闷则个。〔自敲鼓板唱介〕

【念奴娇序】长空万里，见婵娟可爱，全无一点纤凝。十二阑干光满处，凉浸珠箔银屏。偏称，身在瑶台，笑斟玉斝，人生几见此佳景。惟愿取年年此夜，人月双清。

〔自斟饮介〕这样好曲子,除了阮圆海却也没人赏鉴。罢了!罢了!宁可埋之浮尘,不可投诸匪类。〔又饮介〕这时候也待好回营了,待俺细细唱起来。他若听得,不问便罢,倘来问俺,倒是个机会哩。〔又敲鼓板唱介〕

【前腔】孤影,南枝乍冷,见乌鹊缥缈,惊飞栖止不定。〔副净上怨介〕客官安歇罢,万一元帅听得,连累小店,倒不是要的。〔净唱介〕万叠苍山,何处是修竹吾庐三径。〔副净拉净睡介〕〔净〕不妨事的。俺是元帅乡亲,巴不得叫他知道,才好请俺进府哩。〔副净〕既是这等,凭你!凭你!〔下〕〔净又唱介〕追省,丹桂谁攀,姮娥独住,故人千里漫同情。惟愿取年年此夜,人月双清。

〔杂扮小卒数人,背弓、矢、盔、甲走过介〕〔净听介〕外边马蹄乱响,想是回营了,不免再唱一曲。〔又敲鼓板唱介〕

【前腔】光莹,我欲吹断玉箫,骖鸾归去,不知何处冷瑶京。〔杂扮小军四人旗帜前导介〕〔净听介〕喝道之声,渐渐近来,索性大唱一唱。环佩湿,似月下归来飞琼。〔小生扮左良玉,外扮袁继咸,末扮黄澍冠带骑马上〕朝中新政教歌舞,江上残军试鼓鼙。〔外听介〕咦!将军,贵镇也教起歌舞来了。〔小生〕军令严肃,民间谁敢。〔末指介〕果然有人唱曲。〔小生立听介〕〔净大唱介〕那更,香雾云鬟,清辉玉臂,广寒仙子也堪并。惟愿取年年此夜,人月双清。

〔小生怒介〕目下戒严之时,不遵军法,半夜唱曲。快快锁拿!〔杂打下门,拿出净,跪马前介〕〔小生问介〕方才唱曲,就是你么?〔净〕是。〔小生〕军令严肃,你敢如此大胆。〔净〕无可奈何,冒死唱曲,只求老爷饶恕。〔外〕听他所说,像是醉话。〔末〕唱的曲子,倒是绝调。〔小生〕这人形迹可疑,带入帅府,细细审问。〔带净行介〕

【窣地锦裆】〔合〕操江夜入武昌门,鸡犬寂寥似野村。三更忽遇击筑人,无故悲歌必有因。

〔作到府介〕〔小生让外、末介〕就请下榻荒署,共议军情。〔外、末〕怎好搅扰。〔同入坐介〕〔外〕方才唱曲之人,倒要早早发放。〔小生〕正是。〔吩咐介〕带过那个唱曲的来。〔杂带净跪介〕〔小生问介〕你把犯法情由,从实说来。〔净〕小人来自南京,特投元帅;因无门可入,故意犯法,求见元帅之面的。〔小生〕唗!该死奴才,还不实说。〔末〕不必动怒。叫他说,要见元帅,有何缘故。

【锁南枝】〔净〕**京中事,似雾昏,朝朝报仇搜党人。现将公子侯郎,拿向囹圄困。望旧交,怀旧恩,替新朝,削新忿。**

〔小生〕那侯公子,是俺世交,既来求救,必有手书。取出我瞧。〔净叩头介〕那日阮大铖亲领校尉,立拿送狱,那里写得及书。〔外〕凭你口说,如何信得。〔小生想介〕有了,俺幕中有侯公子一个旧人,烦他一认,便知真假。〔吩咐介〕请柳相公出来。〔杂应介〕〔丑扮柳敬亭上〕肉朋酒友,问俺老柳。待俺认来。〔点烛认介〕呀!原来是苏昆生,我的盟弟。〔各掩泪介〕〔小生〕果然认的么?〔丑〕他是河南苏昆生,天下第一个唱曲的名手,谁不认的。〔小生喜介〕竟不知唱曲之人,倒是一个义士。〔拉起介〕请坐,请坐。〔净各揖坐介〕〔丑〕你且说侯公子为何下狱?

【前腔】〔净〕**为他是东林党,复社群,曾将魏崔门户分。小阮思报前仇,老马没分寸。三山街,缇骑狠,骤飞来,似鹰隼。**

把侯相公拿入狱内,音信不通,俺没奈何,冒死求救。幸亏将军不杀,又得遇着柳兄。〔揖介〕只求长兄恳央元帅,早发救书,也不枉俺一番远来。〔小生气介〕袁、黄二位盟弟,你看朝事如此,可不恨死人也。〔外〕不特此也。闻得旧妃童氏,跋涉寻来,马、阮不令收认;另藏私人,预备采选,要图椒房之亲,岂不可杀!〔末〕还有一件,崇祯

太子，七载储君，讲官大臣，确有证据，今欲付之幽囚。人人共愤，皆思寸磔马、阮，以谢先帝。〔小生大怒介〕我辈戮力疆场，只为报效朝廷；不料信用奸党，杀害正人，日日卖官鬻爵，演舞教歌，一代中兴之君，行的总是亡国之政。只有一个史阁部，颇有忠心，被马、阮内里掣肘，却也依样葫芦。剩俺单身只手，怎去恢复中原。〔跌足介〕罢！罢！罢！俺没奈何，竟做要君之臣了。〔揖外介〕临侯替俺修起参本。〔外〕怎么样写？〔小生〕你只痛数马、阮之罪便了。〔外〕领教！〔丑送纸笔，外写介〕

【前腔】朝廷上，用逆臣，公然弃妃囚嗣君。报仇翻案纷纷，正士皆逃遁。寻冶容，教艳品，卖官爵，笔难尽。

〔外写完介〕〔小生〕还要一道檄文，借重仲霖起稿罢。〔揖介〕〔末〕也是这样做么？〔小生〕你说俺要发兵进讨，叫他死无噍类。〔丑〕该！该！〔小生〕你前日劝俺不可前进，今日为何又来赞成。〔丑〕如今是弘光皇帝了，彼一时也，此一时也。〔小生〕是！是！俺左良玉乃先帝老将，先帝现有太子，是俺小主。那马、阮擅立弘光之时，俺远在边方，原未奉诏的。〔末〕待俺做来。〔丑送纸笔，末写介〕

【前腔】清君侧，走檄文，雄兵义旗遮路尘。一霎飞渡金陵，直抵凤凰门。朝帝宫，谒孝寝，搜黄阁，试白刃。

〔末写完介〕〔小生〕就列起名来。〔外〕这样大事，还该请到新巡抚何腾蛟，求他列名。〔小生〕他为人固执，不必相闻，竟写上他罢了。〔外、末列名介〕〔小生〕今夜誊写停当，明早飞递投送，俺随后也就发兵了。〔外〕只怕递铺误事。〔小生〕为何？〔外〕京中匿名文书，纷纷雨集；马、阮每早令人搜寻，随得随烧，并不过目。〔小生〕如此只得差人了。〔末〕也使不得。闻得马、阮密令安庆将军杜弘域，筑起坂矶，久有防备我兵之意。此檄一到，岂肯干休？那差去之人，便死多活少了。〔小生〕这等怎处?〔丑〕倒是老汉去走走罢。〔外、末惊介〕这位柳先生,竟是荆轲之流,我辈当以白衣冠送之。〔丑〕这条老命甚么希罕,只要办的元帅事来。〔小生大喜介〕有这等忠义之人,俺左昆山要下拜了。〔唤介〕左右取一杯酒来。〔杂取酒上,小生跪奉丑酒介〕请尽此杯!〔丑跪饮干介〕〔众拜丑,丑答拜介〕

【前腔】擎杯酒,拭泪痕,荆卿短歌声自吞。夜半携手叮咛,满座各消魂。何日归,无处问,夜月低,春风紧。

〔各掩泪介〕〔丑向净介〕借重贤弟,暂陪元帅,俺就束装东去了。〔净〕只愿救取公子,早早出狱,那时再与老哥相见罢。〔俱作别介〕〔丑先下〕〔小生〕义士!义士!〔外、末〕壮哉!壮哉!

渺渺烟波夜气昏,一樽酒尽客消魂。

从来壮士无还日,眼看长江下海门。

第三十二出　拜　坛

乙酉三月

【吴小四】〔副末扮赞礼郎冠带白须上〕眼看他，命运差，河北新房一半塌。承继个儿郎贪戏耍，不报冤仇不挣家。窝里财，奴乱抓。

在下是太常寺一个老赞礼，住在神乐观旁，专管庙陵祭享之事。那知天翻地覆，立了这位新爷，把俺南京重新兴旺起来。今岁乙酉，改历建号之年，家家庆贺。我老汉三杯入肚，只唱这个随心令儿。旁人劝我道："各人自扫门前雪，莫管他家瓦上霜。"我回言道："大风吹倒梧桐树，也要旁人话短长。"〔唤介〕孩子们，今日是三月十九日？〔内〕三月十九日了。〔副末〕呵呀！三月十九日，乃崇祯皇帝忌辰。奉旨在太平门外设坛祭祀，派着我当执事的，怎么就忘了，快走！快走！〔走介〕冈冈峦峦，接接连连，竹竹松松，密密丛丛。不觉已到坛前，且喜百官未到，待俺趁早铺设起来。〔作排案，供香、花、烛、酒介〕

【普天乐】〔净扮马士英，末扮杨文骢，素服从人上〕旧江山，新图画，暮春烟景人潇洒。出城市，遍野桑麻；哭甚么旧主升遐，告了个游春假。〔外扮史可法素服上〕这才去野哭江边奠杯斝，挥不尽血泪盈把。年时此日，问苍天，遭的甚么花甲。

〔相见各揖介〕〔净〕今日乃思宗烈皇帝升遐之辰，礼当设坛祭拜。〔末〕正是。〔外问介〕文武百官到齐不曾？〔副末〕俱已到齐了。

〔净〕就此行礼。〔副末赞礼，杂扮执事官捧帛、爵介〕〔赞〕执事官各司其事，陪祀官就位，代献官就位。〔各官俱照班排立介〕〔赞〕瘗毛血。迎神，参神，伏俯、兴，伏俯、兴，伏俯、兴，伏俯、兴。平身。〔各行礼完，立介〕〔赞〕行奠帛礼，升坛。〔净秉笏至神位前介〕〔赞〕搢笏，献帛，奠帛。〔净跪奠帛叩介〕〔赞〕平身，出笏，诣读祝位，跪。〔净跪介〕〔赞〕读祝。〔副末跪读介〕维岁次乙酉年，三月十九日，皇从弟嗣皇帝由崧，谨昭告于思宗烈皇帝曰：仰惟文德克承，武功载缵，御极十有七年，皇纲不振，大宇中倾，皇帝殉社稷，皇后太子俱死君父之难。弟愚不才，忝颜偷生，俯顺臣民之请，正位南都，权为宗庙神人主。恸一人之升遐，惩百僚之怠傲，努力庙谟，惴惴忧惧，枕戈饮泣，誓复中原。今值宾天忌辰，敬设坛壝，遣官代祭。鉴兹追慕之诚，歆此蘋蘩之献。尚飨！〔赞〕举哀。〔各官哭三声介〕〔赞〕哀止，伏俯、兴，复位。〔净转下介〕〔赞〕行初献礼，升坛。〔净至神位前介〕〔赞〕搢笏，献爵，奠爵。〔净跪奠爵，叩介〕〔赞〕平身，出笏，复位。〔赞〕〔行亚献终，献礼，同。〕〔赞〕彻馔，送神，伏俯、兴。〔四拜同〕〔各官依赞拜完，立介〕〔赞〕读祝官捧祝，进帛官捧帛，各诣瘗位。〔各官立介〕〔赞〕望瘗。〔杂焚祝帛介〕〔赞〕礼毕。〔外独大哭介〕

【朝天子】万里黄风吹漠沙，何处招魂魄。想翠华，守枯煤山几枝花；对晚鸦，江南一半残霞。是当年旧家，孤臣哭拜天涯，似村翁岁腊，似村翁岁腊。

〔副末〕老爷们哭的不恸，俺老赞礼忍不住要大哭一场了。〔大哭一场下〕〔副净扮阮大铖素服大叫上〕我的先帝呀！我的先帝呀！今日是你周年忌辰，俺旧臣阮大铖赶来哭临了。〔拭眼问介〕祭过不曾？〔净〕方才礼毕。〔副净至坛前，急四拜，哭白介〕先帝先帝！你国破身亡，总吃亏了一伙东林小人。如今都散了。剩下我们几个忠臣，

今日还想着来哭你,你为何至死不悟呀!〔又哭介〕〔净拉介〕圆老,不必过哀,起来作揖罢。〔副净拭眼,各见介〕〔外背介〕可笑!可笑!〔作别介〕请了!烟尘三里路,魑魅一班人。〔下〕〔净〕我们皆是进城的,就并马同行罢。〔作更衣上马行介〕

【普天乐】〔合〕奠琼浆,哭坛下,失声相向谁真假。千官散,一路喧哗,好趁着景美天佳,闲讲些兴亡话。咏归去,恰似春风浴沂罢,何须问江北戎马。南朝旧例尽风流,只愁春色无价。

〔杂喝道介〕〔净〕已到鸡鹅巷,离小寓不远,请过荒园同看牡丹何如?〔末〕小弟还要拜客,就此作别了。〔末别下〕〔副净〕待晚生趋陪罢。〔作到,下马介〕〔净〕请进。〔副净〕晚生随行。〔净前副净后,入园介〕〔副净〕果然好花。〔净吩咐介〕速摆酒席,我们赏花。〔杂摆席介〕〔净、副净更衣坐饮介〕〔净大笑介〕今日结了崇祯旧局,明日恭请圣上临御正殿,我们"一朝天子一朝臣"了。〔副净〕连日在江上,不知朝中有何新政。〔净〕目下假太子王之明,正在这里商量发放。圆老有何高见?〔副净〕这事明白易处。〔净〕怎么易处?〔副净〕老师相权压中外者,只因推戴二字。〔净〕是!是!〔副净〕既因推戴二字,

【朝天子】若认储君真不差,把俺迎来主,放那搭。〔净〕是!是!就着监禁起来,不要惑乱人心。〔问介〕还有旧妃童氏,哭诉朝门,要求迎为正后。这何以处之?〔副净〕这益发使不得。自古道,君王爱馆娃。系臂纱,先须采选来家,替椒房作伐。〔净〕是!是!俺已采选定了,这个童氏,自然不许进宫的。〔又问介〕那些东林复社,捕拿到京,如何审问?〔副净〕这班人天生是我们冤对,岂可容情。切莫剪草留芽,但搜来尽杀,但搜来尽杀。

〔净大笑介〕有理!有理!老成见到之言,句句合着鄙意。拿大

杯来，欢饮三杯。〔杂扮长班持本急上，禀介〕宁南侯左良玉有本章一道，封投通政司，这是内阁揭帖，送来过目。〔净接介〕他有什么好本！〔看本，怒介〕呀！呀！了不得，就是参咱们的疏稿。这疏内数出咱七大罪，叫圣上立赐处分，好恨人也。〔杂又持文书急上〕还有公文一道，差人赍来的。〔净接看，惊介〕又是讨俺的一道檄文，文中骂的着实不堪；还要发兵前来，取咱的首级。这却怎处？〔副净惊起，乱抖介〕怕人！怕人！别的有法，这却没法了。〔净〕难道长伸脖颈，等他来割不成？〔副净〕待俺想来。〔想介〕没有别法，除是调取黄、刘三镇，早去堵截。〔净〕倘若北兵渡河，叫谁迎敌？〔副净向净耳介〕北兵一到，还要迎敌么？〔净〕不迎敌，更有何法？〔副净〕只有两法。〔净〕请教！〔副净作抠衣介〕跑。〔又作跪地介〕降。〔净〕说的也是。大丈夫烈烈轰轰，宁可叩北兵之马，不可试南贼之刀。吾主意已决，即发兵符，调取三镇便了。〔想介〕且住，调之无名，三镇未必肯去。这却怎处？〔副净〕只说左兵东来，要立潞王监国，三镇自然着忙的。〔净〕是！是！就烦圆老亲去一遭。

【普天乐】〔合〕发兵符，乘飞马，过江速劝黄、刘驾。舟同济，舵又同拏，才保得性命身家。非是俺魂惊怕，怎当得百万精兵从空下，顷刻把城阙攻打。全凭铁锁断长江，拉开强弩招架。

〔副净〕辞过老师相，晚生即刻出城了。〔净〕且住，还有一句密话。〔附耳介〕内阁高弘图、姜曰广，左袒逆党，俱已罢职了。那周镳、雷缜祚，留在监中，恐为内应，趁早取决何如？〔副净〕极该！极该！〔净拱介〕也不送了。〔竟下〕〔副净出〕〔杂禀介〕那个传檄之人，还拿在这里，听候发落。〔副净〕没有甚么发落，拿送刑部请旨处决便了。〔上马欲下介〕〔寻思介〕且不要孟浪。我看黄、刘三镇，也非左兵敌手，万一斩了来人，日后难于挽回。〔唤介〕班役，你速到镇抚司，拜

上冯老爷，将此传檄之人，用心监候。〔杂应下〕〔副净〕几乎误了大事。〔上马速行介〕

江南江北事如麻，半倚刘家半阮家。

三面和棋休打算，西南一子怕争差。

第三十三出　会　狱

乙酉三月

【梅花引】〔生敝衣愁容上〕宫槐古树阅沧田，挂寒烟，倚颓垣。末后春风，才绿到幽院。两个知心常步影，说新恨，向谁借酒钱。

小生侯方域，被逮狱中，已经半月。只因证据无人，暂羁候审，幸亏故人联床，颇不寂寞。你看月色过墙，照的槐影迷离，不免虚庭一步。

【忒忒令】碧沉沉月明满天，凄惨惨哭声一片，墙角新鬼带血来分辩。我与他死同仇，生同冤，黑狱里，半夜作白眼。

独立多时，忽然毛发直竖，好怕人也。待俺唤醒陈、吴两兄，大家闲话。〔唤介〕定兄醒来。〔又唤介〕次兄睡熟了么？〔末、小生揉眼出介〕

【尹令】〔末〕这时月高斗转，为何独行空院，闲将露痕踏遍。〔小生〕愁怀且捐，万语千言望谁怜。

〔见介〕侯兄怎的还不安歇？〔生〕我想大家在这黑狱之中，三春莺花，半点不见；只有明月一轮，还来相照，岂可舍之而睡。〔末〕是，是，同去步月一回。〔行介〕

【品令】〔生〕冤声满狱，锄铛夜徽缠。三人步月，身轻若飞仙。闲消自遣，莫说文章贱。从来豪杰，都向此中磨炼。似在棘围锁院，分帘校赋篇。

〔丑扮柳敬亭杻锁上〕戎马不知何处避，贤豪半向此中来。我柳敬亭，被拿入狱，破题儿第一夜，便觉难过。〔叹介〕嗳！方才睡下，又要出恭；这个裙带儿没人解，好苦也。〔作蹲地听介〕那边有人说话，像是侯相公声音，待我看来。〔起看，惊介〕竟是侯相公。〔唤介〕你是侯相公么？〔生惊认介〕原来是柳敬亭。〔末、小生〕柳敬亭为何也到此中？〔丑认介〕陈相公、吴相公怎么都在里边？〔举手介〕阿弥陀佛！这也算“佛殿奇逢”了。〔生〕难得！难得！大家坐地谈谈。〔同坐介〕

【豆叶黄】〔合〕便他乡遇故，不算奇缘。这墙隔着万重深山，撞见旧时亲眷。浑忘身累，笑看月圆。却也似武陵桃洞，却也似武陵桃洞，有避乱秦人，同话渔船。

〔生〕且问敬老，你犯了何罪，杻锁连身，如此苦楚。〔丑〕老汉不曾犯罪。只因相公被逮入狱，苏昆生远赴宁南，恳求解救。那左帅果然大怒，连夜修本参着马、阮，又发了檄文一道，托俺传来，随后要发兵进讨。马、阮害怕，自然放出相公去的。

【玉交枝】宁南兵变，料无人能将檄传；探汤蹈火咱情愿，也只为文士遭谴。白头志高穷更坚，浑身枷锁吾何怨；助将军除暴解冤，助将军除暴解冤。

〔生〕竟不知敬亭吃亏，乃小生所累。昆生远去求救，益发难得。可感！可感！〔末〕虽如此说，只怕左兵一来，我辈倒不能苟全性命。〔小生〕正是，宁南不学无术，如何收救。〔皆长吁介〕〔净扮狱官执手牌，杂扮校尉四人点灯提绳急上〕〔净〕四壁冤魂满，三更狱吏尊。刑部要人，明早处决，快去绑来。〔杂〕该绑那个？〔净〕牌上有名。〔看介〕逆党二名，周镳、雷缤祚。〔杂执灯照生、末、小生、丑面介〕不是！不是！〔净喝介〕你们无干的，各自躲开。〔净领杂急下〕〔末悄问介〕绑那个？〔小生〕听说要绑周镳、雷缤祚。〔生〕吓死俺也。〔丑〕我们等着瞧瞧。〔净执牌前行,杂背绑二人,赤身披发,急拉下〕〔生看呆介〕〔末〕果然是周仲驭、雷介公他二位。〔小生〕这是我们的榜样了。

【江儿水】〔生〕演着明夷卦,事尽翻,正人惨害天倾陷。片纸飞来无人见,三更缚去加刑典,教俺心惊胆颤。〔合〕黑地昏天,这样收场难免。

〔生问丑介〕我且问你,外边还有甚么新闻?〔丑〕我来的仓卒,不曾打听,只见校尉纷纷拿人。〔末、小生问介〕还拿那个?〔丑〕听说要拿巡按黄澍、督抚袁继咸、大锦衣张薇,还有几个公子秀才。想不起了!〔生〕你想一想?〔丑想介〕人多着哩。只记得几个相熟的,有冒襄、方以智、刘城、沈寿民、沈士柱、杨廷枢。〔末〕有这许多。〔小生〕俺这里边,将来成一个大文会了。〔生〕倒也有趣。

【川拨棹】图圄里,竟是瀛洲翰苑。画一幅文会图悬,画一幅文会图悬,避红尘一群谪仙。〔合〕赏春月,同听鹃;感秋风,同咏蝉。

〔丑〕三位相公,宿在那一号里?〔生〕都在"荒"字号里。〔末〕敬老羁在那里?〔丑〕就在这后面"藏"字号里。〔小生〕前后相近,倒好早晚谈谈。〔生〕我们还是软监,敬老竟似重囚了。〔丑〕阿弥陀佛!免了上柙床,就算好的狠哩。〔作势介〕

【意不尽】高拱手碍不了礼数周全,曲肱儿枕头稳便。只愁今夜里,少一个长爪麻姑搔背眠。

〔丑〕相逢真似岛中仙,〔末〕隔绝风涛路八千。

〔小生〕地僻偏宜人啸傲,〔生〕天空不碍月团圆。

第三十四出　截　矶

乙酉四月

〔净扮苏昆生上〕南北割成三足鼎，江湖挑动两支兵。自家苏昆生，为救侯公子，激的左兵东来，约了巡按黄澍，巡抚何腾蛟，同日起马。今日船泊九江，早已知会督抚袁继咸，齐集湖口，共商入京之计。谁知马、阮闻信，调了黄得功在坂矶截杀。你看狼烟四起，势头不善；少爷左梦庚前去迎敌，俺且随营打探。正是：地覆天翻日，龙争虎斗时。〔下〕〔场上设弩台、架炮，铁锁阑江〕

【三台令】〔末扮黄得功戎装双鞭，领军卒上〕北征南战无休，邻国萧墙尽仇。架炮指江州，打舳舻卷甲倒走。

咱家黄得功，表字虎山，一腔忠愤，盖世威名，要与俺弘光皇帝，收复这万里山河。可恨两刘无肘臂之功，一左为腹心之患。今奉江防兵部尚书阮老爷兵牌，调俺驻扎坂矶，堵截左寇，这也不是当要的。〔唤介〕家将田雄何在？〔副净〕有。〔末〕速传大小三军，听俺号令。〔军卒排立呐喊介〕

【山坡羊】〔末〕硬邦邦敢要君的渠首，乱纷纷不服王的群寇；软弱弱没气色的至尊，闹喧喧争门户的同朝友。只剩咱一营江上守，正防着战马北来骤，忽报楼船入浦口。貔貅，飞旌旗控上游；戈矛，传烽烟截下流。

〔黄卒登台介〕〔杂扮左兵白旗、白衣，呐喊驾船上〕〔黄卒截射

介〕〔左兵败回介〕〔黄卒赶下〕〔小生扮左良玉戎装白盔素甲坐船上〕

【前腔】替奸臣复私仇的桀纣，媚昏君上排场的花丑；投北朝学叩马的夷齐，吠唐尧听使唤的三家狗。拚着俺万年名遗臭，对先帝一片心堪剖，忙把储君冤苦救。不羞，做英雄到尽头；难收，烈轰轰东去舟。

俺左良玉领兵东下，只为剪除奸臣，救取太子。叵耐儿子左梦庚，借此题目，便要攻打城池，妄思进取。俺已严责再三，只怕乱兵引诱，将来做出事来；且待渡过坂矶，慢慢劝他。〔净急上〕报元帅，不好了！黄得功截杀坂矶，前部先锋俱已败回了。〔小生惊介〕有这等事。黄得功也是一条忠义好汉，怎的受马、阮指拨，只知拥戴新主，竟不念先帝六尺之孤，岂不可恨！〔唤介〕左右，快看巡按黄老爷、巡抚何老爷船泊那边，请来计议。〔杂应下〕〔末扮黄澍上〕将帅随谈麈，风云指义旗。下官黄澍方才泊船，恰好元帅来请。〔作上船介〕〔小生见介〕仲霖果然到来，巡抚何公如何不见？〔末〕行到半途，又回去了。〔小生〕为何回去？〔末〕他原是马士英同乡。〔小生〕随他罢了。这也怪他不得。〔问介〕目下黄得功截住坂矶，三军不能前进。如何是好？〔末〕这倒可虑，且待袁公到船，再作商量。〔外扮袁继咸从人上〕孽子含冤天惨淡，孤臣举义日光明。来此是左帅大船，左右通报。〔杂禀介〕督抚袁老爷到船了！〔小生〕快请！〔外上船见介〕适从武昌回署，整顿兵马，愿从鞭弭。〔末〕目下不能前进了。〔外〕为何？〔小生〕黄得功领兵截杀，先锋俱已败回。〔外〕事已至此，欲罢不能，快快遣人游说便了。〔小生〕敬亭已去，无人可遣。奈何？〔净〕晚生与他颇有一面，情愿效力。〔末〕昆生义气，不亚敬亭，今日正好借重。〔小生问介〕你如何说他？

【五更转】〔净〕俺只说鹬蚌持，渔人候，傍观将利收。英雄举动，要看

前和后。故主恩深，好爵自受。欺他子，害他妃，全忘旧。杀人只落血双手，何必前来，同室争斗。

〔外〕说得有理。〔小生〕还要把俺心事说个明白，叫他晓得奸臣当杀，太子当救。完了两桩大事，于朝廷一尘不惊，于百姓秋毫无犯。为何不知大义，妄行截杀？〔末〕正是，那黄得功一介武夫，还知报效；俺们倒肯犯上作乱不成？叫他细想。〔净〕是，是，俺就如此说去。〔杂扮报卒急上〕报元帅，九江城内，一片火起。袁老爷本标人马，自破城池了。〔外惊介〕怎么俺的本标人马自破城池？这了不得！〔小生怒介〕岂有此理！不用猜疑，这是我儿左梦庚做出此事，陷我为反叛之臣。罢了！罢了！有何面目，再向江东。〔拔剑欲自刎介〕〔末抱住介〕〔小生握外手，注目介〕临侯，临侯，我负你了！〔作呕血倒椅上介〕〔净唤介〕元帅苏醒！元帅苏醒！〔外〕竟叫不应，这怎么处？〔末〕想是中恶，快取辰砂灌下。〔净取碗灌介〕牙关闭紧，灌不进了。〔众哭介〕

【前腔】大将星，落如斗，旗杆摧舵楼。杀场百战精神抖，凛凛堂堂，一身甲胄。平白的牖下亡，全身首。魂归故宫煤山头，同说艰辛，君啼臣吼。

〔杂抬小生下〕〔外〕元帅已死，本镇人马霎时溃散；那左梦庚握住九江，叫俺进退无门。倘若黄兵抢来，如何逃躲？〔末〕我们原系被逮之官，今又失陷城池，拿到京中，再无解救。不如转回武昌，同着巡抚何腾蛟，另做事业去罢。〔外〕有理。〔外、末急下〕〔净呆介〕你看他们竟自散去，单剩我苏昆生一人，守着元帅尸首，好不可怜。不免点起香烛，哭奠一番。〔设案点香烛，哭拜介〕

【哭相思】气死英雄人尽走，撇下了空船柩。俺是个招魂江边友，没处买一杯酒。

且待他儿子奔丧回船，收殓停当，俺才好辞之而去，如今只得耐性儿守着。正是：

英雄不得过江州，魂恋春波起暮愁。
满眼青山无地葬，斜风细雨打船头。

第三十五出　誓　师

乙酉四月

【贺圣朝】〔外扮史可法，白毡大帽，便服上〕两年吹角列营，每日调马催征。军逃客散鬓星星，恨压广陵城。

下官史可法，日日经略中原，究竟一筹莫展。那黄、刘三镇，皆听马、阮指使，移镇上江，堵截左兵，丢下黄河一带，千里空营。忽接塘报，本月二十一日北兵已入淮境，本标食粮之人，不足三千，那能抵当得住。这淮、扬一失，眼见京师难保，岂不完了明朝一座江山也。可恼！可恼！俺且私步城头，察看情形，再作商量。〔丑扮家丁，提小灯随行上城介〕

【二犯江儿水】〔外〕悄上城头危径，更深人睡醒。栖乌频叫，击柝连声，女墙边，侧耳听。〔听介〕〔内作怨介〕北兵已到淮安，没个瞎鬼儿问他一声；只舍俺这几个残兵，死守这座扬州城，如何守得住。元帅好没分晓也！〔外点头自语介〕你那里晓得，万里倚长城，扬州父子兵。〔又听介〕〔内作恨介〕罢了！罢了！元帅不疼我们，早早投了北朝，各人快活去，为何尽着等死。〔外惊介〕呵呀！竟想投降了，这怎么处！他降字儿横胸，守字儿难成；这扬州剩了一分景。〔又听介〕〔内作怒介〕我们降不降，还是第二着，自家杀抢杀抢，跑他娘的。只顾守到几时呀！〔外〕咳！竟不料情形如此。听说猛惊，热心冰冷。疾忙归，夜点兵，不待明。

〔忙下〕〔内掌号放炮，作传操介〕〔杂扮小卒四人上〕今乃四月二十四日，不是下操的日期；为何半夜三更，梅花岭放炮？快去看来！〔急走介〕〔末扮中军，持令箭提灯上〕隔江云阵列，连夜羽书飞。〔呼介〕元帅有令：大小三军，速赴梅花岭，听候点卯。〔众排列介〕〔外戎装，旗引登坛介〕月升鸱尾城吹角，星散旄头帐点兵。中军何在？〔末跪介〕有！〔外〕目下北信紧急，淮城失守，这扬州乃江北要地，倘有疏虞，京师难保。快传五营四哨，点齐人马，各照汛地昼夜严防。敢有倡言惑众者，军法从事。〔末〕得令！〔传令向内介〕元帅有令，三军听者。各照汛地昼夜严防，敢有倡言惑众者，军法从事。〔内不应〕〔外〕怎么寂然无声？〔吩咐中军介〕再传军令，叫他高声答应。〔末又高声传介〕〔内不应〕〔外〕仍然不应，着击鼓传令。〔末击鼓又传，又不应介〕〔外〕分明都有离叛之心了。〔顿足介〕不料天意人心，到如此田地。〔哭介〕

【前腔】皇天列圣，高高呼不省。阑珊残局，剩俺支撑，奈人心俱瓦崩。俺史可法好苦命也！〔哭介〕**协力少良朋，同心无弟兄。**只靠你们三千子弟，谁料今日呵，**都想逃生，漫不关情。这江山倒像设着筵席请。**〔拍胸介〕史可法！史可法！平生枉读诗书，空谈忠孝，到今日其实没法了。〔哭介〕**哭声祖宗，哭声百姓。**〔大哭介〕〔末劝介〕元帅保重，军国事大，徒哭无益也。〔前扶介〕你看泪点淋漓，把战袍都湿透了。〔惊介〕咦！怎么一阵血腥，快掌灯来。〔杂点灯照介〕呵呀！浑身血点，是那里来的？〔外拭目介〕都是俺眼中流出来。**哭的俺一腔血，作泪零。**

〔末叫介〕大小三军，上前看来，咱们元帅哭出血泪来了。〔净、副净、丑扮众将上，看介〕果然都是血泪。〔俱跪介〕〔净〕尝言："养军千日，用军一时。"俺们不替朝廷出力，竟是一伙禽兽了。〔副净〕俺

们贪生怕死，叫元帅如此难为，那皇天也不祐的。〔丑〕百岁无常，谁能免的一死，只要死到一个是处。罢！罢！罢！今日舍着狗命，要替元帅守住这座扬州城。〔末〕好！好！谁敢再有二心，俺便拿送辕门，听元帅千刀万剐。〔外大笑介〕果然如此，本帅便要拜谢了。〔拜介〕〔众扶住介〕不敢！不敢！〔外〕众位请起，听俺号令。〔众起介〕〔外吩咐介〕你们三千人马，一千迎敌，一千内守，一千外巡。〔众〕是！〔外〕上阵不利，守城。〔众〕是！〔外〕守城不利，巷战。〔众〕是！〔外〕巷战不利，短接。〔众〕是！〔外〕短接不利，自尽。〔众〕是！〔外〕你们知道，从来降将无伸膝之日，逃兵无回颈之时。〔指介〕那不良之念，再莫横胸；无耻之言，再休挂口。才是俺史阁部结识的好汉哩。〔众〕是！〔外〕既然应允，本帅也不消再嘱。〔指介〕大家欢呼三声，各回汛地去罢。〔众呐喊三声下〕〔外鼓掌三笑〕妙！妙！守住这座扬州城，便是北门锁钥了。

不怕烟尘四面生，江头尚有亚夫营。

模糊老眼深更泪，赚出淮南十万兵。

第三十六出　逃　难

乙酉五月

【香柳娘】〔小生扮弘光帝，便服骑马。杂扮二监、二官女挑灯引上〕**听三更漏催，听三更漏催，马蹄轻快，风吹蜡泪宫门外。**咱家弘光皇帝，只因左兵东犯，移镇堵截；谁知河北人马，乘虚渡淮。目下围住扬州，史可法连夜告急，人心皇皇，都无守志。那马士英、阮大铖躲的有影无踪，看来这中兴宝位也坐不稳了。千计万计，走为上计，方才骑马出宫，即发兵符一道，赚开城门，但能走出南京，便有藏身之所了。**趁天街寂静，趁天街寂静，飞下凤凰台，难撇鸳鸯债。**〔唤介〕嫔妃们走动着，不要失散了。**似明驼出塞，似明驼出塞，琵琶在怀，珍珠偷洒。**

〔急下〕〔净扮马士英骑马急上〕

【前腔】报长江锁开，报长江锁开，石头将坏，高官贱卖没人买。下官马士英，五更进朝，才知圣上潜逃；俺为臣的，也只得偷溜了。**快微服早度，快微服早度，走出鸡鹅街，提防仇人害。**〔倒指介〕那一队娇娆，十车细软，便是俺的薄薄宦囊，不要叫仇家抢夺了去。〔唤介〕快些走动。〔老旦、小旦扮姬妾骑马，杂扮夫役推车数辆上〕来了，来了。〔净〕好！好！**要随身紧带，要随身紧带，殉棺货财，贴皮恩爱。**

〔绕场行介〕〔杂扮乱民数人持捧上，喝介〕你是奸臣马士英，弄的民穷财尽；今日驮着妇女，装着财帛，要往那里跑？早早留下！〔打

净倒地，剥衣，抢妇女财帛下〕〔副净扮阮大铖，骑马上〕

【前腔】恋防江美差，恋防江美差，杀来谁代，兵符掷向空江濑。今日可用着俺的跑了，但不知贵阳相公，还是跑，还是降？〔作遇净绊马足介〕呵呀！你是贵阳老师相，为何卧倒在地。〔净哼介〕跑不得了，家眷行囊，俱被乱民抢去，还把学生打倒在地。〔副净〕正是。晚生的家眷行囊，都在后面，不要也被抢去。受千人笑骂，受千人笑骂，积得些金帛，娶了些娇艾。待俺回去迎来。〔杂扮乱民持棒，拥妇女抬行囊上〕这是阮大铖家的家私，方才抢来，大家分开罢！〔副净喝介〕好大胆的奴才，怎敢抢截我阮老爷的家私。〔杂〕你就是阮大铖么？来的正好。〔一棒打倒，剥衣介〕饶他狗命，且到鸡鹅街、裤子裆，烧他房子去。〔俱下〕〔净〕腰都打坏，爬不起来了。〔副净〕晚生的臂膊捶伤，也奉陪在此。〔合〕叹十分狼狈，叹十分狼狈，村拳共捱，鸡肋同坏。

〔末扮杨文骢冠带骑马，从人挑行李上〕下官杨文骢，新任苏松巡抚。今日五月初十出行吉日，束装起马，一应书画古玩，暂寄媚香楼，托了蓝田叔随后带来。俺这一肩行李，倒也爽快。〔杂禀介〕请老爷趱行一步。〔末〕为何？〔杂〕街上纷纷传说，北信紧急，皇帝、宰相，今夜都走了。〔末〕有这等事，快快出城！〔急走介〕〔马惊不前介〕这也奇了，为何马惊不走。〔唤介〕左右看来！〔杂看介〕地下两个死人。〔副净、净呻吟介〕哎哟！哎哟！救人！救人！〔末〕还不曾死，看是何人？〔杂细认介〕好像马、阮二位老爷。〔末喝介〕胡说，那有此事！〔勒马看，惊介〕呵呀！竟是他二位。〔下马拉介〕了不得，怎么到这般田地。〔净〕被些乱民抢劫一空，仅留性命。〔副净〕我来救取，不料也遭此难。〔末〕护送的家丁都在何处？〔净〕想也乘机拐骗，四散逃走了。〔末唤介〕左右快来扶起，取出衣服，与二位老爷穿好。〔杂与副净、净穿衣介〕〔末〕幸有闲马一匹，二位叠骑，连忙出城罢。〔杂扶净、副净上马，搂腰行介〕请了，无衣共冻真师友，有马同骑好弟兄。〔下〕〔杂〕老爷不可与他同行，怕遇着仇人，累及我们。〔末〕是，是。〔望介〕你看一伙乱民，远远赶来，我们早些躲过。〔作避路旁介〕〔小旦扮寇白门，丑扮郑妥娘，披发走上〕

【前腔】正清歌满台，正清歌满台，水裙风带，三更未歇轻盈态。〔见末介〕你是杨老爷，为何在此？〔末认介〕原来是寇白门、郑妥娘。你姊妹二人怎的出来了？〔小旦〕正在歌台舞殿，忽然酒罢灯昏，内监宫妃纷纷乱跑。我们不出来还等什么哩。〔末〕为何不见李香君？〔丑〕俺三个一同出来的；他脚小走不动，雇了个轿子，抬他先走了。〔末问介〕果然朝廷出去了么？〔小旦〕沈公宪、张燕筑都在后边，他们晓得真信。〔外扮沈公宪，破衣抱鼓板，净扮张燕筑，科头提纱帽须髯跑上〕**笑临春结绮，笑临春结绮，擒虎马嘶来，排着管弦待。**〔见末介〕久违杨老爷了。〔末问介〕为何这般慌张？〔外〕老爷还不知么？北兵杀过江来，皇帝夜间偷走了。〔末〕你们要向那里去？〔净〕各人回家瞧瞧，趁早逃生。〔丑〕俺们是不怕的；回到院中，预备接客。〔末〕此等时候，还想接客。〔丑〕老爷不晓得，兵马营里，才好挣钱哩。**这笙歌另卖，这笙歌另卖，隋宫柳衰，吴宫花败。**

〔外、净、小旦、丑俱下〕〔末〕他们亲眼看见圣上出宫，这光景不妥了。快到媚香楼收拾行李，趁早还乡罢。〔行介〕

【前腔】看逃亡满街，看逃亡满街，失迷君宰，百忙难出江关外。〔作到介〕这是李家院门。〔下马急敲门介〕开门！开门！〔小生扮蓝瑛急上〕又是那个叫门？〔开门见介〕杨老爷为何转来？〔末〕北信紧急，君臣逃散，那苏松巡抚也做不成了。**整琴书襆被，整琴书襆被，换布袜青鞋，一只扁舟载。**〔小生〕原来如此。方才香君回家，也说朝廷偷

走。〔唤介〕香君快来。〔旦上见介〕杨老爷万福！〔末〕多日不见，今朝匆匆一叙，就要远别了。〔旦〕要向那里去？〔末〕竟回敝乡贵阳去也。〔旦掩泪介〕侯郎狱中未出，老爷又要还乡；撇奴孤身，谁人照看。〔末〕如此大乱，父子亦不相顾的。**这情形紧迫，这情形紧迫，各人自裁，谁能携带。**

〔净扮苏昆生急上〕将军不惜命，皇帝已无家。我苏昆生自湖广回京，谁知遇此大乱，且到院中打听侯公子信息，再作商量。

【前腔】俺匆忙转来，俺匆忙转来，故人何在，旌旗满眼乾坤改。来此已是，不免竟入。〔见介〕好呀！杨老爷在此，香君也出来了。侯相公怎的不见？〔末〕侯兄不曾出狱来。〔旦〕师父从何处来的？〔净〕俺为救侯郎，远赴武昌，不料宁南暴卒。俺连夜回京，忽闻乱信，急忙寻到狱门，只见封锁俱开。**众囚徒四散，众囚徒四散，三面网全开，谁将秀才害？**〔旦哭介〕师父快快替俺寻来。〔末指介〕**望烟尘一派，望烟尘一派，抛妻弃孩，团圆难再。**

〔末向旦介〕好！好！好！有你师父作伴，下官便要出京了。〔唤介〕蓝田老收拾行李，同俺一路去罢。〔小生〕小弟家在杭州，怎能陪你远去。〔末〕既是这等，待俺换上行衣，就此作别便了。〔换衣作别介〕万里如魂返，三年似梦游。〔作骑马，杂挑行李随下〕〔旦哭介〕杨老爷竟自去了，只有师父知俺心事。前日累你千山万水，寻到侯郎，不想奴家进宫，侯郎入狱，两不见面；今日奴家离宫，侯郎出狱，又不见面。还求师父可怜，领着奴家各处找寻则个。〔净〕侯郎不到院中，自然出城去了。那里找寻？〔旦〕定要找寻的。

【前腔】〔旦〕**便天涯海崖，便天涯海崖，十洲方外，铁鞋踏破三千界。**只要寻着侯郎，俺才住脚也。〔小生〕西北一带俱是兵马，料他不能渡江；若要找寻，除非东南山路。〔旦〕就去何妨。**望荒山野道，望荒**

山野道，仙境似天台，三生旧缘在。〔净〕你既一心要寻侯郎，我老汉也要避乱，索性领你前往，只不知路向那走？〔小生指介〕那城东栖霞山中，人迹罕到。大锦衣张瑶星先生，弃职修仙，俺正要拜访为师。何不作伴同行，或者姻缘凑巧，亦未可知。〔净〕妙！妙！大家收拾包裹，一齐出城便了。〔各背包裹行介〕〔旦〕舍烟花旧寨，舍烟花旧寨，情根爱胎，何时消败。

〔净〕前面是城门了，怕有人盘诘。〔小生〕快快趁空走出去罢。〔旦〕奴家脚痛，也说不得了。

〔旦〕行路难时泪满腮，〔净〕飘蓬断梗出城来，

〔小生〕桃源洞里无征战，〔旦〕可有莲华并蒂开。

第三十七出　劫　宝

乙酉五月

【西地锦】〔末扮黄得功戎装，副净扮田雄随上〕目断长江奔放，英雄万里愁长；何时欢饮中军帐，把弓矢付儿郎。

俺黄得功坂矶一战，吓的左良玉胆丧身亡。剩他儿子左梦庚，据住九江，乌合未散，俺且驻扎芜湖，防其北犯。〔杂扮报卒上〕报！报！报！北兵连夜渡淮，围住扬州，南京震恐，万姓奔逃了。〔末〕那凤、淮两镇，现在江北，怎不迎敌？〔杂〕闻得两位刘将军，也到上江堵截左兵，凤、淮一带，千里空营。〔末惊介〕这怎么处！〔唤介〕田雄，你是俺心腹之将，快领人马，去保南京。

【降黄龙】司马威权，夜发兵符，调镇移防。谁知他折东补西，露肘捉襟，明弃淮扬金汤。九曲天险，只用莲舟荡漾。起烟尘，金陵气暗，怎救宫墙。〔下〕〔小生扮弘光帝骑马，丑扮太监韩赞周随上〕

【前腔】〔小生〕堪仿，寂寞鱼龙，潸泣江头，乞食村庄。寡人逃出南京，昼夜奔走，宫监嫔妃，渐渐失散，只有太监韩赞周，跟俺前来。这炎天赤日，瘦马独行，何处纳凉。昨日寻着魏国公徐宏基，他佯为不识，逐俺出府。今日又早来到芜湖。〔指介〕那前面军营，乃黄得功驻防之所，不知他肯容留寡人否。奔忙，寄人廊庑，只望他容留收养。〔作下马介〕此是黄得功辕门。〔唤介〕韩赞周，快快传他知道。〔丑叫门介〕门上有人么？〔杂扮军卒上〕是那里来的？〔丑〕南京来的。〔拉一边悄说介〕万岁爷驾到了，传你将军速出迎接。〔杂〕啐！万岁爷怎能到的这里？不要走来吓俺罢。〔小生〕你唤出黄得功来，便知真假。**江浦边，迎銮护驾，旧将中郎。**

〔杂咬指介〕人物不同，口气又大，是不是，替他传一声。〔忙入传介〕〔末慌上〕那有这事，待俺认来。〔见介〕〔小生〕黄将军一向好么？〔末认，忙跪介〕万岁！万万岁！请入帐中，容臣朝见。〔丑扶小生升帐坐〕〔末拜介〕

【滚遍】戎衣拜吾皇，戎衣拜吾皇，又把天颜仰。为甚私巡，萧条鞍马蒙尘状；失水神龙，风云飘荡。这都是臣等之罪。**负国恩，一班相，一班将。**

〔小生〕事到今日，后悔无及，只望你保护朕躬。〔末拍地哭奏介〕皇上深居宫中，臣好戮力效命；今日下殿而走，大权已失，叫臣进不能战，退无可守，十分事业，已去九分矣。〔小生〕不必着急，寡人只要苟全性命，那皇帝一席，也不愿再做了。〔末〕呵呀！天下者祖宗之天下，圣上如何弃的。〔小生〕弃与不弃，只在将军了。〔末〕微臣鞠躬尽瘁，死而后已。〔小生掩泪介〕不料将军倒是一个忠臣。〔末跪奏介〕圣上鞍马劳顿，早到后帐安歇。军国大事，明日请旨罢。〔丑引小生入介〕〔末〕了不得！了不得！明朝三百年国运，争此一时；十五省皇图，归此片土。这是天大的干系，叫俺如何担承！〔吩咐介〕大小三军，马休解辔，人休解甲，摇铃击梆，在意小心着。[众应介]〔末唤介〕田雄，我与你是宿卫之官，就在这行宫门外，同卧支更罢。〔末枕副净股，执双鞭卧介〕〔杂摇铃击梆，报更介〕〔副净悄语介〕元帅，俺看这位皇帝不像享福之器，况北兵过江，人人投顺，元帅也要看风行船才好。〔末〕说那里话。常言："孝当竭力，忠则尽命。"为人臣子，岂可怀揣二心！〔内传鼓介〕〔末惊介〕为何传鼓？〔俱起坐介〕〔杂上

报介]报元帅，有一队人马，从东北下来，说是两镇刘老爷，要会元帅商议军情。〔末起介〕好！好！好！三镇会齐，可以保驾无虞了，待俺看来。〔望介〕〔净扮刘良佐，丑扮刘泽清，骑马领众上〕〔叫介〕黄大哥在那里？〔末喜介〕果然是他二人。〔应介〕愚兄在此拱候多时了。〔净、丑下马介〕〔净〕哥哥得了宝贝，竟瞒着两个兄弟么？〔末〕什么宝贝？〔丑〕弘光呀。〔末摇手介〕不要高声，圣上安歇了。〔净悄问介〕今日还不献宝，等到几时哩。〔末〕什么宝？〔丑〕把弘光送与北朝，赏咱们个大大王爵，岂不是献宝么。〔末喝介〕唗！你们两个要来干这勾当，我黄闯子怎么容得。〔持双鞭打介〕〔净、丑招架介〕〔末喊介〕好反贼！好反贼！

【前腔】望风便生降，望风便生降，好似波斯样。职贡朝天，思将奇货擎双掌；倒戈劫君，争功邀赏。顿丧心，全反面，真贼党。

〔净〕不要破口，好好弟兄，为何厮闹。〔末〕啐！你这狗才，连君父不识，我和你认什么弟兄。〔又战介〕〔副净在后指介〕好个笨牛，到这时候还不见机。〔拉弓搭箭介〕俺田雄替你解围罢。〔放箭射末腿，末倒地介〕〔净、丑大笑介〕〔副净入内，急背出小生介〕〔小生叫介〕韩赞周快快跟来！〔内不应介〕〔小生〕这奴才竟舍我而去。〔手打副净脸介〕你背俺到何处去？〔副净〕到北京去。〔小生狠咬副净肩介〕〔副净忍痛介〕哎呀！咬杀我也。〔丢小生于地，向净、丑拱介〕皇帝一枚奉送。〔净、丑拱介〕领谢！领谢！〔齐拉小生袖急走介〕〔末抱住小生腿叫介〕田雄！田雄！快来夺驾。〔副净佯拉，放手介〕〔净、丑竟拉小生下〕〔末作爬不起介〕怎么起不来的？〔副净〕元帅中箭了。〔末〕那个射俺的？〔副净〕是我们放箭射贼，误伤了元帅。〔末〕瞎眼的狗才。我且问你，为何背出圣驾来？〔副净〕俺要护驾逃走的，不料被他们抢去。〔末〕你与我快快赶上。〔副净笑介〕不劳元帅吩咐。俺是一名长解子，收拾包裹，自然护送到京的。〔背包裹雨伞急赶下〕〔末怒介〕呵呸！这伙没良心的反贼，俺也不及杀你了。〔哭介〕苍天！苍天！怎知明朝天下，送在俺黄得功之手。

【尾声】平生骁勇无人当，拉不住黄袍北上，笑断江东父老肠！

罢！罢！罢！除却一死，无可报国。〔拔剑大叫介〕大小三军，都来看断头将军呀！〔一剑刎死介〕

第三十八出　沉　江

乙酉五月

【锦缠道】〔外扮史可法，毡笠急上〕〔回头望介〕望烽烟，杀气重，扬州沸喧。生灵尽席卷，这屠戮皆因我愚忠不转。兵和将，力竭气喘，只落了一堆尸软。俺史可法率三千子弟，死守扬州，那知力尽粮绝，外援不至。北兵今夜攻破北城，俺已满拚自尽。忽然想起明朝三百年社稷，只靠俺一身撑持，岂可效无益之死，舍孤立之君。故此缒下南城，直奔仪真，幸遇一只报船，渡过江来。〔指介〕那城阙隐隐，便是南京了；可恨老腿酸软，不能走动，如何是好。〔惊介〕呀！何处走来这匹白骡，待俺骑上，沿江跑去便了。〔骑骡，折柳作鞭介〕跨上白骡鞯，空江野路，哭声动九原。日近长安远，加鞭，云里指宫殿。

〔副末扮老赞礼背包裹跑上〕残年还避乱，落日更思家。〔外撞倒副末介〕〔副末〕呵哟哟！几乎滚下江去。〔看外介〕你这位老将爷好没眼色！〔外下骡扶起介〕得罪！得罪！俺且问你，从那里来的？〔副末〕南京来的。〔外〕南京光景如何？〔副末〕你还不知么，皇帝老子逃去两三日了。目下北兵过江，满城大乱，城门都关的。〔外惊介〕呵呀！这等去也无益矣。〔大哭介〕皇天后土，二祖列宗，怎的半壁江山也不能保住呀。〔副末惊介〕听他哭声，倒像是史阁部。〔问介〕你是史老爷么？〔外〕下官便是。你如何认得？〔副末〕小人是太常寺一个老赞礼，曾在太平门外伺候过老爷的。〔外认介〕是呀！那日恸哭先帝，便是老兄了。〔副末〕不敢。请问老爷，为何这般狼狈？〔外〕今夜扬州失陷，才从城头缒下来的。〔副末〕要向那里去？〔外〕原要南京保驾，不想圣上也走了。〔顿足哭介〕

【普天乐】撇下俺断篷船，丢下俺无家犬。叫天呼地千百遍，归无路，进又难前。〔登高望介〕**那滚滚雪浪拍天，流不尽湘累怨。**〔指介〕有了，有了！那便是俺葬身之地。**胜黄土，一丈江鱼腹宽展。**〔看身介〕俺史可法亡国罪臣，那容的冠裳而去。〔摘帽，脱袍、靴介〕**摘脱下袍靴冠冕。**〔副末〕我看老爷竟像要寻死的模样。〔拉住介〕老爷三思，不可短见呀！〔外〕你看茫茫世界，留着俺史可法何处安放。**累死英雄，到此日看江山换主，无可留恋。**

〔跳入江翻滚下介〕〔副末呆望良久，抱靴、帽、袍服哭叫介〕史老爷呀！史老爷呀！好一个尽节忠臣，若不遇着小人，谁知你投江而死呀！〔大哭介〕〔丑扮柳敬亭，携生忙上〕偷生辞狱吏，避乱走天涯。〔末扮陈贞慧，小生扮吴应箕，携手忙上〕日日争门户，今年傍那家。〔生呼介〕定兄，次兄，日色将晚，快些走动。〔末、小生〕来了。〔丑〕我们出狱，不觉数日，东藏西躲，终无栖身之地。前面是龙潭江岸，大家商量，分路逃生罢！〔末〕是，是。〔见副末介〕你这位老兄，为何在此恸哭？〔副末〕俺也是走路的，适才撞见史阁部老爷投江而死，由不的伤心哭他几声。〔生〕史阁部怎得到此？〔副末〕今夜扬州城陷，逃到此间，闻的皇帝已走，跢了跢脚，跳下江去了。〔生〕那有此事？〔副末指介〕这不是脱下的衣服、靴、帽么！〔丑看介〕你看衣裳里面，浑身朱印。〔生〕待俺认来。〔读介〕“钦命总督江北等处兵马内阁大学士兼兵部尚书印”。〔生惊哭介〕果然是史老先生。〔末〕设上衣冠，大家哭拜一番。〔副末设衣冠介〕〔众拜哭介〕

【古轮台】〔合〕**走江边，满腔愤恨向谁言。老泪风吹面，孤城一片，望**

救目穿。使尽残兵血战，跳出重围，故国苦恋，谁知歌罢剩空筵。长江一线，吴头楚尾路三千，尽归别姓；雨翻云变，寒涛东卷，万事付空烟。精魂显，大招声逐海天远。

〔生拍衣冠大哭介〕〔丑〕阁部尽节，成了一代忠臣。相公不必过哀，大家分手罢！〔生指介〕你看一望烟尘，叫小生从那里归去？〔末〕我两人绕道前来，只为送兄过江；今既不能北上，何不随俺南行。〔生〕这纷纷乱世，怎能终始相依？倒是各人自便罢！〔小生〕侯兄主意若何？〔生〕我和敬亭商议，要寻一深山古寺，暂避数日，再图归计。〔副末〕我老汉正要向栖霞山去，那边地方幽僻，尽可避兵，何不同往？〔生〕这等极妙了。〔末、小生〕侯兄既有栖身之所，我们就此作别罢。〔拜别介〕伤心当此日，会面是何年。〔末、小生掩泪下〕〔生问副末介〕你到栖霞山中，有何公干？〔副末〕不瞒相公说，俺是太常寺一个老赞礼，只因太平门外哭奠先帝之日，那些文武百官，虚应故事；我老汉动了一番气恼，当时约些村中父老，捐施钱粮，趁着这七月十五日，要替崇祯皇帝建一个水陆道场。不料南京大乱，好事难行，因此携着钱粮，要到栖霞山上，虔请高僧，了此心愿。〔丑〕好事！好事！〔生〕就求携带同行便了。〔副末〕待我收拾起这衣服、靴、帽着。〔丑〕这衣服、靴、帽，你要送到何处去？〔副末〕我想扬州梅花岭，是他老人家点兵之所，待大兵退后，俺去招魂埋葬，便有史阁部千秋佳城了。〔生〕如此义举，更为难得。〔副末背袍、靴等，生、丑随行介〕

【余文】山云变，江岸迁，一霎时忠魂不见，寒食何人知墓田！

〔副末〕千古南朝作话传，〔丑〕伤心血泪洒山川。

〔生〕仰天读罢招魂赋，〔副末〕扬子江头乱暝烟。

第三十九出　栖　真

乙酉六月

【醉扶归】〔净扮苏昆生同旦上〕〔旦〕一丝幽恨嵌心缝，山高水运会相逢，拿住情根死不松，赚他也做游仙梦。看这万叠云白罩青松，原是俺天台洞。

〔唤介〕师父，我们幸亏蓝田叔，领到栖霞山来。无意之中，敲门寻宿，偏撞着卞玉京做了这葆真庵主，留俺暂住，这也是天缘奇遇。只是侯郎不见，妾身无归，还求师父上心寻觅。〔净〕不要性急。你看烟尘满地，何处寻觅？且待庵主出来，商量个常住之法。〔老旦扮卞玉京道妆上〕

【皂罗袍】何处瑶天笙弄，听云鹤缥缈，玉佩丁冬。花月姻缘半生空，几乎又把桃花种。〔见介〕草庵淡薄，屈尊二位了。〔旦〕多谢收留，感激不尽。〔净〕正有一言奉告，江北兵荒马乱，急切不敢前行；我老汉的吹歌，山中又无用处，连日搅扰，甚觉不安。〔老旦〕说那里话。旧人重到，蓬山路通。前缘不断，巫峡恨浓，连床且话襄王梦。

〔净〕我苏昆生有个活计在此。〔换鞋、笠，取斧、担、绳索介〕趁这天晴，俺要到岭头涧底，取些松柴，供早晚炊饭之用。不强如坐吃山空么？〔老旦〕这倒不敢动劳。〔净〕大家度日，怎好偷闲。〔挑担介〕脚下山云冷，肩头野草香。〔下〕〔老旦闭门介〕〔旦〕奴家闲坐无聊，何不寻些旧衣残裳，付俺缝补，以消长夏。〔老旦〕正有一事借重。这

中元节，村中男女，许到白云庵与皇后周娘娘悬挂宝旛，就求妙手，替他承造，也是十分功德哩。〔旦〕这样好事，情愿助力。〔老旦取出旛料介〕〔旦〕待奴薰香洗手，虔诚缝制起来。〔作洗手缝旛介〕

【好姐姐】念奴前身业重，绑十指筝弦箫孔；慵线懒针，几曾解女红？〔老旦〕香姐心灵手巧，一捻针线，就是不同的。〔旦〕奴家那晓针线，凭着一点虔心罢了。仙旛捧，忏悔尽教指头肿，绣出鸳鸯别样工。

〔共绣介〕〔副末扮老赞礼，丑扮柳敬亭，背行李领生上〕

【皂罗袍】〔生〕避了干戈横纵，听飕飕一路，涧水松风。云锁栖霞两三峰，江深五月寒风送。〔副末〕这是栖霞山了。你们寻所道院，趁早安歇罢。〔生看介〕这是一座葆真庵，何不敲门一问。石墙萝户，忙寻炼翁；鹿柴鹤径，急呼道童，仙家那晓浮生恸。〔副末敲门介〕〔老旦起问介〕那个敲门？〔副末〕俺是南京来的，要借贵庵暂安行李。〔老旦〕这里是女道住持，从不留客的。

【好姐姐】你看石墙四耸，昼掩了重门无缝；修真女冠，怕遭俗客哄。〔丑〕我们不比游方僧道，暂住何妨。〔老旦〕真经讽，谨把祖师清规奉，处女闺阁一样同。〔旦〕说的有理，比不得在青楼之日了。〔老旦〕这是俺修行本等，不必睬他。且去香厨用斋罢。〔同下〕〔副末又敲门介〕〔生〕他既谨守清规，我们也不必苦缠了。〔副末〕前面庵观尚多，待我再去访问。〔行介〕〔副净扮丁继之道装，提药篮上〕

【皂罗袍】采药深山古洞，任芒鞋竹杖，踏遍芳丛。落照苍凉树玲珑，林中笋蕨充清供。〔副末喜介〕那边一位道人来了，待我上前问他。〔拱介〕老仙长，我们上山来做好事的，要借道院暂安行李，敢求方便一二！〔副净认介〕这位相公，好像河南侯公子。〔丑〕不是侯公子是那个？〔副净又认介〕老兄你可是柳敬亭么？〔丑〕便是。〔生认介〕呵呀！丁继老，你为何出了家也。〔副净〕侯相公，你不知么。俺善才迟暮，羞入旧宫；龟年疏懒，难随妙工，辞家竟把仙箓诵。

〔生〕原来因此出家。〔丑〕请问住持何山？〔副净〕前面不远，有一座采真观，便是俺修炼之所。不嫌荒僻，就请暂住何如？〔生〕甚好。〔副末〕二位遇着故人，已有栖身之地。俺要上白云庵，商量醮事去了。〔生〕多谢携带。〔副末〕彼此。〔别介〕人间消业海，天上礼仙坛。〔下〕〔副净携生、丑行介〕跨过白泉，又登紫阁；雪洞风来，云堂雨落。〔生惊介〕前面一道溪水，隔断南山，如何过去？〔副净〕不妨。靠岸有只渔船，俺且坐船闲话，等个渔翁到来，央他撑去，不上半里，便是采真观了。［同上船坐介］〔丑〕我老柳少时在泰州北湾，专以捕鱼为业；这渔船是弄惯了的，待我撑去罢。〔生〕妙，妙。［丑撑船介］〔生问副净介〕自从梳栊香君，借重光陪，不觉别来便是三载。〔副净〕正是。且问香君入宫之后，可有消息么？〔生〕那得消息来。〔取扇指介〕这柄桃花扇，还是我们订盟之物，小生时刻在手。

【好姐姐】把他桃花扇拥，又想起青楼旧梦；天老地荒，此情无尽穷。分飞猛，杳杳万山隔鸾凤，美满良缘半月同。

〔丑〕前日皇帝私走，嫔妃逃散，料想香君也出宫门。且待南京平定，再去寻访罢。〔生〕只怕兵马赶散，未必重逢了。〔掩泪介〕〔副净指介〕那一带竹篱，便是俺的采真观，就请拢船上岸罢。〔丑挽船，同上岸介〕〔副净唤介〕道僮，有远客到门，快搬行李。〔内应介〕〔副净〕请进。〔让入介〕

〔生〕门里丹台更不同，〔副净〕寂寥松下养衰翁。

〔丑〕一湾溪水舟千转，〔生〕跳入蓬壶似梦中。

第四十出　入　道

乙酉七月

【南点绛唇】〔外扮张薇瓢冠衲衣，持拂上〕世态纷纭，半生尘里朱颜老；拂衣不早，看罢傀儡闹。恸哭穷途，又发哄堂笑。都休了，玉壶琼岛，万古愁人少。

贫道张瑶星，挂冠归山，便住这白云庵里。修仙有分，涉世无缘。且喜书客蔡益所随俺出家，又载来五车经史。那山人蓝田叔也来皈依，替我画了四壁蓬瀛。这荒山之上，既可读书，又可卧游，从此飞升尸解，亦不算懵懂神仙矣。只有崇祯先帝，深恩未报，还是平生一件缺事。今乃乙酉年七月十五日，广延道众，大建经坛，要与先帝修斋追荐；恰好南京一个老赞礼，约些村中父老，也来搭醮。不免唤出弟子，趁早铺设。〔唤介〕徒弟何在？〔丑扮蔡益所，小生扮蓝田叔道装上〕尘中辞俗客，云里会仙官。〔见介〕弟子蔡益所、蓝田叔，稽首了。〔拜介〕〔外〕尔等率领道众，照依黄箓科仪，早铺坛场；待俺沐浴更衣，虔心拜请。正是：清斋朝帝座，直道在人心。〔下〕〔丑、小生铺设三坛，供香花茶果，立旛挂榜介〕

【北醉花阴】高筑仙坛海日晓，诸天群灵俱到，列星众宿来朝。旛影飘飖，七月中元建醮。

〔丑〕经坛斋供，俱已铺设整齐了。〔小生指介〕你看山下父老，捧酒顶香，纷纷来也。〔副末扮老赞礼，领村民男女，顶香捧酒，挑纸

钱、锭锞、绣旛上〕

【南画眉序】携村醪，紫降黄檀绣帕包。〔指介〕望虚无玉殿，帝座非遥；问谁是皇子王孙，撇下俺村翁乡老。〔掩泪介〕万山深处中元节，擎着纸钱来吊。

〔见介〕众位道长，我们社友俱已齐集了，就请法师老师出来巡坛罢。〔丑、小生向内介〕铺设已毕，请法师更衣巡坛，行洒扫之仪。〔内三鼓介〕〔杂扮四道士奏仙乐，丑、小生换法衣捧香炉，外金道冠、法衣，擎净盏，执松枝，巡坛洒扫介〕

【北喜迁莺】〔合〕净手洒松梢，清凉露千滴万点抛；三转九回坛边绕，浮尘热恼全浇。香烧，云盖飘，玉座层层百尺高。响云璈，建极宝殿，改作团瓢。

〔外下〕〔丑、小生向内介〕洒扫已毕，请法师更衣拜坛，行朝请大礼。〔丑、小生设牌位：正坛设故明思宗烈皇帝之位；左坛设故明甲申殉难文臣之位；右坛设故明甲申殉难武臣之位〕〔内奏细乐介〕〔外九梁朝冠、鹤补朝服、金带、朝鞋、牙笏上〕〔跪祝介〕伏以星斗增辉，快睹蓬莱之现；风雷布令，遥瞻阊阖之开。恭请故明思宗烈皇帝九天法驾，及甲申殉难文臣，东阁大学士范景文，户部尚书倪元璐，刑部侍郎孟兆祥，协理京营兵部侍郎王家彦，左都御史李邦华，右副都御史施邦耀，大理寺卿凌义渠，太常寺少卿吴麟征，太仆寺丞申佳胤，詹事府庶子周凤翔，谕德马世奇，中允刘理顺，翰林院检讨汪伟，兵科都给事中吴甘来，巡视京营御史王章，河南道御史陈良谟，提学御史陈纯德，兵部郎中成德，吏部员外郎许直，兵部主事金铉；武臣新乐侯刘文炳，襄城伯李国祯，驸马都尉巩永固，协理京营内监王承恩等。伏愿彩仗随车，素旗拥驾。君臣穆穆，指青鸟以来临；文武皇皇，乘白云而至止。共听灵籁，同饮仙浆。〔内奏乐，外三

献酒，四拜介〕〔副末、村民随拜介〕

【南画眉序】〔外〕列仙曹，叩请烈皇下碧霄；舍煤山古树，解却宫绦。且享这椒酒松香，莫恨那流贼闯盗。古来谁保千年业，精灵永留山庙。

〔外下〕〔丑、小生左右献酒，拜介〕〔副末、村民随拜介〕

【北出队子】〔丑、小生〕虔诚祝祷，甲申殉节群僚。绝粒刎颈恨难消，坠井投缳志不挠，此日君臣同醉饱。

〔丑、小生〕奠酒化财，送神归天。〔众烧纸牌钱锞，奠酒举哀介〕〔副末〕今日才哭了个尽情。〔众〕我们愿心已了，大家吃斋去。〔暂下〕〔丑、小生向内介〕朝请已毕，请法师更衣登坛，做施食功德。〔设焰口、结高坛介〕〔内作细乐介〕〔外更华阳巾、鹤氅，执拂子上，拜坛毕，登坛介〕〔丑、小生侍立介〕〔外拍案介〕窗惟浩浩沙场，举目见空中之楼阁；茫茫苦海，回头登岸上之瀛洲。念尔无数国殇，有名敌忾，或战畿辅，或战中州，或战湖南，或战陕右；死于水，死于火，死于刃，死于镞，死于跌扑踏践，死于疠疫饥寒。咸望滚榛莽之髑髅，飞风烟之磷火，远投法座，遥赴宝山。吸一滴之甘泉，津含万劫；吞盈掬之玉粒，腹果千春。〔撒米、浇浆、焚纸，鬼抢介〕

【南滴溜子】沙场里，沙场里，尸横蔓草；殷血腥，殷血腥，白骨渐槁。可怜风旋雨啸，望故乡无人拜扫；饿魄馋魂，来饱这遭。

〔丑、小生〕施食已毕，请法师普放神光，洞照三界，将君臣位业，指示群迷。〔外〕这甲申殉难君臣，久已超升天界了。〔丑、小生〕还有今年北去君臣，未知如何结果，恳求指示。〔外〕你们两廊道众，斋心肃立，待我焚香打坐，闭目静观。〔丑、小生执香，低头侍立介〕〔外闭目良久介〕〔醒向众介〕那北去弘光皇帝，及刘良佐、刘泽清、田雄等，阳数未终，皆无显验。〔丑、小生前禀介〕还有史阁部、左宁南、黄靖南，这三位死难之臣，未知如何报应？〔外〕待我看来。〔闭目介〕〔杂白须、幞头、朱袍、黄纱蒙面，幢幡细乐引上〕吾乃督师内阁大学士兵部尚书史可法。今奉上帝之命，册为太清宫紫虚真人，走马到任去也。〔骑马下〕〔杂金盔甲、红纱蒙面，旗帜鼓吹引上〕俺乃宁南侯左良玉。今奉上帝之命，封为飞天使者，走马到任去也。〔骑马下〕〔杂银盔甲、黑纱蒙面，旗帜鼓吹引上〕俺乃靖南侯黄得功。今奉上帝之命，封为游天使者，走马到任去也。〔骑马下〕〔外开目介〕善哉！善哉！方才梦见阁部史道邻先生，册为太清宫紫虚真人；宁南侯左昆山，靖南侯黄虎山，封为飞天、游天二使者。一个个走马到任，好荣耀也。

【北刮地风】则见他云中天马骄，才认得一路英豪。咭叮当奏着钧天乐，又摆些羽葆干旄。将军刀，丞相袍，挂符牌都是九天名号。好尊荣，好逍遥，只有皇天不昧功劳。

〔丑、小生拱手介〕南无天尊！南无天尊！果然善有善报，天理昭彰。〔前禀介〕还有奸臣马士英、阮大铖，这两个如何报应？〔外〕待俺看来。〔闭目介〕〔净散发披衣跑上〕我马士英做了一生歹事，那知结果这台州山中。〔杂扮霹雳雷神，赶净绕场介〕〔净抱头跪介〕饶命！饶命！〔杂劈死净，剥衣去介〕〔副净冠带上〕好了！好了！我阮大铖走过这仙霞岭，便算第一功了。〔登高介〕〔杂扮山神、夜叉，刺副净下，跌死介〕〔外开目介〕苦哉！苦哉！方才梦见马士英被雷击死台州山中，阮大铖跌死仙霞岭上。一个个皮开脑裂，好苦恼也。

【南滴滴金】明明业镜忽来照，天网恢恢飞不了。抱头颅由你千山跑，快雷车偏会找，钢叉又到。问年来吃人多少脑，这顶浆两包，不够犬饕。

〔丑、小生拱手介〕南无天尊，南无天尊！果然恶有恶报，天理昭彰。〔前禀介〕这两廊道众，不曾听得明白，还求法师高声宣扬一番。

〔外举拂高唱介〕〔副末、众村民执香上，立听介〕

【北四门子】〔外〕众愚民暗室亏心少，到头来几曾饶；微功德也有吉祥报，大巡环睁眼瞧。前一番，后一遭，正人邪党，南朝接北朝。福有因，祸怎逃，只争些来迟到早。

〔副末、众叩头下〕〔老旦扮卞玉京，领旦上〕天上人间，为善最乐。方才同些女道，在周皇后坛前挂了宝旛，再到讲堂参见法师。〔旦〕奴家也好闲游么？〔老旦指介〕你看两廊道俗，不计其数，瞧瞧何妨。〔老旦拜坛介〕弟子卞玉京稽首了！〔起同旦一边立介〕〔副净扮丁继之上〕人身难得，大道难闻。〔拜坛介〕弟子丁继之稽首了。〔起唤介〕侯相公，这是讲堂，过来随喜。〔生急上〕来了！久厌尘中多苦趣，才知世外有仙缘。〔同立一边介〕〔外拍案介〕你们两廊善众，要把尘心抛尽，才求得向上机缘；若带一点俗情，免不了轮回千遍。〔生遮扇看旦，惊介〕那边站的是俺香君，如何来到此处？〔急上前拉介〕〔旦惊见介〕你是侯郎，想杀奴也。

【南鲍老催】想当日猛然舍抛，银河渺渺谁架桥，墙高更比天际高。书难捎，梦空劳，情无了，出来路儿越迢遥。〔生指扇介〕看这扇上桃花，叫小生如何报你。看鲜血满扇开红桃，正说法天花落。

〔生、旦同取扇看介〕〔副净拉生，老旦拉旦介〕法师在坛，不可只顾诉情了。〔生、旦不理介〕〔外怒拍案介〕哇！何物儿女，敢到此处调情。〔忙下坛，向生、旦手中裂扇掷地介〕我这边清净道场，那容得狡童游女，戏谑混杂。〔丑认介〕阿呀！这是河南侯朝宗相公，法师原认得的。〔外〕这女子是那个？〔小生〕弟子认得他，是旧院李香君，原是侯兄聘妾。〔外〕一向都在何处来？〔副净〕侯相公住在弟子采真观中。〔老旦〕李香君住在弟子葆真庵中。〔生向外揖介〕这是张瑶星先生，前日多承超豁。〔外〕你是侯世兄，幸喜出狱了。俺原为你出家，你可知道么？〔生〕小生那里晓得。〔丑〕贫道蔡益所，也是为你出家。这些缘由，待俺从容告你罢。〔小生〕贫道是蓝田叔，特领香君来此寻你，不想果然遇着。〔生〕丁、卞二师收留之恩，蔡、田二师接引之情，俺与香君世世图报。〔旦〕还有那苏昆生，也随奴到此。〔生〕柳敬亭也陪我前来。〔旦〕这柳、苏两位，不避患难，终始相依，更为可感。〔生〕待咱夫妻还乡，都要报答的。〔外〕你们絮絮叨叨，说的俱是那里话。当此地覆天翻，还恋情根欲种，岂不可笑！〔生〕此言差矣！从来男女室家，人之大伦，离合悲欢，情有所钟，先生如何管得？〔外怒介〕呵呸！两个痴虫，你看国在那里，家在那里，君在那里，父在那里，偏是这点花月情根，割他不断么？

【北水仙子】堪叹你儿女娇，不管那桑海变。艳语淫词太絮叨，将锦片前程，牵衣握手神前告。怎知道姻缘簿久已勾销；翅楞楞鸳鸯梦醒好开交，碎纷纷团圆宝镜不坚牢。羞答答当场弄丑惹的旁人笑，明荡荡大路劝你早奔逃。

〔生揖介〕几句话，说的小生冷汗淋漓，如梦忽醒。〔外〕你可晓得么？〔生〕弟子晓得了。〔外〕既然晓得，就此拜丁继之为师罢。〔生拜副净介〕〔旦〕弟子也晓得了。〔外〕既然也晓得，就此拜卞玉京为师罢。〔旦拜老旦介〕〔外吩咐副净、老旦介〕与他换了道扮。〔生、旦换衣介〕〔副净、老旦〕请法师升座，待弟子引见。〔外升座介〕〔副净领生，老旦领旦，拜外介〕

【南双声子】芟情苗，芟情苗，看玉叶金枝凋；割爱胞，割爱胞，听凤子龙孙号。水沤漂，水沤漂；石火敲，石火敲。剩浮生一半，才受师教。

〔外指介〕男有男境，上应离方；快向南山之南，修真学道去。〔生〕是，大道才知是，浓情悔认真。〔副净领生从左下〕〔外指介〕女有女界，下合坎道；快向北山之北，修真学道去。〔旦〕是，回头皆幻

景，对面是何人。〔老旦领旦从右下〕〔外下座大笑三声介〕

【北尾声】你看他两分襟，不把临去秋波掉。亏了俺桃花扇扯碎一条条，再不许痴虫儿自吐柔丝缚万遭。

白骨青灰长艾萧，桃花扇底送南朝；

不因重做兴亡梦，儿女浓情何处消。

续四十出　馀　韵

戊子九月

〔西江月〕〔净扮樵子挑担上〕放目苍崖万丈，拂头红树千枝。云深猛虎出无时，也避人间弓矢。　建业城啼夜鬼，维扬井贮秋尸。樵夫剩得命如丝，满肚南朝野史。在下苏昆生，自从乙酉年同香君到山，一住三载，俺就不曾回家，往来牛首、栖霞，采樵度日。谁想柳敬亭与俺同志，买只小船，也在此捕鱼为业。且喜山深树老，江阔人稀。每日相逢，便把斧头敲着船头，浩浩落落，尽俺歌唱，好不快活。今日柴担早歇，专等他来促膝闲话，怎的还不见到。〔歇担盹睡介〕〔丑扮渔翁摇船上〕年年垂钓鬓如银，爱此江山胜富春。歌舞丛中征战里，渔翁都是过来人。俺柳敬亭送侯朝宗修道之后，就在这龙潭江畔，捕鱼三载，把些兴亡旧事，付之风月闲谈。今值秋雨新晴，江光似练，正好寻苏昆生饮酒谈心。〔指介〕你看，他早已醉倒在地，待我上岸，唤他醒来。〔作上岸介〕〔呼介〕苏昆生。〔净醒介〕大哥果然来了。〔丑拱介〕贤弟偏杯呀！〔净〕柴不曾卖，那得酒来。〔丑〕愚兄也没卖鱼，都是空囊，怎么处？〔净〕有了！有了！你输水，我输柴，大家煮茗清谈罢。〔副末扮老赞礼，提弦携壶上〕江山江山，一忙一闲。谁赢谁输，两鬓皆斑。〔见介〕原来是柳、苏两位老哥。〔净、丑拱介〕老相公怎得到此？〔副末〕老夫住在燕子矶边，今乃戊子年九月十七日，是福德星君降生之辰。我同些山中社友，到福德神祠祭赛已毕，

路过此间。〔净〕为何挟着弦子，提着酒壶？〔副末〕见笑！见笑！老夫编了几句神弦歌，名曰“问苍天”。今日弹唱乐神，社散之时，分得这瓶福酒。恰好遇着二位，就同饮三杯罢。〔丑〕怎好取扰。〔副末〕这叫做“有福同享”。〔净、丑〕好！好！〔同坐饮介〕〔净〕何不把神弦歌领略一回？〔副末〕使得！老夫的心事，正要请教二位哩。〔弹弦唱巫腔〕〔净、丑拍手衬介〕

【问苍天】新历数，顺治朝，岁在戊子；九月秋，十七日，嘉会良时。击神鼓，扬灵旗，乡邻赛社；老逸民，剃白发，也到丛祠。椒作栋，桂为楣，唐修晋建；碧和金，丹间粉，画壁精奇。貌赫赫，气扬扬，福德名位；山之珍，海之宝，总掌无遗。超祖祢，迈君师，千人上寿；焚郁兰，奠清醑，夺户争墀。草笠底，有一人，掀须长叹：贫者贫，富者富，造命奚为？我与尔，较生辰，同月同日；囊无钱，灶断火，不啻乞儿。六十岁，花甲周，桑榆暮矣；乱离人，太平犬，未有亨期。称玉斝，坐琼筵，尔餐我看；谁为灵，谁为蠢，贵贱失宜。臣稽首，叫九阍，开聋启聩；宣命司，检禄籍，何故差池？金阙远，紫宸高，苍天梦梦；迎神来，送神去，舆马风驰。歌舞罢，鸡豚收，顺臾社散；倚枯槐，对斜日，独自凝思。浊享富，清享名，或分两例；内才多，外财少，应不同规。热似火，福德君，庸人父母；冷如冰，文昌帝，秀士宗师。神有短，圣有亏，谁能足愿；地难填，天难补，造化如斯。释尽了，胸中愁，欣欣微笑；江自流，云自卷，我又何疑。

〔唱完放弦介〕出丑之极。〔净〕妙绝！逼真《离骚》、《九歌》了。〔丑〕失敬！失敬！不知老相公竟是财神一转哩。〔副末让介〕请干此酒。〔净咂舌介〕这寡酒好难吃也！〔丑〕愚兄倒有些下酒之物。〔净〕是什么东西？〔丑〕请猜一猜。〔净〕你的东西，不过是些鱼鳖虾蟹。〔丑摇头介〕猜不着，猜不着。〔净〕还有什么异味？〔丑指口介〕是我的舌头。〔副末〕你的舌头，你自下酒，如何让客。〔丑笑介〕你不晓得，古人以《汉书》下酒，这舌头会说《汉书》，岂非下酒之物。〔净取酒斟介〕我替老哥斟酒，老哥就把《汉书》说来。〔副末〕妙！妙！只恐菜多酒少了。〔丑〕既然《汉书》太长，有我新编的一首弹词，叫做《秣陵秋》，唱来下酒罢。〔副末〕就是俺南京的近事么？〔丑〕便是。〔净〕这都是俺们耳闻眼见的，你若说差了，我要罚的。〔丑〕包管你不差。〔丑弹弦介〕六代兴亡，几点清弹千古慨；半生湖海，一声高唱万山惊。〔照盲女弹词唱介〕

【秣陵秋】陈隋烟月恨茫茫，井带胭脂土带香；骀荡柳绵沾客鬓，叮咛莺舌恼人肠。中兴朝市繁华续，遗孽儿孙气焰张；只劝楼台追后主，不愁弓矢下残唐。蛾眉越女才承选，燕子吴歈早擅场；力士签名搜笛步，龟年协律奉椒房。西昆词赋新温李，乌巷冠裳旧谢王；院院宫妆金翠镜，朝朝楚梦雨云床。五侯阃外空狼燧，二水洲边自雀舫；指马谁攻秦相诈，入林都畏阮生狂。春灯已错从头认，社党重钩无缝藏；借手杀仇长乐老，胁肩媚贵半闲堂。龙钟阁部啼梅岭，跋扈将军噪武昌；九曲河流晴唤渡，千寻江岸夜移防。琼花劫到雕栏损，玉树歌终画殿凉；沧海迷家龙寂寞，风尘失伴凤徬徨。青衣衔璧何年返，碧血溅沙此地亡；南内汤池仍蔓草，东陵辇路又斜阳。全开锁钥淮扬泗，难整乾坤左史黄。建帝飘零烈帝惨，英宗困顿武宗荒；那知还有福王一，临去秋波泪数行。

〔净〕妙！妙！果然一些不差。〔副末〕虽是几句弹词，竟似吴梅村一首长歌。〔净〕老哥学问大进，该敬一杯。〔斟酒介〕〔丑〕倒叫我吃寡酒了。〔净〕愚弟也有些须下酒之物。〔丑〕你的东西，一定是山肴野蔌了。〔净〕不是，不是。昨日南京卖柴，特地带来的。〔丑〕取来共享罢。〔净指口介〕也是舌头。〔副末〕怎的也是舌头？〔净〕不瞒二

位说，我三年没到南京，忽然高兴，进城卖柴。路过孝陵，见那宝城享殿，成了刍牧之场。〔丑〕呵呀呀！那皇城如何？〔净〕那皇城墙倒宫塌，满地蒿莱了。〔副末掩泪介〕不料光景至此。〔净〕俺又一直走到秦淮，立了半晌，竟没一个人影儿。〔丑〕那长桥旧院，是咱们熟游之地，你也该去瞧瞧。〔净〕怎的没瞧，长桥已无片板，旧院剩了一堆瓦砾。〔丑捶胸介〕咳！恸死俺也。〔净〕那时疾忙回首，一路伤心，编成一套北曲，名为"哀江南"。待我唱来！〔敲板唱弋阳腔介〕俺樵夫呵！

【哀江南】【北新水令】山松野草带花挑，猛抬头秣陵重到。残军留废垒，瘦马卧空壕；村郭萧条，城对着夕阳道。

【驻马听】野火频烧，护墓长楸多半焦。山羊群跑，守陵阿监几时逃。鸽翎蝠粪满堂抛，枯枝败叶当阶罩。谁祭扫，牧儿打碎龙碑帽。

【沈醉东风】横白玉八根柱倒，堕红泥半堵墙高，碎琉璃瓦片多，烂翡翠窗棂少，舞丹墀燕雀常朝，直入宫门一路蒿，住几个乞儿饿殍。

【折桂令】问秦淮旧日窗寮，破纸迎风，坏槛当潮，目断魂消。当年粉黛，何处笙箫。罢灯船端阳不闹，收酒旗重九无聊。白鸟飘飘，绿水滔滔，嫩黄花有些蝶飞，新红叶无个人瞧。

【沽美酒】你记得跨青溪半里桥，旧红板没一条。秋水长天人过少，冷清清的落照，剩一树柳弯腰。

【太平令】行到那旧院门，何用轻敲，也不怕小犬哰哰。无非是枯井颓巢，不过些砖苔砌草。手种的花条柳梢，尽意儿采樵；这黑灰是谁家厨灶？

【离亭宴带歇指煞】俺曾见金陵王殿莺啼晓，秦淮水榭花开早，谁知道容易冰消。眼看他起朱楼，眼看他宴宾客，眼看他楼塌了。这青苔碧瓦堆，俺曾睡风流觉，将五十年兴亡看饱。那乌衣巷不姓王，莫愁湖鬼夜哭，凤凰台栖枭鸟。残山梦最真，旧境丢难掉，不信这舆图换稿。诌一套哀江南，放悲声唱到老。

〔副末掩泪介〕妙是绝妙，惹出我多少眼泪。〔丑〕这酒也不忍入唇了，大家谈谈罢。〔副净时服，扮皂隶暗上〕朝陪天子辇，暮把县官门；皂隶原无种，通侯岂有根。自家魏国公嫡亲公子徐青君的便是，生来富贵，享尽繁华。不料国破家亡，剩了区区一口。没奈何在上元县当了一名皂隶，将就度日。今奉本官签票，访拿山林隐逸，只得下乡走走。〔望介〕那江岸之上，有几个老儿闲坐，不免上前讨火，就便访问。正是：开国元勋留狗尾，换朝逸老缩龟头。〔前行见介〕老哥们有火借一个？〔丑〕请坐！〔副净坐介〕〔副末问介〕看你打扮，像一位公差大哥。〔副净〕便是。〔净问介〕要火吃烟么，小弟带有高烟，取出奉敬罢。〔敲火取烟奉副净介〕〔副净吃烟介〕好高烟！好高烟！〔作晕醉卧倒介〕〔净扶介〕〔副净〕不要拉我，让我歇一歇，就好了。〔闭目卧介〕〔丑问副末介〕记得三年之前，老相公捧着史阁部衣冠，要葬在梅花岭下，后来怎样？〔副末〕后来约了许多忠义之士，齐集梅花岭，招魂埋葬，倒也算千秋盛事，但不曾立得碑碣。〔净〕好事，好事。只可惜黄将军刎颈报主，抛尸路旁，竟无人埋葬。〔副末〕如今好了，也是我老汉同些村中父老，检骨殡殓，起了一座大大的坟茔，好不体面。〔丑〕你这两件功德，却也不小哩。〔净〕二位不知，那左宁南气死战船时，亲朋尽散，却是我老苏殡殓了他。〔副末〕难得！难得！闻他儿子左梦庚袭了前程，昨日扶柩回去了。〔丑掩泪介〕左宁南是我老柳知己。我曾托蓝田叔画他一幅影像，又求钱牧斋题赞了几句；逢时遇节，展开祭拜，也尽俺一点报答之意。〔副净醒，作悄语介〕听他说话，像几个山林隐逸。〔起身问介〕三位是山林隐逸么？〔众起拱介〕不敢！不敢！为何问及山林隐逸〔副净〕三位不知么，现今礼部上本，搜寻山林隐逸。抚按大老爷张挂告示，布政司行文已

经月余,并不见一人报名。府县着忙,差俺们各处访拿,三位一定是了,快快跟我回话去。〔副末〕老哥差矣!山林隐逸乃文人名士,不肯出山的。老夫原是假斯文的一个老赞礼,那里去得。〔丑、净〕我两个是说书唱曲的朋友,而今做了渔翁樵子,益发不中了。〔副净〕你们不晓得,那些文人名士,都是识时务的俊杰,从三年前俱已出山了。目下正要访拿你辈哩。〔副末〕啐!征求隐逸,乃朝廷盛典,公祖父母俱当以礼相聘,怎么要拿起来。定是你这衙役们奉行不善。〔副净〕不干我事,有本县签票在此,取出你看。〔取看签票欲拿介〕〔净〕果有这事哩。〔丑〕我们竟走开如何?〔副末〕有理。避祸今何晚,入山昔未深。〔各分走下〕〔副净赶不上介〕你看他登崖涉涧,竟各逃走无踪。

【清江引】大泽深山随处找,预备官家要。抽出绿头签,取开红圈票,把几个白衣山人吓走了。

〔立听介〕远远闻得吟诗之声,不在水边,定在林下,待我信步找去便了。〔急下〕〔内吟诗曰〕

渔樵同话旧繁华,短梦寥寥记不差。
曾恨红笺衔燕子,偏怜素扇染桃花。
笙歌西第留何客?烟雨南朝换几家?
传得伤心临去语,年年寒食哭天涯。

后　记

《孔尚任志》原为《山东省志·诸子名家系列丛书》之一。数年之前，根据山东省地方史志编纂委员会的部署，曲阜市史志办公室邀请曲阜师范大学中文系徐振贵教授主持编写。徐教授是我大学的导师，知我对孔尚任研究也颇有兴趣，且有一定基础，故邀我参与，协助搜集资料和撰写书稿。为保证志书资料翔实可靠，我们查阅了有关文档资料，参阅了海内外专家的有关论著，并到有关地区进行了实地考察。完成初稿后，由省地方史志办公室和曲阜市史志办公室、曲阜师范大学的有关领导同志参与，邀请中国社会科学院邓绍基研究员、山东大学袁世硕教授进行了评审。专家和领导对书稿给予充分肯定，并提出了一些宝贵意见。尔后，为进一步加强曲阜师范大学古代文学学科建设，徐教授忙于教学和其他科研工作，任务繁重，便委托我来继续完成书稿的修订整理工作，并要我个人署名出版。我深知这是师长对学生的信任和提携，虽自觉功力不足，也只能勉力为之，以祈不辜负老师的培养和期望。因此，我融汇各家意见和近几年的研究成果，对书稿重新作了整理、修订、充实、加工，终成定稿，经省地方史志办公室总纂后付梓。在此，谨向大力支持该志书编纂的诸位专家、有关单位和我尊敬的徐振贵老师表示诚挚的感谢。

2008年，山东人民出版社组织出版《齐鲁诸子名家志丛书》，《孔尚任志》被列入该丛书。按出版社的要求，我又对本书作了进一步修订，补充了部分内容，并将由闫昭典先生整理编校的《桃花扇》附录于书后。

本书引用资料处，已在文中注明，参考文献已列目录，在此一并说明并致谢。写作过程中，由于文献资料匮乏，加之水平有限，难免出现疏误，敬祈专家、读者批评指正。

张玉芹

2009年3月

图书在版编目（CIP）数据

孔尚任志／张玉芹著．—济南：山东人民出版社，2009．4（2011．4重印）
（齐鲁诸子名家志／王兆成，刘秋增总主编）
ISBN 978-7-209-04775-3

Ⅰ．孔…　Ⅱ．张…　Ⅲ．孔尚任（1648～1718）－人物研究　Ⅳ．K825．6

中国版本图书馆CIP数据核字（2009）第040995号

本书附录《桃花扇》由齐鲁书社授权出版

责任编辑：王海玲
装帧设计：蔡立国　武　斌
制　　作：侯地霞
摄　　影：胡怀志

孔尚任志
张玉芹　著

山东出版集团
山东人民出版社出版发行
社　址：济南市经九路胜利大街39号　邮　编：250001
网　址：http://www.sd-book.com.cn
发行部：（0531）82098027 82098028
新华书店经销
山东临沂新华印刷物流集团有限责任公司印装

规　格　16开（184mm×260mm）
印　张　21.25
字　数　238千字　插页　10
版　次　2009年4月第1版
印　次　2011年4月第2次
ISBN 978-7-209-04775-3
定　价　108.00元